U0447188

陕西师范大学优秀学术著作出版基金、
陕西师范大学一流学科建设基金资助出版

陕西师范大学西北历史环境与经济社会发展研究院学术文库

经济政策不确定性与企业市场进入

Economic Policy Uncertainty and Firm Market Entry

陈绍俭◎著

中国社会科学出版社

图书在版编目（CIP）数据

经济政策不确定性与企业市场进入 / 陈绍俭著. —北京：中国社会科学出版社，2021.7

（陕西师范大学西北历史环境与经济社会发展研究院学术文库）

ISBN 978-7-5203-8473-5

Ⅰ.①经… Ⅱ.①陈… Ⅲ.①经济政策—影响—企业发展—研究 Ⅳ.①F272.1

中国版本图书馆 CIP 数据核字（2021）第 113227 号

出 版 人	赵剑英
责任编辑	张　林
特约编辑	张　虎
责任校对	韩海超
责任印制	戴　宽

出　　版	中国社会科学出版社
社　　址	北京鼓楼西大街甲 158 号
邮　　编	100720
网　　址	http://www.csspw.cn
发 行 部	010-84083685
门 市 部	010-84029450
经　　销	新华书店及其他书店
印　　刷	北京君升印刷有限公司
装　　订	廊坊市广阳区广增装订厂
版　　次	2021 年 7 月第 1 版
印　　次	2021 年 7 月第 1 次印刷
开　　本	710×1000　1/16
印　　张	15.75
字　　数	228 千字
定　　价	88.00 元

凡购买中国社会科学出版社图书，如有质量问题请与本社营销中心联系调换
电话：010-84083683
版权所有　侵权必究

目　录

第一章　导论 ……………………………………………… (1)
　第一节　研究背景 ……………………………………… (1)
　第二节　问题提出与研究意义 ………………………… (5)
　第三节　研究内容的逻辑关系与结构安排 …………… (10)
　第四节　创新之处 ……………………………………… (15)

第二章　文献综述 ………………………………………… (18)
　第一节　不确定性冲击的微观机制 …………………… (18)
　第二节　不确定性冲击的影响效应 …………………… (21)
　第三节　文献述评与研究方向 ………………………… (35)

第三章　经济政策不确定性影响企业市场进入的理论分析 …… (40)
　第一节　相关理论基础 ………………………………… (40)
　第二节　经济政策不确定性影响企业市场进入决策的理论
　　　　　模型 …………………………………………… (50)
　第三节　经济政策不确定性影响企业市场进入决策的机制
　　　　　分析 …………………………………………… (53)
　第四节　本章小结 ……………………………………… (58)

第四章　经济政策不确定性与新企业形成 …………… (60)
　第一节　引言 …………………………………………… (60)

第二节　经济政策不确定性与新企业形成的典型特征事实 … (63)
　　第三节　研究假说 ……………………………………………… (70)
　　第四节　模型设定、变量说明和数据来源 …………………… (76)
　　第五节　估计结果及分析 ……………………………………… (81)
　　第六节　进一步分析与讨论 …………………………………… (87)
　　第七节　本章小结 ……………………………………………… (91)

第五章　经济政策不确定性与企业研发投资 ……………………… (93)
　　第一节　问题的提出 …………………………………………… (93)
　　第二节　研究设计 ……………………………………………… (95)
　　第三节　实证分析 ……………………………………………… (100)
　　第四节　本章小结 ……………………………………………… (105)

第六章　经济政策不确定性与产品区域间贸易 …………………… (106)
　　第一节　引言 …………………………………………………… (106)
　　第二节　模型设定、变量说明与数据来源 …………………… (108)
　　第三节　估计结果及分析 ……………………………………… (116)
　　第四节　扩展回归 ……………………………………………… (120)
　　第五节　本章小结 ……………………………………………… (122)

第七章　经济政策不确定性与多产品企业出口 …………………… (124)
　　第一节　问题的提出 …………………………………………… (124)
　　第二节　经济政策不确定性与企业出口的典型事实 ………… (127)
　　第三节　模型设定、变量说明与数据来源 …………………… (135)
　　第四节　估计结果及分析 ……………………………………… (141)
　　第五节　扩展分析 ……………………………………………… (145)
　　第六节　本章小结 ……………………………………………… (150)

第八章 经济政策不确定性与地区经济增长 （151）
- 第一节 问题的提出 （151）
- 第二节 研究设计 （156）
- 第三节 实证分析 （161）
- 第四节 本章小结 （168）

第九章 结论与展望 （170）
- 第一节 结论与政策建议 （170）
- 第二节 展望 （174）

参考文献 （176）

附录 Political Uncertainty and Firm Entry: Evidence from Chinese Manufacturing Industries （194）

第一章

导 论

第一节 研究背景

一 现实背景

(一) 国际背景

长期以来，经济发展前景和宏观经济政策走向一直备受社会各界和广大民众的普遍关注。特别地，2008年国际金融危机爆发后，为了平滑经济波动和稳定经济增长，各国政府频繁出台新的经济政策，但这些宏观调控政策在防止经济深度衰退的同时，也使各国未来经济政策指向不明确，从而给微观企业带来较大的不确定性冲击。更为重要的是，欧洲债务危机、英国"脱欧"、中美贸易摩擦等各种"黑天鹅"事件频发，致使全球经济政策不确定性程度明显升高。图1—1描述了1997—2017年全球经济政策不确定性指数（简称GEPU指数）的变化趋势。[①] 可以看出，GEPU指数在"9·11"恐怖袭击、美国次贷危机、欧洲主权债务危机时期均明显上升，并且在2016年之后，诸多经济、政治事件的发生促使GEPU指数达到历史最高峰。无论是2008年的国际金融危机，还是特朗普当选美国总统政治事件，均对我国出口贸易带来较大冲击。因此，在全球经济政策不确定性不断飙升的背景下，如何有效地推进出口贸易的稳定增长，已成为今后我国面临的重要问题。

[①] http://www.policyuncertainty.com/media/Global_Annotated_Series.pdf.

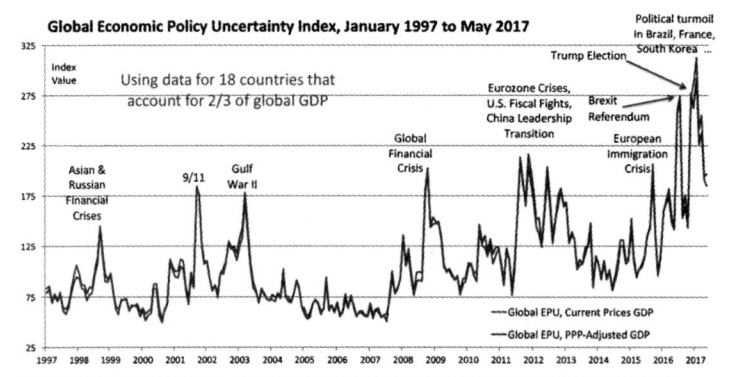

图1—1 全球经济政策不确定性指数（GEPU）

(二) 国内背景

在转型时期的中国，地方政府依然扮演着重要的资源统筹者角色，掌握着辖区内行政审批、土地征用、贷款担保等多项经济政策，而地方主政官员作为所在辖区政府权力的法定代表，能够影响并制定辖区内的经济政策。因此，当地方主要领导人或主政官员发生变更时，其辖区内经济政策可能发生变动，从而对企业的正常经营决策产生重要影响。为了进一步提高党政领导干部个人素质和执政能力，更好地促进地区经济发展，中共中央于2006年8月6日颁布了《党政领导干部交流工作规定》，进而在制度层面上对地方官员任期和交流进行了细化和规范。然而，当前一些地方官员调动依旧十分频繁，多数官员并未做满法定任期，在一定程度上削弱了地方公共政策的连续性和稳定性，并产生了广泛的经济政策不确定性。知名国际会计机构——致同会计师事务所2013年发布的《国际商业问卷调查报告》显示，大约40%的中国内地企业在投资经营决策时，认为经济政策不确定性是影响其发展的最重要因素。与此同时，当前，中国经济步入"新常态"，经济增速逐渐放缓和经济不确定性增加，企业的经营行为和战略决策深受经济政策不确定性的影响。

二 理论背景

（一）不确定环境下企业投资决策理论，为分析经济政策不确定性对企业市场进入的作用关系提供了研究思路

目前，实物期权理论是被理论界广泛接受的、不确定环境下的企业投资决策理论之一（郝威亚等，2016）。实物期权理论包括增长期权和等待期权，前者主要强调不确定性的"好消息"原则，后者强调不确定性的"坏消息"原则。等待期权理论将企业投资视为一份基于未来现金流的实物期权，认为在不确定性上升时，企业会选择等待时机以获取等待期权价值。Bernanke（1983）运用不可逆选择理论来研究周期性投资波动，分析指出，当个人投资项目不可逆时，不确定性的事件可以通过暂时增加等待信息的回报来创造一个投资周期。不确定性越高，企业进行投资的意愿和决策时间就会越强烈和越长。Pindyck（1988）以及Dixit和Pindyck（1994）假设企业投资的调整成本是不对称的，即增加投资的调整成本小于减资的调整成本。那么，在投资不可逆和未来需求不确定的情况下，延迟投资并等待进一步的信息是有价值的。可见，当不确定性冲击到来时，延迟投资决策既可为企业争取到未来的发展机会，又可避免错误决策而给企业带来诸多损失。

企业市场进入是指企业在其他不同地理位置投资建厂，或企业在已有市场中建立新的产品或客户群体，这不仅会影响企业自身的进一步发展，而且其进入活跃程度还关乎一个国家或一个地区的经济增长。传统投资理论认为，在确定环境下，企业根据营业利润水平决定是否进入市场，当营业利润水平为正时，企业便会理性地选择进入市场。然而在绝大多数情况下，企业是在不确定的环境下决定是否进入市场，此时企业进入决策往往取决于未来的预期利润，而不是当前的营业利润。由于不确定性事件可以通过暂时增加等待信息的回报来创造一个投资周期，那么即使企业预期利润为正，企业也不会立即进入市场，而是延迟进入决策。Dixit（1989）认为，在持续不确定的环境中，企业进入决策最重要的特征是"迟滞"。由是观之，不确定环境下企业

投资决策理论，为本书深入研究经济政策不确定性与企业市场进入决策之间的因果关系提供了研究思路。

（二）不确定性的量化测度，为分析经济政策不确定性与企业市场进入决策之间的因果关系提供了技术支撑

Keynes（1936）将不确定性作为其宏观经济理论的逻辑起点，并指出不确定性是经济波动的基本动因。诚然，不确定性对于经济分析至关重要，但如何有效地、准确地量化测度不确定性却显得尤为关键。例如，Pindyck 和 Solimano（1993）以资本边际盈利能力来衡量经济不确定性，发现在短期内，经济不确定性上升会减少企业投资支出。Ferderer（1993）采用风险溢价来度量经济不确定性，表明经济不确定性对企业投资水平具有显著的负向作用。Leahy 和 Whited（1996）利用每日股票收益的波动性来衡量公司所面临的不确定性程度，研究显示，不确定性通过托宾 Q 间接与投资相联系，并对投资产生了强烈的负面影响。Bulan（2005）将企业不确定性分解为市场方面、行业方面以及企业方面三种形式，认为企业特有的不确定性增加会抑制企业的投资支出。Bloom et al.（2009）采用股票市场波动指数来衡量经济不确定性，发现不确定性冲击会产生短期的急剧衰退和复苏。Basu 和 Bundick（2012）采用芝加哥期权交易所波动指数度量美国宏观经济不确定性，研究表明，与未来需求相关的不确定性增加可能会导致产出、消费和投资的大幅下降。

关于政策不确定性的度量，Fernández - Villaverde 等（2011）使用随机波动模型来刻画实际利率不确定性冲击，研究实际利率不确定性冲击对实际宏观经济变量的影响。Mumtaz 和 Zanetti（2013）利用结构向量自回归模型来研究货币政策波动的影响。分析表明，名义利率、产出增长和通货膨胀下降会增加货币政策的波动性。Born 和 Peifer（2014）则将政策不确定性定义为经济冲击分布的离差。然而，上述研究中的经济不确定性和政策不确定性往往仅关注经济政策的某一方面。于是，国外大量学者利用西方国家领导人变更来间接衡量经济政策不确定性。他们认为，由于不同领导人的执政理念可能大相径庭，

那么总统或总理选举年份的经济政策不确定性程度明显要高于非政治选举年份。例如，Julio 和 Yook（2012）利用国家或地区领导人选举数据来分析经济政策不确定性对企业投资的影响。自此之后，国内大量文献采用地方主要领导人变更来刻画经济政策不确定性。如罗党论等（2016）研究发现，地方官员变更带来的经济政策不确定性会加剧当地企业面临的市场风险。张豪等（2017）利用官员变更来衡量经济政策不确定性指数，研究表明，经济政策不确定性上升短期内会降低企业生产率水平。吕相伟（2018）分析发现，经济政策不确定性会减少企业家活动配置。

然而，由于代理变量的选取很难准确地、真实地反映一个国家整体经济政策不确定性，Baker et al.（2013）采用文本分析方法，从报纸新闻信息、专家预测报告等公开资料中提取经济政策不确定性指标（简称 EPU 指数），进而有效地解决了这一难题，随后大量国内外文献采用 EPU 指数对企业投资决策、融资决策等进行了大量研究。例如，Kang et al.（2014）、Gulen 和 Ion（2016）基于经济政策不确定性指标，研究了美国经济政策不确定性对企业投资的影响。Wang et al.（2014）、韩国高（2014）、李凤羽和杨墨竹（2015）、陈国进和王小谦（2016）、饶品贵等（2017）、谭小芬和张文婧（2017）均采用中国经济政策不确定性指数，实证分析了中国经济政策不确定性与企业投资之间的因果关系。

综上所述，大量研究采用不同的方法来测度经济不确定性、政策不确定性以及经济政策不确定性，进而研究了不确定性冲击对宏观经济变量以及企业投资决策、融资决策等的影响，这也为本书分析经济政策不确定性与企业市场进入决策之间的因果关系提供了可能。

第二节　问题提出与研究意义

一　问题提出

2008 年国际金融危机爆发后，为了平滑经济波动和稳定经济增长，各国政府频繁出台新的经济政策，但这些宏观调控政策在防止经济深度衰退的同时，也使各国未来经济政策的指向不明确，从而给微观企业带来较大的不确定性冲击。为此，本书从新企业形成、产品区域间贸易和多产品企业出口三个方面，探究经济政策不确定性对企业市场进入的作用关系。

第一，无论是发达国家，还是发展中国家，以新企业形成为特征的市场进入是一个普遍存在的典型事实。在中国特殊的政治体制和分权的经济体制下，地方主政官员变更会导致该地区未来经济政策发生潜在变动，进而影响企业行为决策。为此，本书的第一个问题：地级市及以上城市主要领导人或主政官员变更带来的经济政策不确定性，对当地新企业形成产生了怎样的影响？并且这种影响的程度是否会因企业产权性质和行业性质的不同而产生差异？

第二，根据实物期权理论，研发投资具有不可逆性，经济政策不确定性提高了企业研发投资的等待期权价值，减少了企业研发投入，抑制企业创新。为此，本书的第二个问题：地级市及以上城市主要领导人或主政官员变更带来的经济政策不确定性，是如何影响企业研发投资的？经济政策不确定性影响企业研发投资的作用效果是否会受到市场化程度、企业性质及企业所处行业性质的影响？

第三，区域间贸易的微观基础是企业的地区市场销售行为。给定贸易成本和市场规模，本地产品能否进入目标市场不仅在很大程度上取决于企业自身的异质特征，而且深受目标市场经济政策不确定性的影响。为此，本书的第三个问题：目标城市主要领导人或主政官员变更带来的经济政策不确定性，对本地产品进入产生了怎样的影响？并且这种影响是否具有产权性质差异和地区特征差异？

第四，多产品出口企业是中国出口活动最主要的执行者，全球经济环境对中国企业出口具有重要的影响。为此，本书的第四个问题：目的地领导人变更带来的经济政策不确定性与中国多产品企业出口之间具有怎么样的因果关系？并且目的地经济政策不确定性对中国企业出口的影响是否因企业—产品—目的地经济、社会、政治特征和企业产权性质、企业所属区域、产品—目的地经济区域的不同而有所差异？

第五，通常认为地方官员在地区经济发展中扮演着重要角色。为此，沿着官员晋升的研究思路，本书的第五个问题：地级市及以上城市主要领导人或主政官员不同来源带来的经济政策不确定性，是如何影响地区经济增长的？官员交流制度的效果究竟如何？不同类型的交流官员对地方经济增长的效应是否也会有所不同？

二 核心概念界定

（一）经济政策不确定性

经济政策不确定性是指经济主体无法确切预知政府是否、何时以及如何改变现行经济政策（李凤羽和史永东，2016）。地方主政官员作为政府权力的法定代表，能够通过法定能力改变现行经济政策，因而官员的变更就成为经济政策不确定性的重要组成部分（Jones 和 Olken，2005；Julio 和 Yook，2012；罗党论等，2016）。于是大量国内外文献利用"官员变更"事件作为经济政策不确定性的代理变量，从而不仅佐证了官员变更与经济政策不确定性的密切关系，而且对官员变更带来的经济政策不确定性与企业行为和经济增长之间的因果关系进行了大量研究。为此，本书在研究经济政策不确定性对国内企业市场进入（新企业形成、产品区域间贸易、企业研发投资）的影响时，主要采用城市主政官员变更来度量经济政策整体的不确定性，而在探究经济政策不确定性与国际企业市场进入（多产品企业出口）之间的因果关系时，既采用了目的地领导人变更作为经济政策不确定性的代理变量，同时也采用了 Baker 等（2016）开发的世界主要国家或地区经济政策不确定性指数直接刻画经济政策不确定性。

（二）企业市场进入

关于企业市场进入的界定，以往诸多文献通常假定企业市场进入是发生在一个新企业成立的时候，他们将企业状态划分为新进入企业、存活企业和退出企业，并通过年度数据来界定企业进入、存活以及退出状态（Disney et al.，2003）。如果企业上一年不存在，而当年存在，则将其定义为新进入企业，同理，如果企业当年存在，而下一年不存在，则将该企业定义为退出状态；剩余定义为存活状态。企业市场进入主要是指新企业进入状态。可以看出，新企业是否形成或形成数量可以直观地表现某一产业在某一时期的进入情况，是衡量企业市场进入的首选指标（杨天宇和张蕾，2009）。然而，由于企业的市场进入并非总是发生在新的企业刚刚形成的时候，并且在国际市场上新建企业的数据往往是难以得到的。于是，越来越多的学者开始采用产品出口关系来界定企业市场进入（Eaton et al.，2007；李坤望等，2014）。李坤望等（2014）将产品出口关系的状态划分为新进入、仅存在一年、持续存在和退出四种状态，这样可以避免对仅存在一年的出口关系定义误差。

鉴于数据的可得性和研究的需要，本书在分析经济政策不确定性对国内企业市场进入的影响时，主要从新企业形成、产品区域间贸易和企业研发投资三方面全面反映国内企业市场进入活动。然而，由于国际市场上新建企业的数据往往是难以得到的，所以，在分析经济政策不确定性对国际企业市场进入的影响时，仅从产品出口关系角度来衡量国际企业市场进入。本书的企业市场进入决策主要包含企业在其他不同地理位置投资建厂（新企业形成）和企业在已有市场中建立新的产品或客户群体（新进入出口关系），进而从企业投资和产品贸易两方面来全面反映企业市场进入行为。

三　研究意义

（一）理论意义

第一，扩展了不确定环境下异质性企业的经济行为研究。本书利用被理论界广泛接受的不确定环境下企业投资决策理论——实物期权理论解释经济政策不确定性影响企业市场进入的作用机制，从而为运用经典投资理论解释企业市场进入行为提供了可能。在确定环境下，企业自由地选择进入或退出市场。然而，在绝大多数情况下，企业是在不确定环境下做出是否进入市场的决策，此时其进入决策往往取决于未来的预期利润。由于不确定性的事件可以通过暂时增加等待信息的回报来创造一个投资周期，那么即使企业预期利润为正，企业也不会立即进入市场，而是延迟进入决策。由此可见，通过对经济政策不确定性与企业市场进入决策之间的因果关系探究，本书扩展了不确定环境下异质性企业的经济行为研究。

第二，揭示了影响企业市场进入因素中的政策因素。企业市场进入一直是理论界和实务界关心的重要问题，但以往文献侧重于讨论企业市场进入与生产率水平、经济增长之间的关系，也有部分文献探究产业环境、基础设施以及制度环境对企业市场进入决策的影响，并未有文献从经济政策不确定性视角考察企业市场进入活动，因而未能很好地回答：经济政策不确定性这一最大的不确定性因素，如何影响企业市场进入这一关键问题。基于此，本书从经济政策不确定性角度，全面地探究了经济政策不确定性对新企业形成、产品区域间贸易和多产品企业出口的作用机制，进而弥补了现有文献的不足。

（二）实践意义

第一，对中国制定更加有效的宏观经济政策，促进经济持续增长具有重要的现实指导意义。2008年国际金融危机爆发后，为了平滑经济波动和稳定经济增长，各国政府频繁出台新的经济政策，但这些宏观调控政策在防止经济深度衰退的同时，也使各国未来经济政策的指向不明确，从而给微观企业带来较大的不确定性冲击。因此，通过对经济政策不确定性与企业市场进入决策之间的关系研究，可以为中国制定更加有效的宏观经济政策提供借鉴意义。

第二，为中国官员交流制度的进一步完善提供有益的佐证。2006年颁布的《党政领导干部交流工作规定》规定，县级以上地方党委、政府领导成员在同一职位最长任期为10年，这在客观上限制了官员在某一岗位或某一地区的任期。那么，在中国现有的财政分权体制和"GDP晋升锦标赛"的官员晋升机制环境下，地方官员频繁交流或不规律交流任职可能会导致其经济行为的短期化，反而不利于当地经济发展。辨析主政官员变更带来的经济政策不确定性与企业市场进入决策之间的因果关系，可以为中国官员交流制度的进一步完善提供有效的佐证。

第三节 研究内容的逻辑关系与结构安排

一 研究具体内容

本书试图从国内企业市场进入（新企业形成、产品区域间贸易）和国际企业市场进入（多产品企业出口）两大方面来考察经济政策不确定性与企业市场进入决策的因果关系。从研究内容的逻辑关系来看，本书的研究主要有以下五个层次：第一个层次是对本书研究的背景、意义、方法等进行简要介绍，同时提出本书所要研究的问题以及可能存在的创新点。第二个层次是根据本书研究的主题，围绕新企业形成、产品区域间贸易以及多产品企业出口三个重要问题进行相关文献综述，同时对现有文献进行评述。第三个层次属于理论分析范畴，构建了一个经济政策不确定性影响企业市场进入决策的一般性理论分析框架，并形成有待检验的理论假说。第四个层次是相关的经验研究，首先基于国内企业市场进入的视角，分析了经济政策不确定性对新企业形成、产品区域间贸易的影响；其次基于国际企业市场进入的视角，探究了目的地经济政策不确定性对中国多产品企业出口的作用关系；第五个层次是研究结论与展望，归纳本书的主要研究结论，以及由此引申出的政策含义和不足之处。具体研究内容如下。

第一，拓展了一个包含经济政策不确定性的异质性企业贸易模型，运用实物期权理论分析经济政策不确定性影响企业市场进入的作用机制。首先，针对中国各省市区之间存在贸易壁垒的典型事实，本书对Handley 和 Limão（2015）、Feng 等（2017）的理论模型进行了一定的改进，将企业进入市场的固定成本和可变成本分别看成目标市场经济政策不确定性的单调递增函数，从而得到了经济政策不确定性与企业市场进入决策之间的内在关联关系。其次，运用实物期权理论分析了经济政策不确定性影响异质性企业进入活动的作用机制。本书注意到，异质性企业企业市场进入活动在很大程度上与经济政策不确定性密切相关。因此，本书进一步运用等待期权理论分析经济政策不确定性影响企业市场进入决策的作用机制。

第二，运用中国工业企业层面的数据，以地级市及以上城市主要领导人变更作为经济政策不确定性的代理变量，研究了经济政策不确定性对新企业形成的影响。首先，对样本期内经济政策不确定性与新企业形成的典型特征事实进行了描述，以便对二者之间的关系有个初步认识。其次，采用面板 Logit 模型，分析了经济政策不确定性对当地新企业形成的影响，还分析了这种影响的程度因地方官员来源、企业产权性质以及行业性质不同而呈现出来的差异性。最后，本书采用工具变量法处理实证研究过程中的内生性问题。

第三，采用中国制造业企业数据，探究了地级市及以上城市主要领导人变更带来的经济政策不确定性，对产品区域间贸易的影响。首先，针对中国各省市区间存在的贸易壁垒的典型特征事实，实证分析了目标城市主政官员变更带来的经济政策不确定性对本地产品进入的影响，并且分析了给定区域间的贸易政策，企业的生产率水平对本地产品进入的影响。其次，不仅比较分析了目标市场的经济政策不确定性对本地产品进入影响的行业性质差异，而且还按照国有企业的隶属关系对各层级企业受到目的地经济政策不确定性的不同影响进行研究。最后，考察了经济政策不确定性影响效应的地区差异性。

第四，以城市市委书记变更作为经济政策不确定性的代理变量，利用 2005 年世界银行在中国开展的投资环境调查数据，研究了经济政策不确定性与企业研发投入之间的关系。首先，采用 OLS 方法估计了经济政策不确定性对企业研发投资的影响。其次，分析法律制度环境、金融制度环境的调节效应。

第五，使用中国海关数据库和工业企业数据库的匹配数据，以目的地领导人变更作为经济政策不确定性的代理变量，同时采用 Baker 等（2016）开发的世界主要国家或地区经济政策不确定性指数直接刻画经济政策整体的不确定性，研究了目的地经济政策不确定性对中国企业出口的影响效应。首先，对样本期内目的地经济政策不确定性与中国企业出口的典型事实进行描述。其次，采用普通最小二乘法估计了目的地经济政策不确定性与中国企业出口之间的因果关系，并比较分析了目的地经济政策不确定性对中国企业出口的影响是否因产品—目的地经济、社会、政治特征和出口企业的产权性质、所在区域的不同而有所差异。最后，本书采用工具变量法来处理研究过程中的内生性问题。

第六，基于1994—2012年中国24个省、自治区241个城市市委书记与城市的匹配数据，采用"倍差法"系统地考察了地方官员来源方式导致的经济政策不确定性对地区经济增长的影响。首先，采用"倍差法"估计了官员来源方式导致的经济政策不确定性与地区经济之间的因果关系。其次，比较分析了横向交流官员与纵向交流官员对地区经济增长影响的差异。

二 结构安排

全文共分为九章，具体来看：

第一章为导论。首先介绍本书的研究背景，分别从现实背景和理论背景两方面进行简要阐述；其次提出本书所要研究的三个核心问题，进一步阐述研究的现实意义和理论意义；然后介绍本书主要研究内容之间的具体逻辑关系和结构安排；最后对研究过程中所采用的方法进行归纳和介绍，同时提出本书可能的创新之处。

第二章为文献综述。首先阐述不确定性冲击的几种微观机制；然后围绕新企业形成、产品区域间贸易以及多产品企业出口三个重要问题进行相关文献综述；最后是文献述评及本书研究方向。

第三章为经济政策不确定性影响企业市场进入的理论分析。拓展了一个包含经济政策不确定性的异质性企业贸易模型，运用实物期权理论来分析经济政策不确定性影响企业市场进入决策的作用机制。

第四章为经济政策不确定性与新企业形成。运用中国工业企业层面数据，以各地级市及以上城市主要领导人变更作为经济政策不确定性的代理变量，实证研究了经济政策不确定性对当地新企业形成的影响，并对分析结果进行解释。

第五章为经济政策不确定性与企业研发投资。以城市市委书记变更作为经济政策不确定性的代理变量，利用 2005 年世界银行在中国开展的投资环境调查数据，进而实证分析经济政策不确定性与企业研发投资之间的关系。

第六章为经济政策不确定性与产品区域间贸易。采用中国制造业企业数据和城市主政官员匹配数据，揭示了目的地经济政策不确定性对产品区域间贸易的作用关系，并对分析结果进行解释。

第七章为经济政策不确定性与多产品企业出口。使用中国海关数据库和中国工业企业数据库的匹配数据，以目的地领导人变更事件作为经济政策不确定性的代理变量，也采用 Baker 等（2016）开发的世界主要国家或地区经济政策不确定性指数直接度量经济政策整体的不确定性，研究了目的地经济政策不确定性对中国企业国际企业市场进入的影响，并对分析结果进行解释。

第八章为经济政策不确定性与地区经济增长。基于 1994—2012 年中国 24 个省、自治区 241 个城市市委书记与城市的匹配数据，采用"倍差法"系统地考察了不同官员来源方式导致的经济政策不确定性对地区经济增长的影响。

第九章为结论与展望。在前文研究结果的基础上归纳出本章的主要结论、提出相应的政策建议，并指出本书有待改进之处及未来研究方向。

三　研究方法

本书试图拓展一个包含经济政策不确定性的异质性企业贸易模型，运用实物期权理论分析了经济政策不确定性对新企业形成、产品区域间贸易以及多产品企业出口的影响机制。为了能够得到更为可靠性的研究结论，本书采用多种方法来进行全面分析。

(一) 规范分析与实证分析相结合

本书在异质性企业贸易理论框架下，通过构建数理模型对经济政策不确定性影响企业市场进入决策的作用机制进行规范分析。然而，本书的主要研究方法是实证分析，在理论分析的基础上，使用中国工业企业微观数据，实证分析经济政策不确定性对新企业形成的影响；采用中国制造业企业数据和城市官员匹配数据，实证检验目的地经济政策不确定性与产品区域间贸易之间的内在关联；利用中国海关数据库和中国工业企业数据库的匹配数据，实证研究了目的地经济政策不确定性与中国多产品企业出口之间的因果关系。

(二) 定性分析与定量分析相结合

定性分析与定量分析相结合始终贯穿在本书研究过程中。第四章对样本期内经济政策不确定性与新企业形成的典型特征事实进行描述，然后采用 Logit 回归模型对定性分析结论进行计量检验，整个研究过程都遵循了定性分析与定量分析相统一的研究方法。第五章目的地经济政策不确定性与产品区域间贸易之间的关系，第六章也是采用定性分析与定量分析相结合，从而更为系统地研究目的地经济政策不确定性如何影响中国企业出口行为。

(三) 微观层面分析与中观层面分析相结合

本书拓展了一个包含经济政策不确定性的异质性企业贸易模型，该理论模型的研究对象是微观企业或产品，在此框架下，本书主要采用中国工业企业数据库中的企业层面数据，或者是中国海关数据库中的产品数据进行微观层面的实证分析，以揭示经济政策不确定性对新企业形成、产品区域间贸易、多产品企业出口的微观影响。与此同时，为了更加深入地、全面地考察经济政策不确定性对企业市场进入决策的作用，本书不仅从微观层面视角出发，还进一步扩展到中观层面的研究视角。

(四) 对比分析法

本书充分采用了对比分析法，即不仅估计了经济政策不确定性对新企业形成、产品区域间贸易和中国多产品企业出口的总体影响，而且进一步比较分析了经济政策不确定性对不同类型企业市场进入的影响。在具体分析过程中，第四章研究经济政策不确定性对新企业形成的影响时，参考 OECD 的标准，将行业划分为高技术行业和低技术行业，进而考察经济政策不确定性影响新企业进入的行业差异；考虑到不同产权性质的企业受经济政策不确定性的影响也会不同，将企业按所有权属性划分为私营企业、国有企业和外资企业。通过上述对比分析，可以揭示出经济政策不确定性影响新企业形成的行业性质差异和产权性质差异。

（五）多种计量方法的综合运用

为了使研究结论更为准确和可靠，根据各章不同的数据特点，本书采取不同的计量方法进行实证检验，如 OLS 回归、Logit 回归以及 Probit 回归方法。同时，考虑到实证研究过程存在的内生性问题，本书还构建了合适的工具变量进行两阶段 GMM 估计和 2SLS 估计。例如，在第四章考察经济政策不确定性对当地新企业形成的影响时，本研究使用工具变量法进行了两阶段 GMM 估计，而在第六章分析目的地经济政策不确定性与中国多产品企业出口之间的因果关系时，就采用了两阶段最小二乘法（2SLS）估计。

第四节　创新之处

本书可能的创新点主要有以下四个方面。

第一，在研究视角方面，本书主要从国内企业市场进入（新企业形成、产品区域间贸易）和国际企业市场进入（多产品企业出口）两大方面，全面地探究了经济政策不确定性对企业市场进入决策的作用。已有文献主要探讨了经济政策不确定性对企业投资决策、融资决策等的作用，而对经济政策不确定性与企业市场进入决策之间的因果关系探究却鲜有文献涉及。针对这一研究的不足，本书首先运用中国工业企业数据，以地级市及以上城市主要领导人变更作为经济政策不确定性的代理变量，进而考察了经济政策不确定性对新企业形成的影响；

其次采用中国制造业企业数据和地级市及以上城市主政官员匹配数据，揭示了经济政策不确定性与产品区域间贸易之间的内在关联；最后使用中国海关数据库和中国工业企业数据库的匹配数据，以目的地领导人变更作为经济政策不确定性的代理变量，也采用 Baker 等（2016）开发的世界主要国家或地区经济政策不确定性指数，直接度量经济政策整体的不确定性，进而探讨了目的地经济政策不确定性与中国多产品企业出口之间的因果关系。

第二，在理论研究方面，本书拓展了一个包含经济政策不确定性的异质性企业贸易模型，运用实物期权理论分析经济政策不确定性影响企业市场进入决策的作用机制。现有文献主要将贸易政策不确定性理解为关税不确定性，集中考察了关税政策不确定性对企业出口决策的影响。针对中国各省市区间存在贸易壁垒的事实，本书对 Handley 和 Limão（2015）、Feng 等（2017）的理论模型进行了一定的改进，将企业进入市场的固定成本和可变成本，分别看成目标市场经济政策不确定性的单调递增函数，进而得到了经济政策不确定性与企业市场进入决策之间的关联关系。另外，已有研究大多运用等待期权理论分析经济政策不确定环境下的企业投资行为，强调资本不可逆性和经济政策不确定性的交互作用增加了期权价值，企业因此会主动延迟投资直至经济政策不确定性缓解。本书注意到，异质性企业企业市场进入活动在很大程度上与经济政策不确定性密切相关。因此，本书进一步运用等待期权理论分析经济政策不确定性影响企业市场进入决策的作用机制。

第三，本书发现经济政策不确定性显著地降低了新企业形成的可能性。已有文献认为主政官员变更会导致辖区内未来经济政策发生变化，进而对辖区内企业生存与发展产生影响，但是这类文献不仅没有考虑研究中潜在的内生性问题，而且对企业进入与退出行为的探究也有待补充。为此，在数据来源和指标选取上，本书运用中国工业企业数据，用地级市及以上城市主要领导人变更来度量经济政策不确定性，结果显示，市委书记变更带来的经济政策不确定性对新企业形成具有显著的负向影响，若新上任官员为异地交流时，将显著增大经济政策不确定性，从而加剧新企业因经济政策环境改变而面临的进入风险，而市长变更对新企业形成的影响较小且不显著。在计量方法上，本书构造了合适的工具变量进行两阶段GMM估计，从而纠正了采用Logit估计所可能产生的偏差问题。研究发现，Logit估计低估了经济政策不确定性对新企业形成的负面影响。在扩展分析上，本书主要考察了经济政策不确定性影响新企业形成的行业性质差异和产权性质差异，研究表明，低技术行业受到经济政策不确定性的不利影响较低，而高技术行业受到经济政策不确定性的不利影响较高；经济政策不确定性主要影响私营企业和国有企业，而对外资企业没有显著影响。

第四，本书发现目的地经济政策不确定性的增强会导致中国企业产品出口价值量降低；高生产率企业能够在国际市场上获得竞争优势，从而提高中国企业产品出口价值量。现有文献主要探讨了贸易政策不确定性对企业出口行为的影响，未能全面地反映目的地整体经济政策不确定性对中国企业出口的作用。为此，在数据来源和指标选取上，本书采用中国海关数据库和中国工业企业数据库的匹配数据，以目的地领导人变更事件作为经济政策不确定性的代理变量，也采用Baker等（2016）开发的世界主要国家或地区EPU指数直接度量整体经济政策不确定性，研究发现，目的地经济政策不确定性的增强会降低中国企业产品出口价值量。在计量方法上，本书使用有效的工具变量进行两阶段最小二乘法（2SLS）估计，并得到了一致的研究结论。在扩展分析上，本书发现在投资概况、社会环境、政府稳定性、行政效率和法律秩序相对不好的情况下，目的地经济政策不确定性上升会导致中国企业产品出口价值量大幅减少；目的地经济政策不确定性对中国国有企业和民营企业出口行为的负面作用明显大于外资企业；东部地区企业受到产品—目的地经济政策不确定性的不利影响较低。上述研究基于国际贸易的视角，为进一步理解经济政策不确定性与企业市场进入决策的因果关系提供了一个新的诠释，也在一定程度上丰富了企业市场进入方面的经验研究文献。

第 二 章

文献综述

第一节 不确定性冲击的微观机制

一 Hartman – Abel 机制

Hartman – Abel 机制（Hartman，1972；Abel，1983）认为，不确定性上升会促使企业增加当期投资。Hartman（1972）考察了未来产出价格、工资率和投资成本增加的不确定性对企业投资的影响。Hartman假定企业具有凸性调整成本，并且当期和未来每一时期的产出价格都是随机的，只要资本投入的非负性限制不具有约束力，那么当期投资不会随着未来产出价格和工资率的不确定性增加而减少，也不会受到未来投资成本不确定性的影响。Pindyck（1982）假定所有当期变量的值都是已知的，而未来变量的值是不确定的，在连续时间框架下分析了需求和成本不确定性增加对企业投资、产出以及定价决策的影响。研究发现，需求和成本不确定性对企业投资的影响主要取决于企业调整成本函数的特征。具体而言，对于风险中性厂商，如果边际调整成本函数是凸函数时，需求和成本不确定性上升会使企业投资支出增加，反之，则会减少企业投资支出。不同于 Hartman 的离散时间模型，Pindyck 假定当前产出价格是确定的，而未来产出价格的变化是不确定性的，从而分析得出，只有边际调整成本函数是凸的，不确定性增加才会导致投资增加。

然而，Abel（1983）认为，Pindyck 的分析在一般意义上不是最优的。Abel 利用随机动态规划模型，解出了企业在未来不确定情况下的最优投资水平，发现企业最优投资水平与不确定程度之间具有正相关关系，进一步分析发现，即使企业边际调整成本函数不是严格凸的，上述正相关关系依然成立。Caballero（1991）研究发现，在因竞争强度变化而导致的不对称调整成本下，不确定性上升对企业投资的负向影响是不稳健的。当企业竞争激烈的时候，不管调整成本如何不对称，Hartman 和 Abel 的研究结论都是成立的。综上所述，Hartman – Abel 机制认为，在完全竞争市场和规模报酬不变的假设下，产出价格和需求不确定性增加会刺激企业增加投资支出。

二 实物期权机制

实物期权机制包括实物期权理论中的增长期权和等待期权。增长期权主要强调不确定性的"好消息"原则。这一理论认为，当"好消息"发生时，投资的增加不仅会提高企业的市场占有率，而且也会提高企业的预期利润，因而当不确定性上升时，企业会增加投资支出。Bar – Ilan 和 Strange（1996）在一个不确定和不可逆投资的理论框架下，研究表明，企业投资滞后从根本上改变了投资决策，并且较长的滞后不仅增加了极端产品价格的可能性，而且等待的机会成本也会随着产品价格的不确定性而上升。因而，产品价格的不确定性增加可能会加快企业投资决策。等待期权主要强调不确定性的"坏消息"原则，其将企业投资看作一份基于未来现金流的实物期权，认为在不确定性上升时，企业会选择等待时机以获取等待期权价值。在等待期权理论的框架下，Bernanke（1983）运用不可逆选择理论来分析周期性投资波动，认为当个人投资项目不可逆时，不确定性的事件（如产品价格、企业运营成本、市场利率的不确定性）可以通过暂时增加等待信息的回报来创造一个投资周期。不确定性越高，企业进行投资的意愿和决策时间就会越强烈和越长。McDonald 和 Siegel（1986）分析了不可逆项目的最优投资时机，他们假定项目的收益和投资成本均服从连续时间随机过程，模拟结果表明，等到收益是投资成本两倍的时候才是最优的投资时机。此外，Pindyck 和 Solimano（1993）、Caballero 和 Pindyck（1996）、Bloom et al.（2007）以及 Gulen 和 Ion（2016）均从不同角度上验证了等待期权机制的存在。

三 金融摩擦机制

2008 年国际金融危机爆发后，大量学者开始关注金融摩擦带来的不确定冲击对企业投资决策的影响。Christensen 和 Dib（2008）建立一个包含金融摩擦的动态随机一般均衡模型，研究发现，企业外部融资溢价使得不确定性冲击对投资的影响效应变大。Carrière - Swallow 和 Céspedes（2013）基于信贷约束的角度，研究表明，投资和消费的动态过程与金融市场的深度密切有关。Gilchrist et al.（2014）研究也指出，不确定性冲击影响宏观经济的主要机制是金融扭曲。在一般均衡模型中，异质性企业面临不确定性、部分投资不可逆性、非凸性资本调整成本以及债券和股票市场摩擦，发现当不确定性增加时，企业往往采取观望态度。谭小芬和张文婧（2017）不仅分析了经济政策不确定性通过实物期权机制抑制了企业的投资支出，而且从企业内部融资约束、外部金融环境两个层面全面反映了其面临的金融摩擦程度。以中国上市公司为样本，研究发现，尽管实物期权机制和金融摩擦机制同时发挥作用，但实物期权机制仍占主导地位。

四 比较性述评

对不确定性冲击的微观机制的梳理可知，不确定性冲击对企业投资决策的作用机制主要有以下三种：Hartman - Abel 机制、实物期权机制、金融摩擦机制。Hartman - Abel 机制认为，产出价格的不确定性上升会促使竞争性企业增加当期投资。Hartman（1972）和 Abel（1983）的模型都假定企业是风险中性的，忽略了企业的风险规避行为，因而没有分析产出价格和需求的不确定性增加对投资的负面影响效应。虽然金融摩擦机制强调了在金融市场不完美的情况下，信息不对称、代理成本以及融资约束等一系列因素，使得更高的不确定性通过资金成本抑制了企业投资活动，但是在检验金融摩擦机制上，大多文献忽视了外部金融环境对企业融资造成的影响。

实物期权机制是被理论界广泛接受的不确定环境下的企业投资决策理论之一，是一种将期权的基本原理应用于企业资产经营和投资决策的机制，主要包括增长期权和等待期权。增长期权机制主要强调不确定性的"好消息"原则，它认为当"好消息"发生时，增加投资会增加企业预期利润。相反，等待期权机制则是强调不确定性的"坏消息"原则，其将企业投资看作一份基于未来现金流的实物期权，当未来投资收益的不确定性较高时，等待进一步的信息是企业的理性选择。从整体上看，强调积极效应的 Hartman – Abel 机制和增长期权机制在实证研究中运用较少，并有待进一步挖掘，而等待期权机制依然占主导作用。

第二节　不确定性冲击的影响效应

不确定性冲击的影响效应很多，结合本书的研究主题，我们从新企业形成、产品区域间贸易以及多产品企业出口三个方面对不确定性冲击的影响效应的相关文献进行梳理与归纳。

一　新企业形成

越来越多的研究表明，对于任何一个国家或地区而言，以新企业形成为特征的企业市场进入是一个普遍存在的典型事实，而新企业在一个地区是否投资建厂，往往受到多方面因素的影响。已有文献集中探究了不确定性对企业投资决策的影响。

（一）理论分析

已有学者认为，不确定性上升会促使企业增加当期投资。Hartman – Abel 机制认为，当不确定性上升时，企业管理层往往更加关注随之而来的投资机会以及可获得的潜在利润，并增加当期投资规模。Hartman（1972）在一个离散时间模型中，研究了未来产出价格、工资率和投资成本增加的不确定性对企业投资的影响。Hartman 假定企业具有凸性调整成本，并且当期和未来每一时期的产出价格都是随机的，只要资本投入的非负性限制不具有约束力，那么当期投资不会随着未来产出价格和劳动力成本的不确定性增加而减少，也不会受未来投资成本变化不确定性的影响。Pindyck（1982）假定所有当期变量的值都是已知的，而未来变量的值是不确定的，在连续时间框架下分析了需求和成本不确定性对企业投资、产出和定价决策的影响。研究表明，对于风险中性厂商，如果边际调整成本函数是凸性时，产出价格和需求不确定性上升会使企业投资支出增加。Abel（1983）认为，Pindyck（1982）的分析适用于所谓的目标投资率，这通常不是最优的。Pindyck（1982）利用随机动态规划模型，解出了企业在未来不确定情况下的最优投资水平，并且论证了企业最优投资水平与不确定程度之间的正相关关系。进一步分析认为，即使企业边际调整成本函数不是严格凸的，上述正相关关系依然成立。Caballero（1991）发现，在因竞争强度变化而导致的不对称调整成本下，企业投资与不确定性之间的负相关关系是不稳健性的。当企业竞争激烈的时候，不管调整成本如何不对称，Hartman（1972）和 Abel（1983）的研究结论都是成立的。综上所述，Hartman–Abel 机制认为，在完全竞争和规模报酬不变的假设条件下，价格和需求的不确定性增加会刺激企业增加投资支出。

然而，也有学者持相反的观点，认为不确定性增加会降低企业当期投资。如等待期权主要将企业投资看作一份基于未来现金流的实物期权，在不确定性上升时，企业会选择等待时机以获取等待期权价值。Pindyck（1991）分析了企业投资决策与期权定价之间的关系。研究表明，利率的增加会提高企业投资期权的价值，但同时也会导致被执行的期权减少，这就意味着较高的利率会减少企业投资。因此，考虑到风险的重要性，稳定价格或汇率的政策可能是刺激投资比较有效的方式。

此外，Pindyck（1982）假定所有当期变量的值都是已知的，而未来变量的值是不确定的，在连续时间框架下，分析了需求不确定性和成本不确定性对企业投资、产出和定价决策的影响。研究表明,这种不确定性的影响主要取决于企业调整成本函数的特征。Hassett 和 Metcalf (1999) 考虑了税收政策不确定性对企业投资和总投资的影响,研究表明,使用税收政策不确定性模型,其中不确定性以几何布朗运动的形式存在,发现不确定性的增加减缓了投资,尽管税收抵免的变化带来了隐性补贴。然而当税收政策被建模为一个平稳和离散的跳跃过程时,发现增加的不确定性会产生相反的效果。

可以看出,在理论分析上,部分学者认为不确定性冲击有利于企业投资,但也有学者提出相关的观点,认为不确定性冲击对企业投资具有负向作用,并且当假设条件发生变化时,不确定性对企业投资的作用方向和大小也会随之发生变化。

(二) 经验研究

在理论分析基础上,大量的实证研究考察了不确定性冲击对企业投资的影响。在这些研究中,既有文献采用经济不确定性(Pindyck 和 Solimano, 1993; Leahy 和 Whited, 1996; Panousi 和 Papanikolaou, 2012; Bonciani 和 Roye, 2016)、政策不确定性(Fernández - Villaverde et al., 2011; Mumtaz 和 Zanetti, 2013; Born 和 Peifer, 2014)以及经济政策不确定性(Julio 和 Yook, 2012; Kang et al., 2014; Gulen 和 Ion, 2016; Baker et al., 2016),也有文献采用非经济变量不确定性来衡量不确定性程度。然而,即使有些文献采用相同的不确定性指标,但这些文献所得的结论也往往存在很大的差异。

第一,经济不确定性。经济不确定性可以通过 GDP、失业率等指标的波动直观反映出来,于是大量文献研究经济不确定性对企业投资的影响。Ferderer (1993) 采用风险溢价来度量经济不确定性,假设风险的市场价格为正,并且风险溢价与市场对未来利率走势和其他宏观经济变量的不确定性正相关。研究发现,不确定性对投资支出具有显著的负面影响。Pindyck 和 Solimano (1993) 基于 30 个国家 1962—1989 年的宏观经济数据,以资本边际盈利能力来衡量经济不确定性,研究发现,经济不确定性上升在短期内减少了投资支出。Huizinga

（1993）利用1954—1989年美国制造业企业的季度数据，发现通货膨胀的不确定性主要是通过投资项目净现值的不确定性来影响企业投资决策。如果通货膨胀不确定性增加导致投资项目净现值不确定性也增加，则在不确定性降低，或者项目的预期收益增加到足以抵消较高的不确定性之前，延迟承担该项目可能是公司的最佳利益。进一步地，时间序列分析表明，短期实际工资和长期实际产出价格的不确定性增加会导致投资支出降低，而横截面分析则说明实际产出价格不确定性较高的行业也是投资率较高的行业。Leahy和Whited（1996）基于美国1981—1987年772家制造业企业面板数据，采用每日股票收益的波动性来衡量公司所面临的不确定性程度，发现不确定性通过托宾Q间接与投资相联系，并对投资产生了强烈的负面影响。进一步发现，基于CAPM模型的风险度量在投资决策中并没有发挥作用。Caballero和Pindyck（1996）研究表明，不确定性冲击对行业投资行为的负向影响在短期内依然存在。Guiso和Parigi（1999）使用的不确定性是从对企业家的直接调查得来的。他们对意大利制造业关于不确定性对投资的影响效应进行了研究，使用企业家对公司产品未来需求的主观分布信息来表示不确定性。研究发现，不确定性增加降低企业投资，特别是对于不可逆性强和有显著的市场权力的公司更为明显。这一负面影响不能由流动性约束代理风险解释。Bulan（2005）将企业不确定性分解为市场方面、行业方面以及企业方面三种形式，研究了企业特质风险对投资支出的影响。

Panousi和Papanikolaou（2012）指出，强激励可能会促使企业管理者付出更高的努力，但也会使管理者面临特殊的风险。如果管理者是厌恶风险的，那么当企业特有的不确定性增加时，他们可能会投资不足，从多元化股东的角度来看，导致投资决策不理想。实证研究表明，当企业特殊风险上升时，企业投资下降，当经理拥有更大一部分公司时，情况就会更糟。如果高管们得到期权而不是股票的补偿，或者机构投资者占了很大一部分的话，情况就会有所缓解。王义中和宋敏（2014）发现，宏观经济不确定性会增加企业投资。Bonciani和

Roye（2016）采用 DSGE 模型研究了不确定性冲击对欧元区经济活动的影响。研究表明，信贷摩擦放大了不确定性冲击对产出、消费和投资的影响，并且这种放大渠道主要源于银行贷款利率的黏性。

第二，政策不确定性。部分文献主要从货币政策、财政政策等宏观调控政策角度探究政策不确定性对企业投资的影响。例如，Fernández-Villaverde 等（2011）利用阿根廷、巴西、厄瓜多尔和委内瑞拉四个新兴经济体的短期国债利率和国家发展数据，研究了实际利率波动对产出、消费、投资等宏观经济变量的影响。在一个标准的小型开放经济周期模型中，他们发现实际利率不确定性冲击降低了消费和投资，最终导致产出和就业的下降。Mumtaz 和 Zanetti（2013）利用结构向量自回归（VAR）模型来研究货币政策波动的影响。分析表明，名义利率、产出增长和通货膨胀下降会增加货币政策的波动性。Born 和 Peifer（2014）则将政策不确定性定义为经济冲击分布的离差，进而研究了政策不确定性冲击对产出、消费和投资的影响。

第三，经济政策不确定性。经济政策不确定性是指经济主体无法确切预知政府是否、何时以及如何改变现行经济政策（李凤羽和史永东，2016）。地方主政官员作为政府权力的法定代表，能够通过法定能力改变辖区内现行经济政策，因而地方主政官员的更替就成为经济政策不确定性的重要组成部分（Jones 和 Olken，2005；Julio 和 Yook，2012；罗党论等，2016）。于是国内外大量文献利用领导人变更虚拟变量来间接衡量经济政策不确定性，进而探讨了经济政策不确定性与企业投资决策之间的因果关系。例如，Julio 和 Yook（2012）利用 1980—2005 年 48 个国家或地区领导人选举数据分析政策不确定性对企业投资的影响，研究表明，在国家选举年份，企业的投资支出平均下降了 4.8%。研究进一步发现，在控制现金流、企业红利、选举年份等变量后，企业投资变化周期在不同国家和不同选举特征下呈现出显著异质性。

在转型时期的中国，地方政府不仅掌握着行政审批、土地征用、贷款担保等各项经济政策，而且拥有较大的权力和动力去制定辖区内的经济政策，因而地方官员变更会对企业的正常经营投资活动产生直接或间接的影响。为此，在研究不确定冲击下的企业投资行为时，大量文献都采用地方官员变更来刻画经济政策不确定性。例如，陈艳艳和罗党论（2012）发现地方官员更替导致辖区内企业投资支出增加，投资效率下降。贾倩等（2013）采用省际官员变更事件来度量经济政策不确定性，发现经济政策不确定性会显著减少企业当年投资支出。徐业坤等（2013）研究结果显示，当面临经济政策不确定性时，企业投资支出明显下降；企业投资支出随着经济政策不确定性程度的增加而下降得更多。勒光辉等（2016）以战略性新兴产业相关企业为研究样本，发现经济政策不确定性显著降低了企业投资，并且随着企业融资约束预期和企业经营环境的不同，这种负向影响也会不同。

然而，由于代理变量的选取很难准确地、真实地反映一个国家或地区整体经济政策不确定性，Baker et al.（2013）采用文本分析方法，从报纸新闻信息、专家预测报告等公开资料中提取经济政策不确定性指标，有效地解决了这一难题，随后大量国内外文献采用 EPU 指数对企业投资、融资等进行了研究。2008 年国际金融危机爆发后，各国政府为了保持经济增长而频繁出台新的宏观经济政策，这也使得各国未来经济政策指向不明确，从而产生了较大的经济政策不确定性。于是，经济政策不确定性逐渐引起了学术界的高度重视和普遍关注。例如，Kang 等（2014）基于 1985—2010 年美国 2700 多家制造业企业数据，考察了经济政策不确定性对企业层面投资的影响。结果表明，经济政策不确定性与企业层面的不确定性相互作用，降低了企业的投资支出。当企业因监管、医疗费用和税收的可能变化而对经营成本产生怀疑时，他们会更加谨慎地制定投资计划。Gulen 和 Ion（2016）使用基于新闻的经济政策不确定性指标，发现企业层面的资本投资与未来政策和监管成果相关的总不确定性水平之间，存在着强烈的负相关关系。更重要的是，他们发现，经济政策不确定性与企业资本投资之间的关系在横截面上并不一致，对于投资不可逆性程度较高的企业和更依赖政府支出的企业而言，两者的关系要强得多。Baker 等（2016）基于他们自己构造的经济政策不确定性指标，利用企业层面的数据，研究发现，经济政策不确定性与更大的股价波动以及国防、医疗、金融及基础设施建设等政策敏感部门的投资和就业减少有关。在宏观层面，经济政策不确定性上升会导致美国投资水平下降。

具体到中国情形下，Wang等（2014）以中国上市公司为研究样本，发现当经济政策不确定性上升时，企业就会降低投资，并且市场化程度较高地区的企业对经济政策的不确定性更为敏感。证据也表明，保持经济政策执行的透明度和稳定性可以提高企业投资效率。韩国高（2014）发现经济政策不确定性使得企业难以形成合理预期，从而使得企业暂时推迟投资计划。李凤羽和杨墨竹（2015）发现经济政策不确定性的增强会降低企业投资支出水平，并且在2008年国际金融危机后，这一负相关关系更为明显。陈国进和王小谦（2016）发现，通过资金成本渠道和资本边际收益率渠道传导，经济政策不确定性对企业投资产生了抑制作用。饶品贵等（2017）研究了经济政策不确定性对企业投资规模和投资效率的影响，表明前者表现为抑制作用，后者表现出促进作用。谭小芬和张文婧（2017）选取2004年第二季度至2016年第三季度中国沪、深两市A股上市公司数据，研究表明，经济政策不确定性通过实物期权和金融摩擦两种渠道抑制了企业投资，但实物期权渠道占据主导地位。

通过对上述文献的梳理可知，大量学者从理论上和实证上分析了不确定性因素对企业投资决策的作用，但是很少有文献深入研究经济政策不确定性对企业市场进入决策的影响。为此，鉴于数据的可得性，本书第四章实证探究了地级市及以上城市主要领导人变更带来的经济政策不确定性，对以新企业形成为特征的企业市场进入的影响。

二 产品区域间贸易

20世纪90年代以来，大量学者开始关注国内贸易与经济增长之间的关系。Frankel和David（1999）分析表明，国内贸易和国际贸易一样，通过刺激物质和人力资本的积累，以及在给定的资本水平上增加产出来提高收入。Hitomi 等（2000）提出了一种利用 Chenery–Moses 多区域输入输出框架进行因子分解的方法，并在 1980—1990 年将这一方法应用于一系列日本九区投入产出表，揭示了区域间贸易模式分布于各区域之间。进一步发现，区域间贸易在决定区域产出水平方面发挥了关键作用。周怀峰和林可全（2008）发现，产业国内贸易和产业国内竞争状况对产业国际竞争力产生积极的影响。胡延平和范洪颖（2008）研究表明，广东的经济增长与国内贸易的相关系数远远大于其与国际贸易的相关系数。盛斌和毛其淋（2011）发现，1985—2008 年中国国内区域间贸易发展对地区经济增长的平均贡献度为17.9%，而国际贸易对 GDP 增长的平均贡献度仅为 7.2%。这也说明，在世界各国经济发展不稳定、经济政策环境不确定性的情况下，国内区域间贸易的发展将是中国经济增长的重要驱动力。张少军和李善同（2013）认为省际贸易对一国经济的重要性并不能因为经济全球化而受到丝毫的忽视。原小能（2013）基于 2002—2007 年长江三角洲制造业数据，研究发现，虽然省际贸易和国际贸易都对经济增长具有正向作用，但省际贸易对经济增长的正向效应要大于国际贸易。黄晶（2014）发现，国内贸易有助于平抑其他冲击引发的经济波动。张少军和李善同（2017）研究显示，省际调出因素对经济增长的贡献比重从 1987 年的 24.3% 上升至 2007 年的 32.7%。因此，对于目前步入高质量的中国经济，省际贸易可以成为未来中国经济新的增长点。

然而，大量研究表明，无论是国家之间，还是一国内部不同地区之间，都存在着贸易的本地偏好（Home Bias）。从国家之间来看，McCallum（1995）提供了一个关于美加边界对地区贸易模式的影响的案例研究。发现在其他条件相同的情况下，两个省之间的贸易额是一个省内之间贸易额的 20 倍以上。Wei（1996）发现，在控制了出口国和进口国的规模、它们之间的直接距离、相对于世界其他地区的地理距离以及可能的语言联系等因素之后，OECD 国家的国内贸易量大约是其国际贸易量的 2.5 倍。自从 McCallum（1995）的开创性贡献以来，经济学家们一直试图估计美国和加拿大以外的其他国家的边界效应，但却遇到了一个关键的数据问题：区域贸易流动的数据极为稀少。Helble（2007）以法国和德国为例，利用区域运输流量数据，说明如何改进边界效应的估计。结果表明，法国国内区域间贸易额大约是法国和欧盟其他国家间贸易额的8倍，而德国国内区域间贸易额大概是德国和欧盟其他国家间贸易额的3倍。行伟波和李善同（2009）研究发现，中国国内区域间贸易确实存在明显的本地偏好。最后，西班牙各地区的边界效应并不一致。洪勇（2013）研究发现，中国国内边界效应在绝对值上大于国际边界效应，这也表明贸易存在本地化偏好。潘文卿和李跟强（2017）研究发现，1997—2007年中国区域间贸易成本经历了先上升后下降的过程，并且中国国内的贸易成本始终小于国际贸易成本。

然而，Poncet（2003）研究发现，中国省际的平均贸易量在1987年、1992年和1997年分别占各省总贸易量的88%、80%和66%，显示出内贸强度的下降。已有文献主要从运输成本、政策壁垒、信息成本、中间品以及替代弹性等角度对贸易的本地偏好进行了理论解释。其中，部分学者集中从政策壁垒角度来解释贸易的本地偏好现象。Young（2000）通过观察不同时期中国国内产品的价格差，认为中国的地方保护和市场分割归因于中国的渐进式改革模式，Naughton（2000）则认为，中国改革开放以来是趋向于市场一体化的。沈坤荣和李剑（2003）认为，国内市场分割的加剧，阻碍了国内市场的一体化进程。赵永亮（2012）发现，1997—2002年和2002—2005年两个期间平均的省份边界效应具有上升的趋势，并认为财政分权下的政府保护偏好是导致贸易壁垒的重要因素。刘建等（2013）认为，地方政府保护仍是影响中国国内贸易成本的重要因素。张昊（2014）基于2005—2011年多类商品构成的省级面板数据进行动态计量分析，结果验证了市场分割与批发贸易的影响作用。

综上所述，现有文献主要分析政策壁垒对产品区域间贸易的影响，但是缺乏从经济政策不确定性的角度对产品区域间贸易的针对性分析，这些局限性和不足在一定程度上激发了本书的写作动机。为此，本书

第五章实证分析了目的地经济政策不确定性对产品国内区域间贸易的影响。

三 多产品企业出口

不确定性冲击对企业出口行为的研究，早期文献分析经济不确定性对企业出口贸易的影响。例如，Grier 和 Smallwood（2007）以 9 个发达国家和 9 个发展中国家为样本，研究了外国收入不确定性和实际汇率不确定性对企业出口贸易的影响。研究发现，实际汇率不确定性对出口贸易的负面影响更有可能发生在欠发达国家，而对大多数发达国家的影响则不显著，并且与实际汇率不确定性相比，外国收入不确定性对出口贸易的影响往往更大。Greenaway 等（2010）研究了汇率不确定性对英国企业出口市场准入、强度决策以及跨国公司出口行为的影响。通过对英国制造业企业的数据分析，发现汇率不确定性对企业出口参与率影响不大，但对企业出口份额的影响较大。然而，2008 年的"贸易大崩溃"给不确定性冲击下的企业出口参与研究提供了新的事实依据，于是大量学者开始探究贸易政策不确定性与企业出口行为之间的相关关系。Handley（2014）将研究的重点放在贸易政策上，从而为该领域的研究提供了新的理论依据和经验证据。在一个动态的、异质的企业模型中，贸易政策不确定性将推迟出口企业进入新的市场。来自澳大利亚的证据表明，加入 WTO 降低了贸易政策不确定性，进而促进了一国对外贸易的发展。自 Handley（2014）探讨贸易政策不确定性如何影响企业出口动态变化之后，与之相关的理论分析和经验研究逐渐引起了学者们的普遍关注和广泛讨论。

（一）贸易政策不确定性的度量

Baker 等（2013）对经济政策不确定性进行了度量，从而为贸易政策不确定性的度量提供了理论参考，Handley 和 Limão（2017a）也采用文本分析方法，对贸易政策不确定性指数进行了测度，并得到了普遍认可。然而，由于这种方法的度量结果具有片面性。为此，在近期的理论和经验研究中，关税测量法仍得到了广泛的使用。

这类文献用关税不确定性来度量贸易政策不确定性，是指当前应用关税逆转为关税上限的可能性。Handley（2014）在研究贸易政策不确定性对澳大利亚出口的影响时，采用的不确定性度量公式是 $TPU = 1 - (\tau_{MFN}^{\sigma}/\tau_{BT}^{\sigma})$，其中 τ_{MFN} 是最惠国关税，τ_{BT} 是 WTO 约束关税。Handley 和 Limão（2015）基于异质性企业模型和一阶差分法，推导出贸易政策不确定性的度量方式是 $TPU = (1 - \tau_{PT}^{\sigma}/\tau_{\sigma MFN})/(\sigma - 1)$，其中 τ_{PT} 是最优惠关税，σ 是进口替代弹性。Handley 和 Limão（2017b）在研究贸易政策不确定性与中国出口美国之间的作用关系时，从理论模型中推导出贸易政策不确定性的度量公式是 $TPU = 1 - (\tau_{MFN}^{\sigma}/\tau_{SH}^{\sigma})$，其中 τ_{SH} 是美国对中国设定的 Smoot-Hawley 关税。可见，上述贸易政策不确定性的度量方式具有一定的差异，在 Handley（2014）中，当前应用关税是最惠国关税（The Most Favoured Nation Rate of Duty, MFN），关税上限是 WTO 约束关税（Bound Tariff, BT）；在 Handley 和 Limão（2015）中，当前应用关税是优惠关税，关税上限是最惠国关税（MFN）；在 Handley 和 Limão（2017b）中，当前应用关税是最惠国关税，关税上限是 Smoot-Hawley 关税（SH）。汪亚楠和周梦天（2017）在分析中国加入 WTO 后，进口关税下降对出口产品分布的影响机制时，就采用了 Handley 和 Limão（2017b）的度量方法。

与 Handley-Limão 不同的是，Groppo 和 Piermartini（2014）采用直接差分法来度量 TPU。具体来说，若是 WTO 成员国，则 $TPU = \tau_{BT} - \tau_{MFN}$；若是签订双边或多边优惠贸易协定，则 $TPU = \max(\tau_{PT} - \tau_{MFN}, 0)$。Feng 等（2017）在研究贸易政策不确定性与企业出口决策之间的关系时，采用了此度量方法。通过比较关税不确定性的两种度量方式，可以看出，当前应用关税和关税上限的取值不同，Handley-Limão 度量的贸易政策不确定性程度也会存在差异，而 Groppo-Piermartini 的直接差分法仅考虑了关税逆转的幅度，未考虑关税逆转的可能性。

（二）特惠贸易协定、贸易政策不确定性与企业出口

特惠贸易协定可以降低关税和非关税贸易壁垒，以 Handley 和

Limão 为代表的学者，集中研究 WTO、欧共体、跨太平洋伙伴关系协定等多边贸易协定带来的贸易政策不确定性下降对企业出口的影响。Handley（2014）研究发现，WTO 多边政策承诺旨在为出口企业提供一个更安全、更稳定的贸易政策制度，有助于降低最惠国关税上升的可能性，从而减少贸易政策不确定性，进而增加产品准入。通过对澳大利亚的反事实模拟表明，如果没有 1996 年世贸组织成立后所执行的约束力承诺，1993—2001 年澳大利亚出口的产品种类数增长率将下降 7%。Groppo 和 Piermartini（2014）分析了世贸组织的承诺是否降低了贸易政策逆转的风险。利用 1996—2011 年所有 WTO 成员建立的 WTO 约束关税数据库，研究发现，WTO 通过其监督功能降低了贸易政策的不确定性。Handley et al.（2014）通过对中国加入 WTO 的探讨，考察了贸易政策不确定性的变化对企业进入和技术决策的影响。利用异质性企业模型和中国微观生产贸易数据，从理论和实证两方面研究表明，国外关税不确定性和国内投入关税不确定性的降低会提升和增加中国企业的全要素生产率和出口。Feng 等（2017）发现，随着中国加入 WTO，新出口商的出口市场份额大幅扩张的同时，退出出口商的出口市场份额同样大幅度下降。利用中国海关数据库，检验了中国加入 WTO 所带来的贸易政策不确定性降低对出口企业动态的贡献，研究发现中国加入 WTO 使各企业对出口进入和退出的反应非常强烈。结果还表明，关税政策不确定性的减少导致了中国出口总量的重新分配。特别地，关税不确定性的降低导致了高生产率、低价格的新出口商的进入，而牺牲了低生产率、高价格的退出出口商。Handley 和 Limão（2017b）在一个包含企业异质性的一般均衡框架下，研究发现，贸易政策不确定性的增加明显降低了中国企业出口进入和技术升级的投资，反过来又减少了贸易流动和消费者的实际收入。运用这一模型分析了中国加入 WTO 前后的出口繁荣，认为中国加入 WTO 解释了中国对美国出口增长的 22%—30%。张平南等（2018）基于 2001 年中国加入 WTO 这一准自然实验，利用双重差分法研究得出，贸易政策不确定性的下降会降低企业的出口国内附加值。

除了 WTO 外，欧共体、跨太平洋伙伴关系协定等多边贸易协定也会带来贸易政策不确定性降低。Handley 和 Limão（2015）理论分析认为，贸易政策不确定性会减少企业投资和进入出口市场的机会，而特惠贸易协定对出口企业是有价值的。Limão 和 Maggi（2015）研究表明，当贸易环境不确定时，各国政府都有强烈的动机签署贸易协定。随着外部贸易成本的下降，贸易政策不确定性下降带来的收益往往变得更为重要。Carballo et al.（2018）在一个动态的异质企业模型中，考察了经济和政策不确定性之间的相互作用。利用 2003—2011 年美国出口动态数据，发现在解释 2008 年金融危机中的贸易崩溃和危机后的部分复苏过程中，不确定性发挥了重要作用；在特惠贸易协定下，美国出口将增加 6.5%。钱学锋和龚联梅（2017）利用 2005 年和 2010 年的关税和贸易数据，研究发现，中国与区域贸易协定成员国之间的贸易协议促进了中国制造业企业的出口。进一步反事实模拟表明，如果中国加入区域全面经济伙伴关系协定和跨太平洋伙伴关系协定，中国制造业企业出口增长率将提升 3.86% 和 16.28%。

（三）贸易政策不确定性与出口产品价格、质量与创新

随着贸易理论和实践的发展，贸易政策不确定性对企业产品价格、质量和创新的影响逐渐引起了学术界的广泛关注。Amiti 和 Khandelwal（2013）认为，生产高质量商品往往被视为出口成功和最终经济发展的先决条件。经验证据显示，进口关税下降有利于产品质量升级，但关税与质量升级之间为非单调关系。汪建新（2014）研究发现，对于那些远离世界质量前沿的产品而言，进口关税下降带来的贸易政策不确定性阻碍了产品质量升级；而对那些接近世界质量前沿的产品而言，贸易政策不确定性下降促进了产品质量升级。刘晓宁和刘磊（2015）得到了类似的研究结论。Bas 和 Strauss-Kahn（2015）采用 DID 方法探讨了中间品贸易自由化对进出口产品价格和质量的影响。利用 2000—2006 年中国的贸易数据，结果表明中间品关税下降提升了高收入国家的出口产品质量和价格。Fan 等（2015）论述了贸易自由化对出口价格的影响因产品差异化程度而异。Feng 等（2017）在理论分析

的基础上，利用2000—2006年中国海关数据库，研究表明，关税政策不确定性的下降幅度越大，企业出口产品的价格越低，因为关税政策不确定性的减少加剧了产品市场的竞争。他们也发现，关税政策不确定性的下降而进入市场的新企业，其产品质量高，尤其是面临的不确定大大下降的出口产品，其质量更高。然而，苏理梅等（2016）基于2000—2006年中国海关数据库，利用DID方法研究发现，关税政策不确定性下降降低了中国对美国出口产品质量。进一步研究表明，关税政策不确定性下降幅度越大的产品，其出口产品质量下降越大；存续企业并未针对关税政策不确定性下降做出及时的产品质量调整。佟家栋和李胜旗（2015）从微观产品的视角，研究显示，加入WTO之后，关税政策不确定性降低使得中国出口企业的产品创新能力增强，并且关税政策的不确定性对外资企业、加工贸易和进入企业影响更大。

此外，也有很多文献关注配额、反倾销等贸易政策对出口价格和质量的影响。一般来说，配额除了导致进口数量减少外，还会导致进口质量的内在提高。例如，Aw和Roberts（1986）理论模型预测，数量上的进口限制，如有序的营销协议，将导致在价格限制的进口类别内替代更高质量的产品。检验美国从中国台湾和韩国进口鞋类的证据表明，在所有配额类别中，几乎每年都有进口包升级的证据，有序的营销协议是一个具有约束力的制约因素。Feenstra（1988）对1979—1985年日本汽车和卡车进口产品的质量变化进行了调查。自1981年4月以来，汽车进口一直受到配额限制，而紧凑型卡车自1980年8月以来一直面临25%的从价关税。而且有证据表明日本汽车进口大量升级。Khandelwal等（2013）考察了中国纺织品和服装出口在取消对外出口配额前后的情况。研究发现在取消配额后，出口量的激增和出口价格的下降都是由净进口驱动的。Vandenbussche和Wauthy（2001）探究了一个具有垂直产品差异化特征的产业如何受到欧洲反倾销政策的影响。使用两阶段模型，在进行价格竞争之前确定质量选择，研究表明，欧盟采取价格承诺形式的反倾销政策在价格竞争阶段保护国内企业，但一旦考虑质量选择的影响，对国内企业是不利的。相反，

Moraga - González 和 Viaene（2015）研究表明，实施反倾销可能改变质量排序，从而实现本土企业的质量升级。还比如，Herguera 等（2002）在垂直差异化的行业中，国内外企业首先选择商品的质量，然后在国内市场上进行数量或价格竞争。他们调查在企业质量决策之前或之后选择关税的案例。研究发现，最优的事后关税是积极的，并确保国内企业总是生产高质量的产品。最优的事前关税是禁止的，国内垄断下的福利低于事后关税。除非企业在价格上竞争，而且国内企业是高质量的。Zhou 等（2002）研究表明，在伯特兰的竞争下，单方面政策涉及低质量的最不发达国家的投资补贴和发达国家的投资税，而联合最优政策则相反，从而通过增加产品差异化来降低价格竞争。在古诺的竞争下，单边政策也与之相反，但共同最优政策涉及两国的税收。Moraga - González 和 Viaene（2005）以贸易和垂直产品差异化的双寡头模式分析转型经济体的贸易政策和质量领先。研究表明，贸易自由化的发生对转型期经济中的企业是低质量生产者还是高质量生产者是敏感的；无论是自由贸易还是国内补贴都不是最佳选择：关税和补贴都增加了价格竞争，而关税和补贴都增加了外国租金，后者导致了质量升级；当成本不对称程度较低时，政府有理由承诺一项社会最优政策，以诱导国内企业进行优质领导。

此外，张莹和朱小明（2018）利用 CEPII - BACI 数据库和 Baker 等（2016）编制的 EPUI 研究发现，经济政策不确定性的增强将显著抑制其出口价格和出口质量的提升。

第三节 文献述评与研究方向

一 文献述评

对不确定性冲击的微观机制的梳理可知，不确定性冲击主要通过三种微观传导机制影响企业行为：Hartman - Abel 机制、实物期权机制、金融摩擦机制。Hartman - Abel 机制认为，产出价格的不确定性上升会促使竞争性企业增加当期投资，Hartman（1972）假定在风险中性、完全竞争情形下，如果企业边际调整成本函数是严格凸的，则产出价格和需求的不确定性增加会导致企业投资增加；Abel（1983）基于同样的假设，发现不管企业边际调整成本函数是凸的还是凹的，较大的不确定性都将导致较高的投资率。Hartman 和 Abel 的模型都假定企业是风险中性的，忽略了企业的风险规避行为，因而没有考虑到不确定性增加对企业投资支出的负面影响。虽然金融摩擦机制强调了在金融市场不完美的情况下，信息不对称、代理成本、融资约束等一系列因素，使得更高的不确定性通过资金成本抑制了企业投资活动，但是在检验金融摩擦机制上，大多文献忽视了外部金融环境对企业融资造成的影响。

实物期权机制是被理论界广泛接受的不确定环境下的企业投资决策理论之一，是一种将期权的基本原理应用于企业资产经营和投资决策的，主要包括增长期权和等待期权。增长期权机制主要强调不确定性的"好消息原则"，它认为当"好消息"发生时，增加投资会提高企业的市场占有率，进而企业预期利润也会增加。因此，基于成本收益分析，企业管理层可能随着不确定性的上升而增加投资支出。相反，等待期权机制强调不确定性的"坏消息"原则，这一理论认为企业可以把它们的潜在投资机会看作一系列的期权组合，当未来投资收益的不确定性较高时，等待进一步的信息是企业的理性选择。从整体上看，强调积极效应的 Hartman – Abel 机制和增长期权机制在实证研究中运用较少，还有待进一步挖掘，而等待期权机制依然占主导作用。

等待期权机制的经验研究特别关注不确定性环境下的企业行为决策，已有大量文献研究了不确定性冲击通过实物期权渠道抑制了企业投资决策、研发决策以及出口决策。结合本书研究主题，我们选取"新企业形成""产品区域间贸易""多产品企业出口"三个视角，进而对相关文献进行了梳理。然而，既有的研究文献仍存在一些不足之处：第一，现有文献主要研究了经济政策不确定性对企业投资决策、出口决策等的影响，而对新企业形成、产品区域间贸易等企业市场进入的研究却不够深入，因而未能很好地回答经济政策不确定性这一最大的不确定性因素如何影响企业市场进入这一主题。第二，现有文献大多基于国际贸易的视角，用关税不确定性来衡量贸易政策不确定性，充分讨论了贸易政策不确定性对企业出口的影响关系，但关税不确定性很难准确地、全面地反映宏观经济政策不确定性对企业出口行为的作用。第三，在中国特有的政治集权和经济分权相结合的体制下，也有研究考察了地方官员变更带来的经济政策不确定性对当地企业生存与发展的影响，但是这类文献均没有考虑研究中可能存在的内生性问题。

二 研究方向

鉴于现有文献的不足，本书从国内企业市场进入（新企业形成、产品区域间贸易）和国际企业市场进入（多产品企业出口）两大方面，系统地、全面地探究了经济政策不确定性对企业市场进入决策的影响。首先运用中国工业企业层面数据，以地级市及以上城市主要领导人变更作为经济政策不确定性的代理变量，进而考察了经济政策不确定性对以新企业形成为特征的企业市场进入的影响；其次采用中国制造业企业数据和城市主政官员匹配数据，揭示了经济政策不确定性与产品区域间贸易之间的内在关联；最后使用中国海关数据库和中国工业企业数据库的匹配数据，以目的地领导人变更事件作为经济政策不确定性的代理变量，也采用 Baker 等（2016）开发的世界主要国家或地区经济政策不确定性指数直接度量经济政策整体的不确定性，进而探讨了目的地经济政策不确定性与中国多产品企业出口之间的因果关系。具体从以下几个方面对现有文献进行丰富和扩展。

第一，拓展了一个包含经济政策不确定性的异质性企业贸易模型，运用实物期权理论分析经济政策不确定性影响企业市场进入的作用机制。首先，针对中国各省市区之间存在贸易壁垒的典型事实，本研究对 Handley 和 Limão（2015）、Feng 等（2017）的理论模型进行了一定的改进，将企业进入市场的固定成本和可变成本分别看成目标市场经济政策不确定性的单调递增函数，从而得到了经济政策不确定性与企业市场进入决策之间的内在关联关系。其次，运用实物期权理论，分析了经济政策不确定性影响企业市场进入决策的作用机制。

第二，运用中国工业企业数据，研究了地级市及以上城市主政官员变更导致的经济政策不确定性对新企业形成的影响。首先，对样本期内经济政策不确定性与新企业形成的典型特征事实进行了描述，以便对二者之间的相关关系有个初步认识。其次，采用面板 Logit 模型，分析了经济政策不确定性对当地新企业形成的影响，而且还分析了这种影响的程度因地方官员来源、企业产权性质以及行业性质不同而呈现出来的差异性。最后，我们采用工具变量法处理模型中潜在的内生性问题。

第三，采用中国制造业企业数据，探究了地级市及以上城市主要领导人变更带来的经济政策不确定性，对产品区域间贸易的影响。首先，针对中国各省市区间存在的贸易壁垒的典型特征事实，实证分析了目标城市主政官员变更带来的经济政策不确定性对本地产品进入的影响，并且分析了给定区域间的贸易政策，企业的生产率水平对本地产品进入的影响。其次，不仅比较分析了目标城市主政官员变更带来的经济政策不确定性对本地产品进入影响的行业性质差异，而且还按照国有企业的隶属关系对各层级企业受到经济政策不确定性的不同影响进行研究。最后，考察了产品进入国内区域市场受经济政策不确定性的影响可能存在的地区差异。

第四，使用中国海关数据库和中国工业企业数据库的匹配数据，以目的地领导人变更作为经济政策不确定性的代理变量，同时也采用 Baker 等（2016）开发的世界主要国家或地区经济政策不确定性指数直接刻画经济政策整体的不确定性，研究了目的地经济政策不确定性与多产品企业出口之间的因果关系。首先，对样本期内目的地经济政策不确定性与中国企业出口的典型事实进行描述。其次，采用普通最小二乘法估计了目的地经济政策不确定性、企业异质性与多产品企业出口的因果关系，并比较分析了目的地经济政策不确定性对中国企业产品出口价值量的影响是否因目的地经济、社会、政治特征和出口企业的产权性质、所在区域的不同而有所差异。最后，我们采用工具变量法处理研究中的内生性问题。

第三章

经济政策不确定性影响企业市场进入的理论分析

第一节 相关理论基础

随着世界各国出口贸易的飞速发展,相关贸易理论也得到了不断完善。国际贸易理论的主流思想也依次经历了传统贸易理论(如Ricardian模型和H—O—S模型)、新贸易理论(如Krugman模型)和新新贸易理论(如Melitz模型)三个发展阶段。20世纪70年代之前,没有经济学家能够颠覆Ricardian模型和H—O—S模型体系。然而,现实世界的贸易发展对传统贸易理论提出了诸多挑战,于是新的贸易理论应运而生。下面我们将集中对Krugman(1979,1980)模型和Melitz(2003)模型进行简要介绍。

一 垄断竞争:Krugman模型

Krugman(1979,1980)垄断竞争贸易模型几乎是当代国际贸易主流文献的标准理论模型,其影响至今不衰。该模型不仅奠定了新贸易理论的基础,而且被后来的新新贸易理论沿用,借以拓展出以企业异质性为基本观点的贸易模型。

(一)消费者行为

经济中的消费者偏好都相同,其效用函数用柯布—道格拉斯(Cobb-Douglas)型效用函数来表示:

$$U = \left[\int_{i \in \Omega} q(i)^{\frac{\sigma-1}{\sigma}} di\right]^{\frac{\sigma}{\sigma-1}} \qquad (3—1)$$

式中：U 为消费者总效用，为第 i 种商品的数量，σ 为任意两种商品之间的替代弹性。

用 $p(i)$ 表示 i 类商品的价格，$q(i)$ 表示 i 类商品的总需求，w 为单位劳动工资，L 为劳动总量，则消费者的预算约束由式（3—2）给出：

$$\int_\Omega p(i) q(i) di \leq wL \qquad (3—2)$$

于是，最优需求函数为：

$$q(i) = \left[\frac{p(i)}{P}\right]^{-\sigma} \frac{wL}{P} \qquad (3—3)$$

总体价格水平由各商品价格的集合形式给出：

$$P = \left[\int_\Omega p(i)^{1-\sigma} di\right]^{\frac{1}{1-\sigma}} \qquad (3—4)$$

（二）生产者选择行为

在规模收益递增的技术下，每家企业出售一个单一的商品种类 i，该企业就是该种类商品市场上的独家垄断者。我们假定每家企业的生产固定成本 f 和生产率水平 φ 都相同，则企业的劳动力使用量为 $f + q/\varphi$。

这里，为了便于分析，我们把工资率标准化为 1，则企业定价为：

$$p(i) = \frac{\sigma}{\sigma-1} \frac{1}{\varphi} \qquad (3—5)$$

我们可得到企业利润表达式：

$$\pi(i) = p(i)q(i) - \left[f + \frac{q(i)}{\varphi}\right] = \left[\frac{q(i)}{(\sigma-1)\varphi} - f\right] \qquad (3—6)$$

或者

$$\pi(i) = \frac{r(i)}{\sigma} - f \qquad (3—7)$$

式中：$r(i)$ 表示企业收益函数。

（三）企业进入与退出

假设行业可以自由进入，则只要还有利润可赚，新的企业就会进入市场。随着更多的企业进入，消费者从消费已有企业的商品更多地转向消费新进入企业的商品。这样，势必会使已有企业利润被"摊薄"。这一现象会持续下去，直到市场上单个企业的利润为零，即：$\pi(i) = 0$。

因而，市场自由进入的临界产量以式（3—8）表示：

$$\pi(i) = 0 \Rightarrow q(i) = (\sigma - 1)\varphi f \qquad (3—8)$$

基于对称性假定，即市场上每家企业收取相同的价格，出售相同数量的产品，获得相等的利润，则该经济体中企业的总数由劳动市场出清条件决定：

$$n\left(f + \frac{q}{\varphi}\right) = L \qquad (3—9)$$

或者

$$n\left(f + \frac{q}{\varphi}\right) = L \Rightarrow n = \frac{L}{\sigma f} \qquad (3—10)$$

式中：n 为市场上能够生存的企业总数。

由上述推断可以引出一个结果，即在封闭经济条件下，一国国民福利会随着国家劳动人口规模的扩大而增加。同理，在其他条件给定的情况下，理想的价格指数也会随着国家劳动人口规模的增加而上升。国家越大，生产的商品种类就越多，其消费者福利也就越高。因为消费者具有多样性偏好。由此：

$$P = \frac{\sigma}{(\sigma - 1)\varphi}\left(\frac{L}{\sigma f}\right)^{1/(1-\sigma)} \qquad (3—11)$$

（四）开放经济下的均衡分析

在开放经济情景下，模型的假设条件有两个。一是假设"世界经济"由两个经济体构成，其中一个经济体的劳动力数量为 L；另一个经济体的劳动力数量为 L^*。除此之外，两个经济体之间没有别的任何差异。也就是说，两个经济体具有相同的生产技术，消费者的偏好完全一致，并且相互进行贸易。二是假定贸易存在冰山融化的运输成本，即运送一单位的产品（τ），只有 $1/\tau$ 的部分可以到达目的地，其余会在运输过程中损失掉。这里，我们假定 $1/\tau > 1$。

这意味着，若一家企业在国内的价格由式（3—12）给定：

$$p = \frac{\sigma}{\sigma - 1} \frac{1}{\varphi} \quad (3—12)$$

那么，该企业在国外市场销售产品的价格为 τp，当达到均衡状态时，两个市场获得的利润必然相等，亦即

$$p^* = \tau p \quad (3—13)$$

式中：p^* 表示本国产品在外国的价格，而 p 表示该产品的国内价格。

由于企业在国内外面对的需求弹性是一致的，那么它在国内外市场上都将收敛同一个高于边际成本的固定价格。在冰山融化的运输成本假设之下，每一单位商品的边际出口成本将等于每单位国内产品的边际成本乘以冰山融化的运输成本系数。该企业在国外的销售价格为：

$$p^* = \frac{\sigma}{\sigma - 1} \frac{\tau}{\varphi} \quad (3—14)$$

按照上述价格，企业将会把 q_d 单位的产品输往国内市场，而将 q_x 单位的产品输往国外即出口。那么，企业总的净利润为：

$$\begin{aligned}
\pi &= \left(\frac{\sigma}{\sigma - 1} \frac{1}{\varphi}\right) \cdot q_d - \frac{1}{\varphi} \cdot q_d + \left(\frac{\sigma}{\sigma - 1} \frac{\tau}{\varphi}\right) \cdot q_x - \frac{\tau}{\varphi} \cdot q_x - f \\
&= \left(\frac{\sigma}{\sigma - 1} \frac{1}{\varphi}\right)(q_d + \tau q_x) - \left[\frac{(q_d + \tau q_x)}{\varphi}\right] - f \\
&= \frac{(q_d + \tau q_x)}{(\sigma - 1)\varphi} - f
\end{aligned}$$

$$(3—15)$$

又因为企业总产量为：

$$q = q_d + \tau q_x \quad (3—16)$$

所以，

$$\pi = \frac{q}{(\sigma - 1)\varphi} - f \quad (3—17)$$

这与封闭经济下的利润等式是一致的。如果行业进入自由且是无成本的，则每家企业所获得的利润均会趋于0，从而有式（3—18）：

$$\pi = 0 \Rightarrow q = (\sigma - 1)\varphi f \qquad (3\text{—}18)$$

(五) 简要性评述

Krugman（1979，1980）垄断竞争贸易模型克服了传统贸易理论所遇到的困境，进而提高了理论解释现实的能力。更为重要的是，该模型不仅为产业内的国际分工提供了合理的解释，而且为贸易理论的发展提供了一个新的分析框架。然而，该模型假定每家企业的生产率水平都相同，因而也就很难解释在贸易开展之后，企业之间的"竞争淘汰"效应和"规模变化"效应。因此，Melitz（2003）异质性企业贸易模型是建立在 Krugman 垄断竞争贸易模型基础之上的，进而开拓了国际贸易理论和实证研究的新视野。

二 企业异质性：Melitz 模型

Bernard 等（2003）在多国李嘉图模型中考虑了企业异质性，Melitz（2003）则将企业生产率差异纳入垄断竞争动态产业模型。由于 Melitz 模型的简洁性和易处理性，随后的很多异质性企业贸易模型都是在其基础上进行拓展的。接下来，我们简要介绍 Melitz 贸易模型的理论框架和主要观点。

（一）消费者行为

经济中的消费者偏好都相同，其效用函数用柯布—道格拉斯（Cobb – Douglas）型效用函数来表示：

$$U = \left[\int_{i \in \Omega} q(i)^{\frac{\sigma-1}{\sigma}} di\right]^{\frac{\sigma}{\sigma-1}} \qquad (3\text{—}19)$$

式中：U 为消费者总效用，$q(i)$ 为商品种类 i 的数量，任意两种差异化产品之间的替代弹性为 σ，我们假定 $\sigma = 1/(1-p) > 1$。

消费者对 i 类商品的需求函数是：

$$q(i) = \frac{Y}{P}\left[\frac{p(i)}{P}\right]^{-\sigma} \qquad (3\text{—}20)$$

商品的价格指数 P 由式（3—21）决定：

$$P = \left[\int_{\Omega} p(i)^{1-\sigma} di\right]^{\frac{1}{1-\sigma}} \qquad (3\text{—}21)$$

(二) 生产者选择行为

假定存在连续性企业，各个企业生产的固定成本 f 均相同。然而，与 Krugman 模型不同的是，Melitz 模型假定每家企业的生产率水平 φ 是不同的，而生产率水平为 φ 的企业每生产 1 单位的商品都需要 $1/\varphi$ 单位的劳动投入。故生产 q 单位商品所投入的成本为：

$$l(\varphi) = f + \frac{q(\varphi)}{\varphi} \quad (3—22)$$

式中：q/φ 为企业层面的生产率。

进而，企业便会按照如下策略定价：

$$p(\varphi) = \frac{\sigma}{\sigma - 1} \frac{1}{\varphi} \quad (3—23)$$

那么，企业利润 $\pi(\varphi)$ 为：

$$\pi(\varphi) = p(\varphi)q(\varphi) - l(\varphi) = \frac{YP^{\sigma-1}}{\sigma}\left(\frac{\sigma}{\sigma-1}\frac{1}{\varphi}\right)^{1-\sigma} - f \quad (3—24)$$

消费者需求量 $q(\varphi)$ 和企业销售收入 $r(\varphi)$ 分别为：

$$q(\varphi) = \frac{Y}{\sigma}\left[\frac{p(\varphi)}{P}\right]^{-\sigma} = YP^{\sigma-1}\left(\frac{\sigma}{\sigma-1}\frac{1}{\varphi}\right)^{-\sigma} \quad (3—25)$$

$$r(\varphi) = p(\varphi)q(\varphi) = YP^{\sigma-1}\left(\frac{\sigma}{\sigma-1}\frac{1}{\varphi}\right)^{1-\sigma} \quad (3—26)$$

可以看出，如果企业具有相同的生产率 φ，那么就会制定相同的价格，进而出售相同数量的商品，获得相同的利润。我们也可以看出，若企业的生产率 φ 越高，则企业的产量和利润也越高。

(三) 企业的进入与退出

企业进入的固定成本为 f_e（大于 0），而这一成本随后便成为沉没成本。企业生产率 φ 的分布函数为 $G(\varphi)$，密度函数为 $g(\varphi)$。预期利润由式 (3—27) 给定：

$$v(\varphi) = \max\left\{0, \sum_{t=0}^{\infty}(1-\delta)^t \pi(\varphi)\right\} = \max\left\{0, \frac{1}{\delta}\pi(\varphi)\right\} \quad (3—27)$$

由前面的分析可知，企业利润主要取决于自身生产率水平，我们设 φ^* 为临界生产率，令 $\pi(\varphi^*) = 0$。很显然，如果 $\varphi > \varphi^*$ 时，则企业会选择继续生产；如果 $\varphi < \varphi^*$ 时，企业便会选择退出该行业。

(四) 行业内所有平均生产率

在均衡时，生产率大于 φ^* 的企业进行生产，于是我们定义 $\dot{\varphi}$ 为行业内所有企业（不包括退出的那些企业）的平均生产率，其由该行业当中异质性企业的生产率 φ 进行加权平均得到，即：

$$\dot{\varphi} = \left[\int_0^\infty \varphi^{\sigma-1}\chi(\varphi)\mathrm{d}\varphi\right]^{1/\sigma-1} \quad (3—28)$$

式中：$\chi(\varphi)$ 是行业内存活企业的生产率的密度函数：

$$\chi(\varphi) = \begin{cases} \dfrac{g(\varphi)}{1 - G(\varphi^*)}, & \varphi \geqslant \varphi^* \\ 0, & \varphi < \varphi^* \end{cases} \quad (3—29)$$

用上述条件，引入企业总数 M，可以得到这个模型中总变量的简易表达式：

$$P = M^{\frac{1}{1-\sigma}}p(\dot{\varphi}) \quad (3—30)$$

$$R = Mr(\dot{\varphi}) \quad (3—31)$$

$$\Pi = M\pi(\dot{\varphi}) \quad (3—32)$$

将 $\dot{\varphi}$ 表示成 φ^* 的函数，可以得到：

$$\dot{\varphi}(\varphi^*) = \left[\frac{1}{1 - G(\varphi^*)}\int_{\varphi^*}^\infty \varphi^{\sigma-1}g(\varphi)\mathrm{d}\varphi\right]^{\frac{1}{\sigma-1}} \quad (3—33)$$

那么行业平均收益 $\dot{r}$ 和平均利润 $\dot{\pi}$ 可以表示为：

$$\dot{r} = r(\dot{\varphi}) = \left[\frac{\dot{\varphi}(\varphi^*)}{\varphi^*}\right]^{\sigma-1}r(\varphi^*) \quad (3—34)$$

和

$$\dot{\pi} = \pi(\dot{\varphi}) = \left[\frac{\dot{\varphi}(\varphi^*)}{\varphi^*}\right]^{\sigma-1}\frac{r(\varphi^*)}{\sigma} - f \quad (3—35)$$

由临界点企业的利润为零，我们有：

$$\pi(\varphi^*) = 0 \Leftrightarrow \dot{\pi} = f\left\{\left[\frac{\dot{\varphi}(\varphi^*)}{\varphi^*}\right]^{\sigma-1} - 1\right\} \quad (3—36)$$

式（3—36）在 Melitz 模型中被称为企业零利润条件（Zero Cutoff Profit，ZCP）。这个零利润利润水平是用生产率水平 φ^* 表示的。

所以，当等式（3—37）成立时，企业不再进入：

$$\int_0^\infty \nu(\varphi) g(\varphi) \mathrm{d}\varphi = f_e \qquad (3—37)$$

式（3—37）为自由进入的条件（Free Entry，FE）。

自由进入条件可以简化为：

$$\hat{\pi} = \frac{\delta f_e}{1 - G(\varphi^*)} \qquad (3—38)$$

（五）封闭经济的均衡分析

零利润临界条件（ZCP）和行业自由进入条件（FE）分别表示为：

$$\pi(\varphi^*) = 0 \Leftrightarrow \hat{\pi} = f\left\{\left[\frac{\hat{\varphi}(\varphi^*)}{\varphi^*}\right]^{\sigma-1} - 1\right\} (ZCP)$$

$$\int_0^\infty v(\varphi) g(\varphi) \mathrm{d}\varphi = f_e \leftrightarrow \hat{\pi} = \frac{\delta f_e}{1 - G(\varphi^*)} (FE)$$

此外，在劳动力市场出清（LMC）条件下，总支出 R 等于总收入 L（人口数量乘以工资率1），由一般均衡可以算出：

$$M = \frac{L}{\sigma(\hat{\pi} + f)} \qquad (3—39)$$

上述条件下均衡的几何形式如图 3—1 所示。

（六）开放经济的均衡分析

假设企业向外国出口产品需克服两种成本，分别为冰山融化的运输成本 τ，以及出口的固定成本或进入成本 f_x。则企业在国内的销售收入由式（3—40）给定：

$$r_d(\varphi) = p(\varphi) \cdot q_d(\varphi) = R\left(P\varphi \frac{\sigma-1}{\sigma}\right)^{\sigma-1} \qquad (3—40)$$

该企业出口到别国的销售收入为：

$$r_x(\varphi) = p(\varphi) \cdot q_x(\varphi) = \tau^{1-\sigma} R\left(P\varphi \frac{\sigma-1}{\sigma}\right)^{\sigma-1} \qquad (3—41)$$

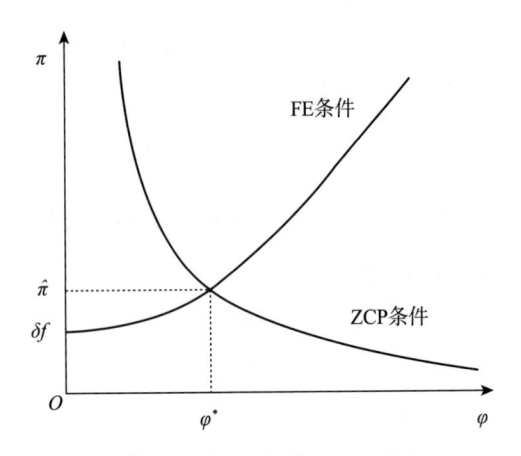

图 3—1 封闭经济下的一般均衡

假定共有 $n+1$ 个国家，则开放经济条件下企业的销售收入为：

若企业不出口，则 $r(\varphi) = r_d(\varphi)$

若企业出口，则 $r(\varphi) = (1 + m^{1-\sigma})r_d(\varphi)$

企业出口获得的利润为：

$$\pi_x(\varphi) = \frac{r_x(\varphi)}{\sigma} - f_x = \frac{\tau^{1-\sigma}r_d(\varphi)}{\sigma} - f_x \tag{3—42}$$

企业每一期的利润为：

$$\pi(\varphi) = \pi_d(\varphi) + \max\{0, n\pi_x(\varphi)\} \tag{3—43}$$

预期利润与封闭经济下一样，即由式（3—44）给出：

$$v(\varphi) = \max\left\{0, \frac{\pi(\varphi)}{\sigma}\right\} \tag{3—44}$$

与封闭经济类似，令 φ^* 为零利润条件决定的生产率，即有 $\pi(\varphi^*) = 0$。

与封闭经济类似，开放经济中的均衡条件也包括 ZCP 条件和 FE 条件，但开放经济中存在两类临界点生产率（φ^* 和 φ_x^*）。

用 p_x 表示企业的生产率大于 φ_x^* 的概率，则

$$p_x^* = \frac{[1 - G(\varphi_x^*)]}{[1 - G(\varphi^*)]} \tag{3—45}$$

用 $\hat{\varphi}_x = \hat{\varphi}(\varphi_x^*)$ 表示所有出口企业的平均生产率，用 $\pi_x = \hat{\varphi}(\varphi_x^*)$ 表示出口带来的利润，则开放经济条件下企业的平均利润为：

$$\hat{\pi} = \pi_d(\hat{\varphi}) + p_x n \pi_x(\hat{\varphi}_x)$$
$$= f\left\{\left[\frac{\varphi(\hat{\varphi}^*)^{\sigma-1}}{\varphi^*}\right] - 1\right\} + p_x h f_x\left\{\left[\frac{\varphi_x(\hat{\varphi}^*)}{\varphi_x^*(\varphi^*)}\right]^{\sigma-1} - 1\right\} \quad (3—46)$$

这就是开放经济条件下的 ZCP 条件。

因为开放经济条件下企业的预期利润 $v(\varphi)$ 与封闭条件下相同，所以在开放经济条件下，FE 表达式与封闭经济条件下一样：

$$\hat{\pi} = \frac{\sigma f_e}{1 - G(\varphi^*)} \quad (3—47)$$

将封闭经济条件和开放经济条件下的 ZCP 条件和 FE 条件画在同一个图中，就得到了如图 3—2 所示的几何表述。

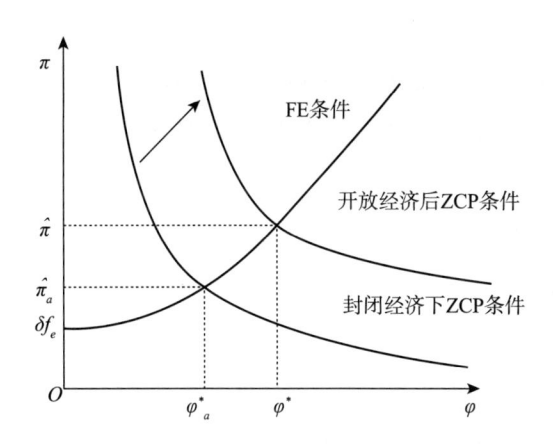

图 3—2 封闭经济和开放经济下的一般均衡

点 $(\varphi_a^*, \hat{\pi}_a)$ 表示封闭经济条件下的均衡，点 $(\varphi^*, \hat{\pi})$ 表示开放经济条件下的均衡。相较于封闭经济，开放经济下的 ZCP 曲线向右上方移动而 FE 曲线不变，这一变化导致均衡时的 φ^* 增加，即有 $\varphi_x^* > \varphi^*$。

由

$$\hat{r} = \int_0^\infty r(\varphi)u(\varphi)\mathrm{d}\varphi = \sigma(\hat{\pi} + f + p_x n f_x) \qquad (3—48)$$

得

$$M = \frac{R}{\hat{r}} = \frac{L}{\sigma(\hat{\pi} + f + p_x n f_x)} \qquad (3—49)$$

$M_t = (1 + np_x)M$ 则是在本国销售产品的所有厂商的数量。

第二节 经济政策不确定性影响企业市场进入决策的理论模型

本章节在借鉴 Handley（2014）、Handley 和 Limão（2015，2017b）的理论模型基础上，将经济政策不确定性纳入 Melitz（2003）异质性企业贸易模型，以探究经济政策不确定性与企业市场进入决策之间的因果关系。在具有代表性的行业中，我们关注的是本地企业进入外地市场的决策。因此，我们模型中的所有需求侧变量都涉及外地变量，而我们模型中的所有供应侧变量都涉及本地变量。

一 偏好与需求

代表性消费者的效用函数用柯布—道格拉斯（Cobb–Douglas）型函数来表示：

$$U = Q^\mu q_0^{1-\mu} \qquad (3—50)$$

式中：U 为消费者总效用，q_0 表示基准商品的消费量，其在世界市场上是同质和自由贸易的，Q 表示一组差异化商品集合，该集合中的消费品数量可以用不变替代弹性效用函数（CES）来表示：

$$Q = \left[\int_{i \in \Omega} q(i)^{\frac{\sigma-1}{\sigma}} \mathrm{d}i\right]^{\frac{\sigma}{\sigma-1}} \qquad (3—51)$$

式中：$q(i)$ 为商品种类 i 的数量，Ω 为商品种类数，σ 为任意两种商品之间的替代弹性。当 σ 趋于无穷大时，商品之间完全替代，即：

$$Q = \int_{i \in \Omega} q(i)\mathrm{d}i \qquad (3—52)$$

相反,当 $\sigma = 1$ 时,商品之间相互独立。此时, Q 变为柯布－道格拉斯型子效用函数。当 σ 的值介于 1 和无穷大之间时,商品是不完全替代的。

我们用 $p(i)$ 表示 i 类商品的价格, $q(i)$ 表示 i 类商品的总需求,用 Y 表示消费者的收入水平,则消费者的预算约束为:

$$\int_\Omega p(i)q(i)\mathrm{d}i \leq Y \tag{3—53}$$

于是,在消费者收入或预算既定的条件下,消费者对 i 类商品的需求函数是:

$$q(i) = \frac{\mu Y}{P}\left[\frac{p(i)}{P}\right]^{-\sigma} \tag{3—54}$$

同样条件下,商品的价格指数或总价 P 由式(3—55)决定:

$$P = \left[\int_{i\in\Omega} p(i)^{1-\sigma}\mathrm{d}i\right]^{\frac{1}{1-\sigma}} \tag{3—55}$$

二 生产与定价

依据 Melitz(2003)的研究,假定每个企业的边际生产率不同,并且生产的边际成本为 $1/\varphi$。同时,我们假定劳动是唯一投入品,且劳动报酬为计价商品,即设工资为 1。这里,我们暂时不考虑生产的固定成本,故生产 q 单位产品所投入的成本为:

$$l(q,\varphi) = \frac{q}{\varphi} \tag{3—56}$$

式中: q/φ 为企业层面的生产率。

在开放经济条件下,企业进入外地市场需克服两种成本,分别为冰山型的可变成本(τ)和进入固定成本(f_x),前者主要包括运输费用、关税及营销和分销相关费用,后者主要涉及进入时履行行政手续和获取目标市场信息的相关费用。

在确定性的环境下,企业只需选择价格或数量来最大化每个时期的利润,则生产率水平为 φ 的企业便会按照式(3—57)定价:

$$p(\varphi) = \frac{\sigma}{\sigma-1}\frac{\tau}{\varphi} \tag{3—57}$$

在不确定性的情况下，我们需要弄清楚企业的生产时间和定价决策。假定企业在充分了解经济政策和市场需求之后，作出生产和定价决策，而企业贸易决策则是在不确定性的情况下作出的。这种生产的灵活性主要有两个基本含义：一是企业定价决策与式（3—57）完全相同；二是在进入市场后，企业对政策风险（如关税多变性）的厌恶程度降低，因为它们能够对政策冲击进行最优调整。

那么，企业营业收入为：

$$p(\varphi)q(\varphi)/\tau = \tau^{-\sigma}\varphi^{\sigma-1}\mu Y\left(\frac{\sigma}{\sigma-1}\frac{1}{P}\right)^{1-\sigma} \qquad (3—58)$$

可以看出，在其他条件不变的情况下，企业营业收入受到自身生产率水平 φ 和当前可变成本 τ 的直接影响。进而企业利润为：

$$\pi(\varphi) = \tau^{-\sigma}\varphi^{\sigma-1}A \qquad (3—59)$$

这里，$A = \mu Y\sigma^{-1}\left(\frac{\sigma}{\sigma-1}\frac{1}{P}\right)^{1-\sigma}$。

三　经济政策不确定性

本书主要研究目的地经济政策不确定性如何影响本地企业进入决策。借鉴 Helpman 等（2008）、Handley 和 Limão（2015）的做法，我们假设企业在本地市场没有进入固定成本。因此，对于每一个行业而言，大量企业都在本地市场从事生产和销售活动，而只有部分企业会进入任一给定的市场。我们知道，企业进入外地市场，必须先支付一笔沉没成本 f_x。如果企业利润的现值超过进入固定成本，则企业就会选择进入外地市场，即

$$\frac{\pi(\varphi)}{1-\beta} \geqslant f_x \qquad (3—60)$$

由此引出一个重要的条件，这就是零利润条件（Zero Cutoff Profit, ZCP）。设 φ_d^* 为确定性环境下零利润时的生产率水平，由式（3—59）和式（3—60）可得

$$\varphi_d^* = \left[\frac{A}{f_x}\frac{\tau^{-\sigma}}{(1-\beta)}\right]^{1/(1-\sigma)} \qquad (3—61)$$

显然，只有生产率大于 φ_d^* 的企业才会继续进入，所以 φ_d^* 是一个重要的临界值。我们还可以看出，企业进入目的地市场的可变成本 τ 和固定成本 f_x 越高，则临界生产率 φ_d^* 就越高。

Greenland 等（2016）认为，经济政策不确定性通过影响企业成本，进而作用于企业市场进入。虽然经济政策不确定性既有积极的一面也有消极的一面，但是当经济政策不确定性较大时，企业对未来的经济形势不能形成连续的良好预期，即使是积极的经济政策不确定性也很难降低企业进入成本（魏友岳、刘洪铎，2017）。与跨国贸易相似，中国国内的区域间贸易同样需要克服各种固定和可变的贸易成本。因此，考虑本书实际研究的需要，我们没有遵循 Handley 和 Limão（2015，2017b）、Feng 等（2017）的假定，将经济政策不确定性理解为关税不确定性，而是将 τ 和 f_x 分别看成经济政策不确定性变量 g 的单调递增函数，即：

$$\tau = \tau(g), \partial \tau / \partial g > 0; f_x = f_x(g), \partial f_x / \partial g > 0 \quad (3—62)$$

此外，参照 Handley 和 Limão（2015，2017b）、Feng 等（2017），假定经济政策冲击的到达率为 λ，尽管经济政策变化的结果是未知的，但企业可以对未来的经济政策形成预期，进而作出进入决策。进一步地，我们假定经济政策冲击对企业进入可变成本的影响结果服从概率测度分布函数 $H(\tau')$，且 $\tau' \in [1, \tau^H]$。

第三节 经济政策不确定性影响企业市场进入决策的机制分析

一 企业进入决策

为了分析经济政策不确定性对企业进入决策的影响，我们把企业分为在位企业（或出口企业）和新进入企业（非出口企业），当期在位企业的价值为 Π_e，由于在进入市场之后没有其他固定成本，因而只有在受到"死亡"冲击的情况下，在位企业才会退出市场。新企业进入外地市场的唯一条件是，进入之后的当期价值 Π_e 减去进入沉没成

本 f_x，要超过等待的期权价值 Π_w。这一期权价值之所以出现，是因为未来经济政策的不确定性，企业必须决定是今天进入市场还是等待情况好转。于是，给定进入沉没成本 f_x 和等待期望价值 Π_w，我们有

$$\Pi_e(\tilde{\tau}, \varphi) - f_x = \Pi_w(\tilde{\tau}, \varphi) \qquad (3\text{—}63)$$

因此，当 $\tau \leqslant \tilde{\tau}(\varphi)$ 时，这个行业的任何一家企业都可以进入外地市场。

首先，进入市场的期望价值为：

$$\Pi_e(\tau_t) = \pi(\tau_t) + \beta [\underbrace{(1-\lambda)\Pi_e(\tau_t)}_{\text{没有政策冲击}} + \underbrace{\lambda E_t \Pi_e(\tau')}_{\text{政策冲击}}]$$

$$(3\text{—}64)$$

式中：第一项是进入时的当期营业利润 $\pi(\tau_t)$，第二项与第三项之和表示折现的未来价值，β 为折算因子。如果没有政策冲击，下一时期企业价值仍为 $\Pi_e(\tau_t)$，而一个政策冲击则会改变企业进入后的可变成本 τ'，第三项是企业事前预期的进入价值。

进一步地，我们有

$$E_t \Pi_e(\tau') = E_t \pi(\tau') + \beta E_t \Pi_e(\tau') \qquad (3\text{—}65)$$

于是

$$E_t \Pi_e(\tau') = \frac{E_t \pi(\tau')}{1-\beta} \qquad (3\text{—}66)$$

把式（3—66）带入式（3—64），则进入市场的期望价值为：

$$\Pi_e(\tau_t) = \frac{1}{1-\beta(1-\lambda)} \pi(\tau_t) + \frac{1}{1-\beta(1-\lambda)} \frac{\beta}{1-\beta} E_t \pi(\tau')$$

$$(3\text{—}67)$$

进一步简化，得：

$$\Pi_e(\tau_t) = \frac{1}{1-\beta} \left[\frac{1-\beta}{1-\beta(1-\lambda)} \pi(\tau_t) + \frac{\lambda\beta}{1-\beta(1-\lambda)} E_t \pi(\tau') \right]$$

$$(3\text{—}68)$$

由式（3—68）可以看出，当 $\lambda = 0$ 时，$\Pi_e(\tau_t) = \pi(\tau_t)/(1-\beta)$，即确定性环境下的企业期望价值。然而，当 $\lambda > 0$ 时，政策将会改变，则每一时期的预期利润 $E_t \pi(\tau')$ 也会随之发生改变。

令

$$\kappa_1 = \frac{1-\beta}{1-\beta(1-\lambda)} \qquad (3\text{—}69)$$

$$\kappa_2 = \frac{\lambda\beta}{1-\beta(1-\lambda)} \qquad (3\text{—}70)$$

$$\kappa_1 + \kappa_2 = 1 \qquad (3\text{—}71)$$

将式（3—59）代入式（3—68），得

$$\Pi_e(\tau_t) = \frac{1}{1-\beta}\left[A\kappa_1\varphi^{\sigma-1}\tau^{-\sigma} + A\kappa_2\varphi^{\sigma-1}\mathrm{E}_t(\tau')^{-\sigma}\right] \qquad (3\text{—}72)$$
$$= A\varphi^{\sigma-1}(1-\beta)^{-1}\left[\kappa_1\tau^{-\sigma} + \kappa_2\mathrm{E}_t(\tau')^{-\sigma}\right]$$

由式（3—72）初步看出，在其他变量不变的情况下，企业进入面临的不确定性可以用以下两项来概括。第一项是期望项 $\mathrm{E}_t(\tau')^{-\sigma}$。如果政策冲击对企业可变成本影响较大，则这个期望项就会更小，那么企业营业利润现值就较小，因而企业进入市场的可能性就较低。第二项是影响政策不确定性水平的权重 κ_1 和 κ_2。如果 $\tau^{-\sigma} > \mathrm{E}_t(\tau')^{-\sigma}$，则 λ 越大，表明经济政策不确定性导致企业可变成本上升的可能性就越大，企业进入市场的可能性也就越低。

接下来，我们计算企业的等待价值：

$$\Pi_w(\tau_t) = 0 + \beta\Big\{ \underbrace{(1-\lambda)\Pi_w(\tau_t)}_{\text{没有政策冲击}} + \underbrace{\lambda(1-H(\tilde{\tau}))\Pi_w(\tau_t)}_{\text{触发点之上的冲击}} + \underbrace{\lambda H(\tilde{\tau})\left[\mathrm{E}_t\Pi_e(\tau' \mid \tau' \leqslant \tilde{\tau}) - f_x\right]}_{\text{触发点之下的冲击}} \Big\} \qquad (3\text{—}73)$$

式中：第一项是 t 时期新企业没有进入时的利润，后三项之和表示折现的未来价值。如果没有政策冲击或冲击仍然导致可变成本高于触发点时，则下一时期企业等待价值仍为 $\Pi_w(\tau_t)$。如果冲击导致可变成本低于触发点，则企业会支付进入成本 f_x，并选择最佳时机进入外地市场。

如果 $\tau' \leqslant \tilde{\tau}$，则企业市场进入的条件期望值可以改写为：

$$\mathrm{E}_t\Pi_e(\tau' \mid \tau' \leqslant \tilde{\tau}) = \mathrm{E}_t\pi(\tau' \mid \tau' \leqslant \tilde{\tau}) + \beta\left[(1-\lambda)\mathrm{E}_t\Pi_e(\tau' \mid \tau' \leqslant \tilde{\tau}) + \lambda\mathrm{E}_t\Pi_e(\tau')\right] \qquad (3\text{—}74)$$

进而，我们有

$$\Pi_w(\varphi) = \frac{\beta\lambda H[\tilde{\tau}(\varphi)]}{1-\beta[1-\lambda H(\tilde{\tau})]}$$

$$\left\{\frac{E\pi[\tau'\mid\tau'\leq\tilde{\tau}(\varphi)]}{1-\beta(1-\lambda)} + \frac{\beta\lambda}{1-\beta}\frac{E\pi(\tau')}{1-\beta(1-\lambda)} - f_x\right\} \quad (3\text{—}75)$$

由式（3—68）和式（3—75）联立求解，可得

$$f_x = \frac{\pi(\tau_t,\varphi_u^*)}{1-\beta(1-\lambda)} + \frac{\beta\lambda}{1-\beta}\frac{E\pi(\tau,\varphi_u^*)}{1-\beta(1-\lambda)} +$$

$$\frac{\beta\lambda}{1-\beta}\frac{H[\tau(\varphi)][\pi(\tau_t,\varphi_u^*)-E\pi(\tau\mid\tau\leq\tau_t,\varphi_u^*)]}{1-\beta(1-\lambda)} \quad (3\text{—}76)$$

式中：第一项是现行可变成本下的利润贴现流，第二项是事前预期政策冲击之后的预期利润现值，第三期是非正数：表示预期当前进入市场损失的现值，因为下一次政策变化带来的可变成本是低于触发点的。

进一步地，把式（3—59）代入式（3—76）得

$$\varphi_u^* = \underbrace{\left[\frac{1-\beta+\beta\lambda\omega(\tau)}{1-\beta+\beta\lambda}\right]^{1/(1-\sigma)}}_{Uncertainty} \underbrace{\left[\frac{A}{f_x}\frac{\tau^{-\sigma}}{(1-\beta)}\right]^{1/(1-\sigma)}}_{\varphi_d^*} \quad (3\text{—}77)$$

这里，φ_u^* 为不确定性环境下零利润时的生产率水平。显然，只有生产率水平高于 φ_u^* 的企业才会进入外地市场。

由于

$$\omega(\tau_t) \equiv \left\{E(\tau^{-\sigma}) + H(\tau_t)\left[\tau_t^{-\sigma} - E(\tau^{-\sigma}\mid\tau\leq\tau_t)\right]\right\}/\tau_t^{-\sigma}$$

$$= \left[\int_1^{\tau^H}\tau^{-\sigma}\mathrm{d}H(\tau) + H(\tau_t)\tau_t^{-\sigma} - \int_1^{\tau_t}\tau^{-\sigma}\mathrm{d}H(\tau)\right]/\tau_t^{-\sigma}$$

$$= \left[\int_{\tau_t}^{\tau^H}\tau^{-\sigma}\mathrm{d}H(\tau) + H(\tau_t)\tau_t^{-\sigma}\right]/\tau_t^{-\sigma}$$

$$= \left[(1-H(\tau_t))E(\tau^{-\sigma}\mid\tau\geq\tau_t) + H(\tau_t)\tau_t^{-\sigma}\right]/\tau_t^{-\sigma}$$

$$\leq 1$$

$$(3\text{—}78)$$

所以

$$\varphi_u^* \geq \varphi_d^* \quad (3\text{—}79)$$

式（3—79）说明了在不确定性环境下，政策冲击提高了企业生产率门槛，即只有生产率更高的企业才能进入外地市场，生产率较低的企业

便会退出市场。

通过式 (3—77), 我们有

$$\left.\frac{\mathrm{d}\ln\varphi_u^*}{\mathrm{d}\lambda}\right|_{\tau_t} = \frac{\beta(1-\beta)}{(1-\beta+\beta\lambda)[1-\beta+\beta\lambda\omega(\tau)]} \cdot \frac{\omega(\tau)-1}{1-\sigma} \geqslant 0 \quad (3—80)$$

式 (3—80) 表明了随着经济政策冲击到达率 λ 的提高,企业生产率临界值 φ_u^* 增长幅度更大,因而新企业进入的可能性就越小。

综上所述,我们得到命题 1。

命题 1:经济政策不确定性降低了企业进入外地市场的可能性。

二 二元边际分析

设 s_j 为产品向地区 j 出口的总额为:

$$s_j = p_j q_j = \mu p_j^{1-\sigma} P_j^{\sigma-1} Y_j = \mu \left(\frac{\sigma-1}{\sigma} \frac{\varphi P_j}{\tau_j}\right)^{\sigma-1} Y_j \quad (3—81)$$

因此,企业产品出口的总额与企业生产率水平、目的地的国内生产总值以及总体价格水平正相关,而与可变的出口成本负相关。一旦企业出口外地市场,固定成本对出口总额没有任何影响。向地区 j 的总出口额实际就是生产率大于临界值 φ_u^* 的企业出口额的加总:

$$S_j = \int_{\varphi_u^*}^{\infty} s_j(\varphi) g(\varphi) \mathrm{d}\varphi \quad (3—82)$$

这里, $g(\varphi)$ 为生产率 φ 的概率密度函数。

设 N_j 表示出口到目的地 j 的企业数量,即扩展边际定义为:

$$N_j = \int_{\varphi_u^*}^{\infty} g(\varphi) \mathrm{d}\varphi \quad (3—83)$$

设 S_j 表示单位企业的平均出口额,即集约边际就写为:

$$\frac{S_j}{N_j} = \frac{\int_{\varphi_u^*}^{\infty} s_j(\varphi) g(\varphi) \mathrm{d}\varphi}{\int_{\varphi_u^*}^{\infty} g(\varphi) \mathrm{d}\varphi} \quad (3—84)$$

政策不确定性对扩展边际的影响:

$$\frac{\partial N_j}{\partial \tau_j} = -g(\varphi_u^*) \frac{\partial \varphi_u^*}{\partial \tau_j} \quad (3—85)$$

由于概率密度函数 $g(\varphi)$ 为正，从式（3—77）可得 $\partial \varphi_u^*/\partial \tau_j > 0$，因此，可变成本发生变化，式（3—85）始终为负，即 $\partial N_j/\partial \tau_j < 0$。因为政策不确定性对可变成本的影响为正：$\partial \tau_j/\partial g > 0$，所以 $\partial N_j/\partial g = (\partial E_j/\partial \tau_j)(\partial \tau_j/\partial g) < 0$。

由此可得命题2。

命题2：经济政策不确定性降低了企业进入外地市场的数量。

政策不确定性对企业可变成本的影响：

$$\partial \left(\frac{S_j}{N_j}\right)/\partial \tau_j = \frac{\left[\int_{\varphi_u^*}^{\infty} \frac{\partial s_j(\varphi)}{\partial \tau_j} G(\varphi) \mathrm{d}\varphi - s_j(\varphi_u^*) G(\varphi_u^*) \frac{\partial \varphi_u^*}{\partial \tau_j}\right] N_j + S_j G(\varphi_u^*) \frac{\partial \varphi_u^*}{\partial \tau_j}}{N_j^2}$$

(3—86)

由式（3—86）可看出，可变成本 τ_j 的改变对集约边际的作用是不确定性的。这是因为：一方面，可变成本 τ_j 的上升会提高生产率门槛；另一方面，可变成本 τ_j 的上升又会降低出口额。

由此可得命题3。

命题3：经济政策不确定性对企业进入价值量的影响是不确定的。

第四节 本章小结

随着贸易实践的发展，国际贸易理论也得到了不断推进。国际贸易理论的主流思想也依次经历了传统贸易理论（如 Ricardian 模型和 H—O—S 模型）、新贸易理论（如 Krugman 模型）和新新贸易理论（如 Melitz 模型）三个发展阶段。新贸易理论克服了传统贸易理论所遇到的困境，提高了理论解释现实的能力，但该理论没有考虑企业生产率异质性，因而在贸易开展之后，企业之间的"竞争淘汰"效应和"规模变化"效应就很难解释。为此，Melitz（2003）则将企业生产率差异纳入垄断竞争动态产业模型。

以 Handley 和 Limão（2015，2017b）及 Feng 等（2017）研究为代表

的文献，集中考察了贸易政策不确定性对企业出口的影响，但是这类文献没有考虑一国国内的区域间贸易同样深受目标市场政策不确定性的影响。针对中国各省市区间存在贸易壁垒的典型特征事实，本章在借鉴 Handley 和 Limão（2015，2017b）的理论模型基础上，将经济政策不确定性纳入 Melitz（2003）异质性企业贸易模型，以探究经济政策不确定性与企业市场进入决策之间的因果关系。基于等待期权理论，本章发现经济政策不确定性不仅降低了企业进入外地市场的概率，而且还降低了企业进入外地市场的数量。然而，经济政策不确定性对企业进入价值量的影响是不确定的。

第 四 章

经济政策不确定性与新企业形成

第一节 引言

在发达经济体和发展中经济体，以新企业形成为特征的市场进入是一个普遍存在的典型特征事实（Liu，1993；Aw et al.，2001；Bartelsman et al.，2013）。相比在位企业，新企业规模通常较小，但新企业在创新和生产率增长中却扮演着极为重要的角色。一方面，正如Schumpeter（1934）所言，新企业形成会带来新产品、新技术以及新的产业组合，通过"创造性破坏"淘汰旧产品、旧技术，将原有的、低效率的市场均衡塑造成新的、高效率的市场均衡；另一方面，新企业进入市场后，将加剧市场竞争，促使新企业和在位企业都不断提高自身生产率水平（Liu，1993；Aghion et al.，2001，2009；李坤望和蒋为，2015），而且新企业与在位企业之间通过跨企业资源配置效率的改善，促进了总量层面生产率的增长（Aw et al.，2001；Foster et al.，2006，2008；李玉红等，2008；李平等；2012）。在此意义上，企业市场进入的活跃程度决定了经济体增长的活力与潜力。

已有一部分文献聚焦于企业内部因素对新企业创建的影响[1]，另一部分文献则重点考察了商业周期（Lee 和 Mukoyama，2015；朱奕蒙

---

[1] 如生产率水平（Hopenhayn，1992）、企业家特征（Holtz–Eakin et al.，1994；Djankov et al.，2005，2006；Lazear，2005；马光荣和杨恩艳，2011；吴一平和王健，2015；李涛等，2017）。

和徐现祥，2017；Tian，2018）、政府管制（Klapper et al.，2006；Kaplan et al.，2011；Bruhn，2011；Dreher 和 Gassebner，2013；Branstetter et al.，2014；陈刚，2015）等外部因素对新企业进入市场的作用。然而，既有研究却忽视了对政治环境变动的考察，因此未能很好地回答政治不确定性如何影响企业市场进入决策这一关键问题。

政治影响微观企业行为的一个重要方式是通过不确定性的渠道[①]。政府政策或主政官员发生的变更带来的不确定性，都会对企业的行为决策产生影响。比如，2008 年国际金融危机爆发后，各国政府将如何制定政策，以便于在短期内刺激投资，并在长期内制定监管和经济政策，这些均存在很大的不确定性。这种不确定性本身可能会导致企业推迟投资，直到与未来金融监管和宏观经济政策相关的不确定性得到解决（Julio 和 Yook，2012）。此外，政治因素导致的不确定性也会影响企业行为决策（Pindyck 和 Solimano，1993），这些文献主要聚焦于"政治选举"事件带来的不确定性对股票市场波动性（Bialkowski et al.，2008；Mattozzi，2008；Goodell 和 Vähämaa，2013；Pástor 和 Veronesi，2013）、企业投资水平（Julio 和 Yook，2012；Jens，2017）等的影响。

中国政治制度的特殊性也决定了地方官员更替是政治不确定性的合适代理变量。在中国财政分权和官员晋升考核机制下，地方政府和官员拥有较大的权力与动力去制定辖区内经济政策，因此一旦政治环境变更，企业将会在很大程度上受到影响。尽管 2006 年 8 月 6 日颁布了《党政领导干部交流工作规定》，从而在制度层面上对中国地方官员任期和交流进行了细化和规范。然而，当前地方官员调动依旧十分频繁，多数官员并未做满法定任期，在一定程度上削弱了地方公共政策的连续性和稳定性[②]。与此同时，地方主政官员的个人能力、偏好

[①] 虽然政治不稳定性对企业投资会产生影响（Barro，1991；Alesina 和 Perotti，1996），但尚不清楚政治不稳定性的度量是否外生于经济条件和总投资（Julio 和 Yook，2012）。

[②] 一个典型的例子便是湖北鄂州市 12 年内换了 7 任市委书记，其中任期最短的书记仅在任半年时间。

以及过往经历大多是不同的，当地方主政官员发生变更时，其辖区内的未来经济政策也可能发生变化，从而会影响企业当期行为决策。因此，在研究中国企业行为时，现有文献主要采用"官员变更"事件（An et al.，2016；Xu et al.，2016；Zhou et al.，2017）来刻画政治不确定性变量。

政治不确定性与企业市场进入之间具有很明显的相关关系。在确定环境下，企业根据营业利润水平决定是否进入市场，当营业利润水平为正时，企业便会理性地选择进入市场。然而在绝大多数情况下，企业是在不确定环境下决定是否进入市场，此时企业进入决策往往取决于未来的预期利润，而不是当前的营业利润。因此，如果主政官员变更可能导致不良的结果，等待进入的期权价值就会增加，企业可能理性地推迟进入市场，直到部分或全部政治不确定性得到解决。Bernanke（1983）和 Bloom 等（2007）分析了不确定性与实际投资之间的关系，研究发现，在面对不确定性时，企业出于谨慎性动机将减少当前的投资，等到不确定性消除之后才增加投资。Dixit 和 Pindyck（1994）在他们的企业投资决策模型中发现，在投资不可逆和未来需求不确定的情况下，延迟投资并等待进一步的信息是有价值的。

为此，本章试图研究政治不确定性是否会对企业进入决策产生不利影响？如果会，那么这种不利影响的程度是否会因新任官员来源方式和变更类型的不同、企业产权性质和行业性质的不同而产生差异？本章以 1998—2009 年中国制造业企业为研究样本，以地级市及以上城市主政官员变更作为政治不确定性的代理变量，实证分析政治不确定性与企业市场进入决策之间的因果关系。实证结果表明：市委书记变更会显著阻碍企业市场进入；市长变更对企业市场进入的作用并不显著，且影响较小。进一步研究发现，当新任官员为异地调任和非正常换届时，将显著增大政治不确定性，从而加剧新企业因政治环境改变而面临的进入风险；政治不确定性对企业市场进入的作用关系在私营企业和高技术行业中更为明显。

第二节 经济政策不确定性与新企业形成的典型特征事实

在进行实证研究之前,我们首先对样本期内经济政策不确定性与新企业形成的典型事实进行描述,以便对二者之间的关系有个初步认识。

一 新企业形成的基本特征

新企业形成的界定,我们参照 Desai 等(2003)、Klapper 等(2006)以及毛其淋和盛斌(2013),如果企业 i 在第 $t-1$ 期不存在,而在第 t 期存在,则 i 为第 t 期新成立的企业,新企业形成率则可以根据新企业形成个数与在位企业个数的比例计算得出。首先,本章将企业按产权性质划分为民营企业、国有企业和外资企业。表4—1显示了1998—2009年中国每年新成立的私营企业、国有企业和外资企业的数量以及形成率。本章共得到各期新企业形成的观测数为67600个,其中,民营企业、国有企业和外资企业形成的观测数分别为41230个、1310个和9598个,其形成率分别为5.32%、0.93%和2.41%。可以看出,民营企业形成数量和形成率均明显高于国有企业和外资企业。2004年新企业形成率更是高达5.68%,远远高于其他年份。[①] 然而,2009年新企业形成的观测数仅为5219个,新企业形成率也仅为1.60%,二者均远远低于2004年以来的平均水平,这可能是因为2008年国际金融危机使得我国内部消费需求严重不足和外部需求急剧下降,而且金融危机还导致企业经营风险增大。

---

① 这是因为,2004年进行了全国第一次工业普查,建立了更为完善的企业登记注册体系,从而更多私营企业进入统计系统。

表 4—1　　　　　　　　　新企业形成的产权差异①

年份	新企业形成数量（个）				新企业形成率（%）			
	总计	私民营企业	国有企业	外资企业	总计	私民营企业	国有企业	外资企业
1998	3728	824	520	578	4.30	11.89	2.21	3.66
1999	1652	500	210	262	1.86	5.12	0.96	1.55
2000	1348	539	74	227	1.49	3.56	0.42	1.25
2001	2572	1261	94	413	2.63	5.17	0.67	2.02
2002	2096	1056	48	394	1.94	3.08	0.41	1.74
2003	4365	2486	45	717	3.61	5.26	0.50	2.70
2004	9719	5884	111	1767	5.68	7.18	1.04	4.97
2005	6960	4270	32	1110	3.98	4.94	0.54	2.75
2006	7760	5242	31	1195	3.92	4.98	0.61	2.73
2007	10378	7042	35	1408	4.63	5.65	0.95	2.87
2008	11803	8455	65	1054	4.28	5.14	1.82	1.92
2009	5219	3671	45	473	1.60	1.86	1.07	0.79
均值	5633	3436	109	800	3.33	5.32	0.93	2.41

资料来源：根据中国工业企业数据库计算所得。

其次，为了进一步考察新企业形成的行业性质差异，我们将企业划分为高技术行业和低技术行业。② 由表 4—2 可以看出，1998—2009 年，高、低技术行业新企业形成的数量分别为 20620 个和 46980 个，而新企业形成率年均分别为 2.90% 和 3.56%，高技术行业的新企业形成率明显较低。这是因为，一般来说，高技术企业的研发费用投入较大，而且需要拥有较高比率的科技型人才，因而企业市场进入门槛较

---

① 外资企业包括：外商投资企业和港澳台投资企业；私营企业包括：私营独资企业、私营合伙企业、私营有限责任公司、私营股份公司。

② 高技术行业主要包括：家具制造业、造纸及纸制品业、印刷业和记录媒介的复制业、塑料制品业、非金属矿物制品业、黑色金属冶炼及压延加工业、有色金属冶炼及压延加工业、金属制品业和通用设备制造业，其他行业均为低技术行业。

高。与此同时，正是由于高技术企业具有技术含量高、附加值高以及竞争力高等特点，因而更加需要政府强有力的政策支持和引导，那么相比低技术企业，高技术企业更易受到经济政策环境变化的影响。

表4—2　　　　　　　　　新企业形成的行业差异

年份	新企业形成数量（个）		新企业形成率（%）	
	高技术	低技术	高技术	低技术
1998	1114	2614	4.04	4.43
1999	478	1174	1.66	1.96
2000	350	998	1.18	1.64
2001	742	1830	2.34	2.77
2002	586	1510	1.68	2.07
2003	1252	3113	3.14	3.85
2004	2850	6869	4.64	6.26
2005	2023	4937	3.34	4.31
2006	2371	5389	3.45	4.17
2007	3181	7197	4.01	4.96
2008	3907	7896	3.81	4.55
2009	1766	3453	1.45	1.69
均值	1718	3915	2.90	3.56

资料来源：根据中国工业企业数据库计算所得。

最后，我们还考察了按地区分类的新企业形成数量和形成率。表4—3显示了1998—2009年中国三大区域每年新企业形成的数量和形成率。从各区域新企业形成的数量来看，东、中、西部新企业形成的观测数分别为44806个、16109个和6685个，东部沿海地区新企业形成的数量远远高于中部地区和西部地区，其可能的原因是，东部沿海地区经济发展基础较好、市场化进程较快以及对外开放程度较高，进而对潜在进入企业具有更大的吸引力。然而，在大部分时间里，东部沿海地区的新企业形成率明显低于西部地区和中部地区。这是因为，随着经济的高速发展，东部地区资源、环境承载压力不断加大，土地供给严重短缺，需要把一部分产业转移出去以换得更大的发展空间。与此同时，中、西部地区自然资源丰富，市场潜力巨大，并且经过多年的建设发展，投资硬环境和软环境都得到了极大的改善，这为承接东部沿海地区的产业转移奠定了良好基础。

表4—3　　　　　　　　　新企业形成的区域差异

年份	新企业形成数量（个）			新企业形成率（%）		
	东部	中部	西部	东部	中部	西部
1998	2330	1021	377	4.23	4.71	3.81
1999	851	577	224	1.52	2.64	2.11
2000	730	378	240	1.23	1.85	2.25
2001	1497	705	370	2.25	3.46	3.35
2002	1275	576	245	1.70	2.74	2.06
2003	2726	1101	538	3.13	5.14	4.33
2004	6595	2105	1019	5.14	8.03	6.15
2005	4781	1432	747	3.65	5.47	4.15
2006	5790	1365	605	3.91	4.59	3.02
2007	7080	2272	1026	4.22	6.60	4.62
2008	7550	3400	853	3.49	7.99	5.01
2009	3601	1177	441	1.46	2.05	1.97
均值	3734	1342	557	2.99	4.61	3.57

资料来源：根据中国工业企业数据库计算所得。

二　经济政策不确定性的典型事实

借鉴现有文献的做法（Jones和Olken，2005；Julio和Yook，2012；

罗党论等，2016；陈德球等，2016；刘海洋等，2017；才国伟等，2018），本章采用地级市及以上城市市委书记或市长变更来衡量经济政策不确定性。表4—4描述了1998—2009年中国301个城市官员变更情况描述。从表4—4可以看出，1998—2009年地方官员变更较为频繁，样本期内共发生了2044次官员变更，其中市委书记、市长变更的次数分别为959次和1085次。同时，我们也发现，1998年、2003年、2008年地方官员变更的次数较多，且频率较高。

表4—4　　　　1998—2009年地方官员变更的城市数据统计

年份	市委书记 官员变更 变更数（次）	市委书记 官员变更 总人数（人）	市委书记 官员变更 频率（%）	市委书记 异地交流 变更数（次）	市委书记 异地交流 频率（%）	市长 官员变更 变更数（次）	市长 官员变更 总人数（人）	市长 官员变更 频率（%）	市长 异地交流 变更数（次）	市长 异地交流 频率（%）
1998	141	281	50.18	66	46.81	149	273	54.58	60	40.27
1999	39	293	13.31	23	58.97	57	288	19.79	35	61.40
2000	55	295	18.64	31	56.36	76	290	26.21	50	65.79
2001	99	296	33.45	52	52.53	102	290	35.17	57	55.88
2002	80	297	26.94	40	50.00	84	292	28.77	47	55.95
2003	117	300	39.00	56	47.86	136	296	45.95	80	58.82
2004	51	295	17.29	26	50.98	62	291	21.31	44	70.97
2005	67	298	22.48	37	55.22	64	294	21.77	46	71.88
2006	60	298	20.13	32	53.33	81	294	27.55	58	71.60
2007	83	298	27.85	42	50.60	112	294	38.10	70	62.50
2008	132	294	44.90	62	46.97	126	290	43.45	90	71.43
2009	35	301	11.63	21	60.00	36	298	12.08	24	66.67
平均	80	296	27.15	41	52.47	90	291	31.23	55	62.76

资料来源：根据人民网、新华网及百度百科等公开资料，手工整理而成。

进一步地，我们将地方官员来源分为两种方式，一种是本地内部晋升，如：市长晋升为本地市委书记；另一种是官员异地交流，也称官员外调，如地区之间的官员交流、上级党政机关官员交流到地方任职等。我们发现，1998—2009年，市委书记和市长异地交流的数量和频率均较高，其中异地交流的频率均值分别为52.47%和62.76%，并且市长异地交流的频率逐年升高。可以说，20世纪90年代开始实施的干部异地交流制度，使得地方政治结构发生变动，进而对地方经济发展产生了非常重要的影响。然而，与此同时，地方官员频繁变更带来的经济政策不确定性，在一定程度上也会减少辖区内新企业形成的数量。

三 经济政策不确定性与新企业形成的关系

上文我们对新企业形成的基本特征和经济政策不确定性的典型事实分别进行了简要描述，但这种加总数据的分析很难真实反映二者之间的内在相关关系。为了弥补这一不足，接下来我们对官员变更事件和非变更事件进行比较分析，计算结果如表4—5所示。不难发现，新企业形成数量存在很大的差异性。从表4—5可以看出，当市委书记或市长发生变更时，样本期内新成立的企业数量分别为17054个和20003个；而当市委书记或市长没有发生变更时，经济政策不确定性相对较小，新企业形成的数量分别为50493个和47298个。因此，我们有理由相信，由于地方官员的个人偏好、能力以及过往经历的不同，所以当地方主政官员发生变更时，其辖区内的未来经济政策可能发生潜在的变动，从而影响企业进入决策。企业在风险与可能获得的回报之间权衡选择，当企业进入外地市场的成本被沉没时，此时企业的等待就变得更有价值，直到经济政策不确定性消除为止。当然，这只是初步的结论，即经济政策不确定性与新企业形成之间存在负相关关系。然而，经济政策不确定性与新企业形成之间是否存在负向因果关系呢，这就需要我们通过构建计量模型进行严谨的实证检验（见图4—1）。

表 4—5　　　　　经济政策不确定性与新企业形成数量　　　　单位：个

年份	市委书记 变更	市委书记 不变更	市长 变更	市长 不变更
1998	1843	1845	1881	1733
1999	199	1440	289	1335
2000	242	1106	356	981
2001	758	1814	927	1626
2002	539	1557	622	1470
2003	1593	2772	1976	2387
2004	1339	8380	1955	7740
2005	1209	5751	1043	5893
2006	1322	6438	2312	5421
2007	3595	6783	4818	5533
2008	3917	7886	3256	8536
2009	498	4721	568	4643
总计	17054	50493	20003	47298

资料来源：根据中国工业企业数据库计算所得。

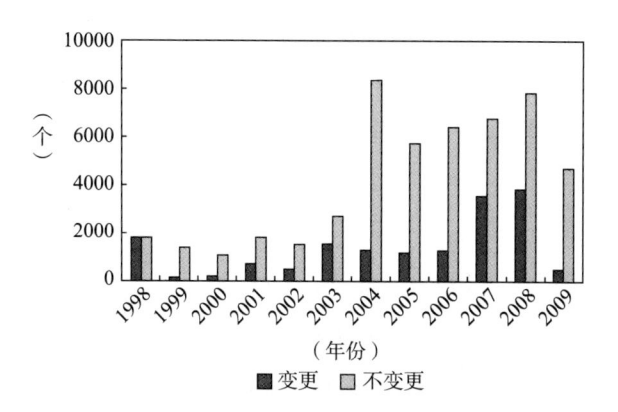

（a）市委书记变更与新企业形成数量

图 4—1　1998—2009 年经济政策不确定性与新企业形成数量的变化关系

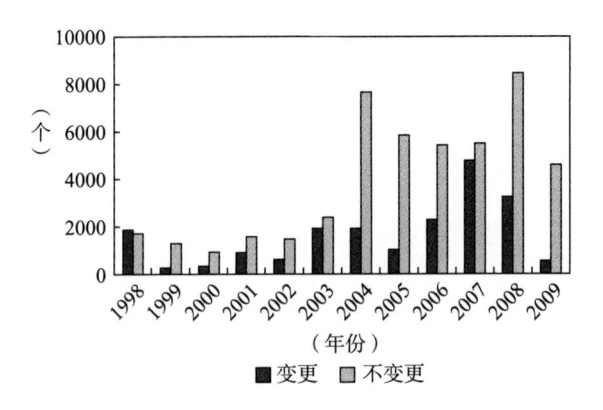

(b) 市长变更与新企业形成数量

图 4—1　1998—2009 年经济政策不确定性与新企业形成数量的变化关系（续）

第三节　研究假说

一　企业市场进入的影响因素

关于企业进入决策的影响因素有很多研究，主要分为内部因素和外部因素，这里我们只提供一个简短的讨论[①]。在内部因素方面，现有文献主要从个人层面对创业者的个人及家庭特征进行分析，如性别（Rosenthal 和 Strange，2012；刘鹏程等，2013）、年龄（Rees 和 Shah，1986；Evans 和 Leighton，1989）、财富水平（Evans 和 Jovanovic，1989；Evans 和 Leighton，1989；Holtz – Eakin et al.，1994；Buera，2009；蔡栋梁等，2018）、教育程度（Rees 和 Shah，1986；Van der Sluis et al.，2005；Unger et al.，2011）、风险偏好（Kihlstrom 和 Laffont，1979；Parker，1996；陈波，2009）、宗教信仰（阮荣平等，2014）、工作能力（Levine 和 Rubinstein，2017；李涛等，2017）、工作经验（Evans 和 Leighton，1989；Liu et al.，2014；王戴黎，2014）等。

[①]　由于本书重点研究政治官员更替对企业市场进入的影响，所以对企业家个人特质、政府规制和政府优惠政策等的相关文献仅做简单讨论。

由于个人及家庭因素在一段时期内相对稳定，所以企业进入决策更容易受到政治、经济、文化及社会环境等外部因素的影响（Djankov et al.，2002；Glaeser 和 Kerr，2009；Lim et al.，2010；Han 和 Hare，2013；Lee 和 Mukoyama，2015；周广肃等，2015；Tian，2018；张开迪等，2018；谢绚丽等，2018）。由上述文献可知，企业进入决策同时受到企业家的个人、家庭特征以及地区经济、社会、政治环境的影响。

在企业进入决策的众多外部影响因素中，政府在企业市场进入过程中发挥着至关重要的作用。现有一部分研究表明，政府对市场进入的管制直接增加了创立新企业的成本（Klapper et al.，2006；Dreher 和 Gassebner，2013）。例如，Klapper 等（2006）使用 1998—1999 年 34 个欧洲国家的企业为研究样本，研究发现，政府管制阻碍了新企业的成立，并且对于具有高市场进入率的行业，这一效应更为明显。如果政府管制阻碍了企业市场进入，那么，放松管制的政策便能促进潜在的新企业进入市场（Kaplan et al.，2011；Bruhn，2011；Branstetter et al.，2014）。例如，Kaplan et al.（2011）和 Bruhn（2011）使用墨西哥的快速开办企业制度改革（SARE）为实验，发现 SARE 的实施显著地促进了新企业的创立。然而，政府管制对企业进入活动的影响并非总是负向的。Ardagna 和 Lusardi（2011）认为，由于政府管制阻碍了就业增长，从而在政府管制更为严格的国家，女性更可能创业，从而促进了新企业的成立。还有一部分文献研究了政府优惠政策对企业进入决策的影响（Gordon，1998；Devereux 和 Griffith，1998；Cullen 和 Gordon，2007；De Rin et al.，2011；贾俊雪，2014）。De Rin 等（2011）发现，政府税收激励政策有利于促进企业进入，但 Cullen 和 Gordon（2007）认为，降低企业所得税率对企业进入几乎没有影响。由是观之，现有文献主要关注了政府管制和政府优惠政策对企业市场进入决策的作用，却忽视了对政治环境变动的考察。

政治官员作为政府组织中最为基本和重要的能动微观主体，能够通过自身举措去影响政策的实行。Jones 和 Olken（2005）的研究表明，国家领导人不仅对经济增长至关重要，而且会影响经济政策结果，尤其是货币政策。Glaeser 等（2004）则发现，贫穷国家主要是通过良好的政策摆脱贫困，这些政策往往是由独裁者提出的。在中国财政分权和官员晋升考核机制下，地方官员拥有较大的权力与动力去制定辖区内的经济政策（Xu，2011），当地方官员发生变更时，其辖区内的未来经济政策很可能发生潜在的变动，从而会影响企业当期的行为决策。

二 政治不确定性的经济效应

近几年来，政府官员变更引发的政治不确定性对企业行为的影响也逐渐成为财务金融领域的热点。在早期研究中，Rodrik（1991）、Pindyck 和 Solimano（1993）从理论上分析了国家政治因素导致的不确定性对企业投资决策的影响。自此之后，关于政治不确定性与企业行为的经验研究开始大量涌现。这些研究大多基于"国家选举"数据，实证检验了政治不确定性对企业投资（Julio 和 Yook，2012；Jens，2017）、股票市场（Li 和 Born，2006；Bialkowski et al.，2008；Mattozzi，2008；Goodell 和 Vähämaa，2013；Pástor 和 Veronesi，2013）的影响。例如，Julio 和 Yook（2012）利用 1980—2005 年 48 个国家或地区政治选举数据，研究表明，在政治选举年份，企业投资支出平均下降 4.8%。Jens（2017）基于 1984—2008 年美国的州长选举数据，研究发现，在下一季度的州长选举中，企业投资下降 4.9%。此外，Li 和 Born（2006）发现在选举结果不确定的情况下，美国的股票市场波动性显著上升；当选举结果毫无疑问时，波动性与非选举时期完全相同。Biadlkowski 等（2008）研究也表明，国家选举与股票波动性存在显著的正相关关系。可以看出，现有绝大多数文献主要利用"国家选举"来度量政治不确定性，并且得到了基本上一致的研究结论。然而，由于"国家选举"发生频率较低，数据的稀缺性可能会导致实证检验很难具有统计意义和现实意义（罗党论和佘国满，2015），并且在经济全球化和贸易自由化大背景下，一个国家的经济活动不仅受到本国政治选举的影响，更可能受到其他国家政治不确定性的作用。

在转型时期的中国，地方政府不仅掌握着行政审批、土地征用、贷款担保等各项经济政策，而且拥有较大的权力和动力去制定辖区内的经济政策，所以地方官员变更会对企业的正常经营活动产生直接或间接的影响。因此，在研究政治不确定性冲击下的企业行为时，大量文献都采用政治官员更替（市委书记、市长）来刻画政治不确定性（An et al.，2016；Xu et al.，2016；陈德球等，2016；罗党论等，2016；刘海洋等，2017；陈德球等，2017；Chen et al.，2018；陈德球和陈运森，2018；李后建，2018）。例如，An et al.（2016）发现，政治官员更替会导致企业大幅减少投资。尤其是对于国有企业、资本密集型企业而言，政治官员更替对企业投资的负向作用更大。Xu et al.（2016）考察了政治不确定性和企业现金持有量之间的关系，发现当新任官员从外地调入和面临高政治风险时，企业的现金持有量将大大减少。陈德球等（2016）的研究表明，地级市市委书记变更会增加企业的税收规避行为，并且在税收征管强度较低的地区，这一关系更加明显。罗党论等（2016）发现，城市市长变更会加剧当地企业面临的市场风险，而刘海洋等（2017）进一步研究认为，城市核心官员变更造成的政治环境变化会引发企业的倒闭风险。陈德球等（2017）研究发现，政治官员变更会降低企业的资本配置效率，从而导致公司业绩下降。从现有文献可知，目前的研究都只关注了政治不确定性对在位企业活动的影响，却忽视了对新企业进入的考察。本书以1998—2009年中国制造业企业为研究样本，采用主政官员变更作为政治不确定性的代理变量，研究了政治不确定性对新企业进入的影响。

三 研究假说

中国历来实行"一把手"负责制，即地方政府的权力集中在地方党委，而地方党委集中于常委会和党委书记（陈德球和陈运森，2018），因而地方主政官员在地方经济治理中一直扮演着极为重要的角色（陈德球等，2017）。特别地，自20世纪80年代开始，在政治晋升考核机制下,地方官员之间为了经济增长而展开竞争[①]。与此同时,分权化改革使得地方政府对当地经济发展及资源利用具有巨大的自由裁量权,对一些重要资源如资金、土地等具有较强的支配能力(刘海洋等,2017)。因此,地方官员有动力且有能力来制定辖区内的各项政策,从而对本地企业经营战略、投资决策以及外地企业进入决策均会产生重要影响。

为了进一步提高党政领导干部个人素质和执政能力,更好地促进经济社会发展,中共中央于2006年8月6日颁布了《党政领导干部交流工作规定》。自此,各地区之间的官员横向交流、上级党政机关与地方之间的官员纵向交流逐渐成为一种常态,并成为地方人事变动的一条主线。值得注意的是,中国目前地市级官员调动十分频繁,多数官员并未做满法定任期[②],从而导致地方经济政策的短期化倾向非常明显(钱先航等,2011)。考虑到官员的个人偏好、能力以及过往经历的不同,当地方官员发生变更时,其辖区内的经济政策也可能随之发生潜在变动(罗党论等,2016)。更为重要的是,每一届地方政府的经济政策都具有强烈的"个体差异",出于新的发展视角,新任地方主要领导可能会改变之前已经确定了的各类政策,还可能改变地区对不同产业、不同公司的支持力度。在此背景下,外地企业进入本地市场就面临着政策不确定性(陈德球等,2017),那么,对于企业尤其是处于弱势地位的私营企业而言,延缓市场进入决策有助于其更好地了解和应对政治环境变化所带来的政治不确定性(徐业坤等,2013)。因此,在研究企业市场进入时,政治不确定性作为任何企业无法规避的系统性风险,将是影响其微观行为的重要因素。基于上述分析,我们提出研究假说1:

假说1:政治不确定性会阻碍企业市场进入。

[①] 徐现祥和王贤彬(2010)、罗党论等(2015)研究发现,地方官员在任期内取得较好的经济增长业绩确实有助于其获得更大的晋升机会(陈绍俭等,2019)。

[②] Xu et al.(2016)指出,虽然地方主政官员的正常更替时间是五年,但数据显示市长和市委书记的实际更替时间平均不到三年。

在地方官员更替导致的政治不确定性会阻碍企业市场进入的整体逻辑框架下，我们进一步考察政治不确定性对企业市场进入的影响是否会因政治不确定性的程度、企业的产权性质以及行业性质不同而产生差异。

首先，政治不确定性对企业市场进入的影响可能因政治不确定性的程度而存在差异。一是从新上任官员的来源方式看，地方官员可能是本地晋升[1]，也可能是外地交流。主政官员来源方式的不同，不仅意味着官员个体在地方经济、社会事务管理经验上的不同，也隐含着新任官员推行的经济政策会存在差异。通常来讲，对于本地晋升的官员而言，由于其本来就属于该地区党政领导班子，当其晋升为本地市委书记时，往往更倾向于延续原有的多数政策，短期内实施新政策的可能性较低，企业因为政治官员更替带来的风险则会较低。相反，外地调入官员对新任职地区资源禀赋等信息了解不充分，在工作环境改变的情况下，其推行与前任官员相异经济政策的可能性较高。因此，当新企业预期到近期会发生官员更替时，其在当年会显著降低进入市场的可能性，从而规避政治不确定性造成的经济损失。二是从原任官员变更类型看，如果原任官员是在正常的换届期间发生更替，那么企业对新一届政府政策的相对预期就会更为稳定，企业可以充分掌握这一信息，并会提前根据该信息调整相应市场进入决策。但如果原任官员是在非正常的换届期间发生更替，则将增强官员变动产生的政治不确定性程度，进而对企业的"冲击"会更大。基于以上分析，我们提出研究假说2：

假说2：政治不确定性对企业市场进入的阻碍作用在新任官员为异地调入和原任领导人非正常换届时更为显著。

其次，政治不确定性对企业市场进入的影响可能因企业产权性质和行业性质的不同而存在差异。从企业产权性质看，一方面，地方政

---

[1] 如市长晋升为本地市委书记。这里，本书参照 Li 和 Zhou（2005）的做法，认定由省长（市长）升迁至省委书记（市委书记）属于晋升的范畴。徐现祥等（2007）也发现在1978—2006年，省长晋升为省委书记不仅是常态，而且中国有2/3以上的省区市都发生了这类晋升。

府和官员希望引进外资企业的先进技术以促进本地经济发展，但相比国有企业和私营企业，外资企业与地方政府和官员却很难呈现一种互相依赖、互利共赢的关系；另一方面，国有企业相比私营企业更具有政治优势，尤其是在政治不确定下，国企能利用与政府的关系网络这一天然优势，更好地处理政策变化对企业带来的影响（姜彭等，2015）。但国有企业也可能更加依赖于政府的政策优惠和资源支持，从而对政治不确定性更加敏感（陈艳艳和罗党论，2012）。相反，私营企业在许多方面依然处于弱势地位，地方官员变更势必会影响其对于地方政策的预期，从而进一步影响其市场进入决策。从企业行业性质看，高技术企业的研发费用投入较大，而且需要拥有较高比率的科技型人才，因而市场进入门槛较高。与此同时，正是由于高技术企业具有技术含量高、附加值高以及竞争力高等特点，因而更加需要政府强有力的政策支持和引导。因此，当地方官员更替导致政治不确定性时，往往会对高技术行业的企业"冲击"更大。基于以上分析，我们提出研究假说3：

假说3：政治不确定性对企业市场进入的阻碍作用在私营企业和高技术行业中更为明显。

第四节 模型设定、变量说明和数据来源

一 模型设定

为了验证政治不确定性与企业市场进入的因果关系，我们首先构建如下 Probit 模型：

$$\Pr(Entry_{ijt} = 1 \mid PU_{jt}, X_{jt}) = \Phi(\beta_0 + \beta_1 PU_{jt} + \beta_2 X_{jt} + \gamma_i + \gamma_j + \gamma_t) \tag{4—1}$$

其中，被解释变量 $Entry_{ijt}$ 是虚拟变量。如果 j 城市第 i 个行业在 t 年度有新企业形成，那么，$Entry_{ijt} = 1$，否则取值 0。$\Phi(\cdot)$ 为标准正态分布的累积概率密度函数。PU_{jt} 是核心解释变量，表示政治不确定性，在本章以市委书记和市长变更来度量。X_{jt} 表示所要控制的其他变量。

此外，γ_i 表示行业固定效应；γ_j 表示城市固定效应；γ_t 表示年份固定。

为了进一步验证政治不确定性对企业市场进入的规模的影响，本章再次构建以下负二项回归模型：

$$\Pr(Quantity_{ijt} = n \mid PU_{jt}, X_{jt}) =$$

$$\frac{\Gamma(n + 1/\alpha)}{\Gamma(1/\alpha)\Gamma(n+1)} \left(\frac{1}{1+\mu_{ijt}\alpha}\right)^{1/\alpha} \left(\frac{\mu_{ijt}\alpha}{1+\mu_{ijt}\alpha}\right)^n \quad (4—2)$$

$$E(Quantity_{ijt} = n \mid PU_{jt}, X_{jt}) =$$

$$\mu_{ijt}; \operatorname{Var}(Quantity_{ijt} = n \mid PU_{jt}, X_{jt}) = \mu_{ijt} + \alpha\mu_{ijt}^2 > \mu_{ijt}$$

$$\mu_{ijt} = \exp(\beta_0 + \beta_1 PU_{jt} + \beta_2 X_{jt} + \gamma_i + \gamma_j + \gamma_t)$$

其中，被解释变量 $Quantity_{ijt}$ 是新企业形成的个数，而别的变量同之前相同。$\Gamma(\cdot)$ 为 Gamma 函数。直观地讲，负二项回归模型假设因变量服从负二项分布。本章之所以采用负二项回归模型，首先是因为新企业形成个数为正整数或 0，而 OLS 回归会产生有偏估计。其次，与别的计数模型如 Poisson 回归模型相比，负二项回归模型能够应对被解释变量过度分散的情形。此外，由于样本中被解释变量存在较多的零值，很可能会影响估计结果，因此需要进一步在零膨胀负二项模型和标准负二项模型中进行选择。

二 变量说明

（一）被解释变量

本章的被解释变量为企业市场进入（Entry 和 Quantity）。关于市场进入的界定，以往诸多文献通常假定企业市场进入是发生在一个新企业成立的时候，他们将企业状态划分为新进入企业、存活企业和退出企业，并通过年度数据来界定企业进入、存活以及退出状态（Disney et al.，2003）。如果企业上一年不存在，而当年存在，则将其定义为新进入企业。企业市场进入主要是指新企业进入状态。可以看出，新企业是否形成或形成规模可以直观地表现某一产业在某一时期的进入情况，是衡量市场进入的首选指标（杨天宇和张蕾，2009）。

(二) 核心解释变量

本章的核心解释变量是政治不确定性（PU）。借鉴已有文献的做法（An et al., 2016; Xu et al., 2016; Chen et al., 2018; 陈德球和陈运森, 2018），用城市主政官员变更来度量政治不确定性，并将官员变更分为书记变更、市长变更两种类型。若新任官员在当年1—6月就职，则定义当年为变更年；若新任官员在7—12月就职，则定义下一年为变更年。

(三) 控制变量

控制变量如下：①政府干预程度（Govern）。由于政府干预很难采用统计数据直接测算，只能涉及替代性指标来间接表征（张璟和沈坤荣，2008；张前程和龚刚，2016）。为此，本章采用各城市一般预算内财政支出占当年GDP的比率来表示，该指标主要反映了政府对企业市场进入决策的干预程度，比重越高表明政府干预程度越大，反而不利于企业进入市场。②对外开放水平（FDI）。为了考察开放程度对企业进入决策的影响，本章采用各城市实际利用外资额占GDP的比重来表示。③金融深化程度（Finance）。私人部门信贷占GDP的比重是衡量现有中国金融深化程度较为准确的指标（张军和金煜，2005），但从公开的统计数据中还无法获取该指标。现有文献大多运用全部信贷占GDP的比值来衡量地区金融发展程度，本章也采用这一度量方法。④产业结构（Second 和 Third）。城市工业化水平和服务业的集聚对企业市场进入也很重要，本章用各城市第二、第三产业产值占GDP比重衡量产业结构。⑤交通便利程度（Transport）。本章用货运总量反映地区交通便利程度。运输量越大，说明城市的交通越便利，更易吸引新企业进入本地市场。⑥腐败程度（Corruption）。腐败程度越高的地区，企业业务招待费和对外应酬费用等成本就越高，进而会影响企业市场进入决策。为此，本章用各省每万名公职人员的贪污贿赂立案数衡量腐败程度。⑦市场化进程（Market）。本章用樊纲等编制的中国各省市1999—2009年的市场化总指数来衡量市场化进程。

本章各研究变量的定义如下表4—6。

表 4—6　　　　　　　　　　　变量定义

变量	简写	定义
新企业是否形成	Entry	是否有成立时间一年以内的新企业
新企业形成数量	Quantity	成立时间一年以内的新企业的个数
新私企进入数量	Private	成立时间一年以内的私营企业的个数
新国企进入数量	State	成立时间一年以内的国有企业的个数
新外企进入数量	Foreign	成立时间一年以内的外资企业的个数
政治不确定性	PU	新企业所在市当年主政官员（市委书记、市长）发生变更，则为1，否则为0
书记变更	PU_S	新企业所在市当年书记发生变更，则为1，否则为0
新任书记来源	Source	若新任书记从异地调入，则为1，否则为0
原任书记变更类型	Type	若原任书记更替是在非正常换届期间发生，则为1，否则为0
市长变更	PU_M	新企业所在市当年市长发生变更，则为1，否则为0
政府干预程度	Govern	各市预算内财政支出占当年GDP的比率
利用外资水平	FDI	各市实际利用外资额占GDP的比重
金融深化程度	Finance	各市年末金融机构贷款余额占GDP的比值
产业结构	Second	各市第二产业产值占GDP的比重
	Third	各市第三产业产值占GDP的比重
交通便利程度	Transport	各市货运总量的对数
腐败程度	Corruption	各省每万人公职人员的贪污贿赂立案数
市场化进程	Market	各省市场化进程指数

三　数据来源

本章所使用的数据主要包括三部分，其中地方官员（市委书记、市长）的资料来自人民网、新华网及百度百科等公开资料，并经作者手工整理而成。主要收集了中国26个省（自治区）301个城市市委书记和市长的年龄、任期、来源等多个维度的指标。城市层面的宏观经济数据来源于对应年份的《中国城市统计年鉴》、各省（自治区）统计年鉴以及各城市统计公报。行业层面的数据主要来自工业企业数据库，其涵盖了中国最为全面的工业企业信息，并被很多前沿论文引用。这一数据库的缺点在于统计对象的年收入门槛为五百万元人民币以上的工业企业，但这一缺点对于本章所研究的核心问题并不构成较大影响。这是因为，年收入在五百万元人民币以上的企业已经包括了对于当地经济发展至关重要的大部分企业。在对数据进行预处理时，本章集中关心的是制造业行业企业的形成状况，因此我们根据企业所在的城市、成立的年份以及所在的两位数字制造业行业，进而统计每一年各个城市对应于每一个制造业行业的新企业数量，并且也整理出了每一年各个城市各个行业内新企业的就业人数和现有企业数量的数据，这些数据涵盖上述301个城市的30个制造业行业。考虑到数据质量和可得性的限制，样本期选取为1998—2009年。

本章使用这一时间段的数据主要基于以下两点考虑，一是因为中国工业企业数据库1998—2009年的数据是可以获得的，但是2010的数据暂时不可获得。虽然自2011年起数据可以获得，但是，统计对象的年收入门槛由之前的500万元人民币增加为1000万元人民币，因此无法将其与之前的数据匹配。所以，本章仅选取1998—2009年的数据进行分析。二是本研究的目的在于对政策不确定性与新企业形成的因果关系进行检验而非对新企业形成进行预测，因此对数据并无时效性要求。

表4—7为主要变量的描述性统计。

表4—7　　　　　　　　　　描述性统计

变量名称		观察值（个）	均值	标准差	最小值	最大值
工业	Entry	56792	0.403	0.490	0	1
	Quantity	56787	1.191	3.334	0	163
	Private	56787	0.726	2.500	0	116
	State	56787	0.023	0.170	0	7
	Foreign	56787	0.169	0.802	0	33

续表

变量名称		观察值（个）	均值	标准差	最小值	最大值
官员	PU_S	3537	0.270	0.444	0	1
	Source	3523	0.533	0.499	0	1
	Type	3539	0.194	0.395	0	1
	PU_M	3491	0.311	0.463	0	1
城市	Govern	3251	10.656	5.214	0	68.31
	FDI	3105	2.520	3.710	0	51.40
	Finance	3268	0.769	0.414	0.06	4.76
	Second	3269	46.152	11.568	2.66	90.97
	Third	3269	35.430	7.562	8.50	85.34
	Transport	3194	8.297	0.864	2.30	11.88
省	Corruption	312	2.417	0.636	1.17	4.74
	Market	312	6.026	1.990	1.49	11.80

第五节 估计结果及分析

一 基准回归

（一）初步估计结果

本章的主要研究目的是考察政治不确定性对中国制造业企业市场进入决策的影响，在计量回归模型（4—1）中，被解释变量是一个二元变量，因此本章采用 Probit 模型进行估计。表 4—8 第（1）列报告了市委书记变更与企业市场进入的估计结果，第（2）列进一步报告了市长变更与企业市场进入回归结果。每个回归都控制了年份、行业和城市固定效应。从第（1）列结果来看，市委书记变更对企业市场进入具有负向的影响，并且在 1% 水平上显著，初步检验了研究假说1，说明市委书记变更导致的政治不确定性显著地阻碍了新企业进入市场。这可能是因为，企业在决定当期是否进入市场时，会将进入的预期利润的折现值与进入固定成本进行比较。由于政治不确定性会增加企业市场进入的成本和风险，企业在风险和可能获得的回报之间权衡选择，当企业市场进入的成本被沉没时，此时企业的等待就变得更有价值，直到政治不确定性消除为止。第（2）列回归结果显示，市长变更的回归系数较小，且不显著。这可能是因为，一方面，在中国现行的政治体制下，即使市委书记不直接主抓经济工作，但对当地事务具有全局性的领导责任，具有各方面事务的最后决定权，因而市委书记变更对企业市场进入的影响可能更大；另一方面，市长变更变量不显著也反映了企业对于市长调整这一信息的掌握更加充分，企业可能会根据该信息提前调整市场进入决策。

在研究企业市场进入可能性的基础上，第（3）—（4）列进一步报告了政治不确定性与企业市场进入规模的回归结果。在计量回归模型（4—2）中，被解释变量只能取非负整数，并且数据中含有大量的零值。由于 Vuong 统计量为负 2.89，远远小于负 1.96（比该统计量更小的概率仅为 0.0001），故拒绝"零膨胀负二项回归"。因此，本章使用"标准负二项回归"。实证结果表明，市委书记变更会对企业市场进入规模产生显著的影响（1% 统计水平上显著），进一步检验了研究假说 1。

在控制变量中，腐败程度和政府干预程度对企业市场进入的影响显著为负，说明腐败程度越高和政府干预程度越大的地区，企业市场进入的概率就越低。然而，对外开放水平，金融深化程度，市场化进程，交通便利程度以及第二、第三产业产值比重越高的地区，企业市场进入的概率就越大。

表 4—8　　　　　　　政治不确定性与企业进入：基准回归

变量	新企业是否形成（Probit）		新企业形成数量（负二项）	
	书记变更	市长变更	书记变更	市长变更
	(1)	(2)	(3)	(4)
PU	-0.037***	-0.009	-0.084***	-0.020
	(0.013)	(0.013)	(0.015)	(0.015)
Govern	-0.009**	-0.009***	-0.009**	-0.009**
	(0.004)	(0.004)	(0.004)	(0.004)
FDI	0.011***	0.011***	0.009**	0.008**
	(0.003)	(0.003)	(0.004)	(0.004)

续表

变量	新企业是否形成（Probit）		新企业形成数量（负二项）	
	书记变更	市长变更	书记变更	市长变更
	(1)	(2)	(3)	(4)
Finance	0.079*	0.084**	0.088	0.095*
	(0.042)	(0.042)	(0.055)	(0.055)
Second	0.014***	0.014***	0.017***	0.017***
	(0.003)	(0.003)	(0.003)	(0.003)
Third	0.018***	0.017***	0.011***	0.010***
	(0.0031)	(0.003)	(0.004)	(0.004)
Transport	0.132***	0.136***	0.186***	0.189***
	(0.023)	(0.023)	(0.029)	(0.028)
Corruption	-0.091***	-0.094***	-0.154***	-0.158***
	(0.021)	(0.021)	(0.028)	(0.028)
Market	0.126***	0.126***	0.205***	0.208***
	(0.015)	(0.015)	(0.020)	(0.020)
常数项	-1.982***	-1.976***	-2.000***	-2.027***
	(0.307)	(0.308)	(0.379)	(0.381)
年份固定效应	控制	控制	控制	控制
行业固定效应	控制	控制	控制	控制
城市固定效应	控制	控制	控制	控制
Pseudo R^2	0.170	0.169	None	None
N	53477	53306	53480	53309

注：***、**和*分别表示在1%、5%和10%的显著性水平下显著；括号内是经过城市行业聚类调整的标准误。

（二）稳健性分析

1. 政治不确定性的内生性

虽然单个企业难以直接决定地方官员考核任用甚至主政官员变更，但受限于数据的可得性，本章可能会遗漏某些随时间变化而又共同影响主政官员变更和企业市场进入的非观测因素，而OLS估计量不一致。为了保证研究结论的可靠性，我们采用工具变量法作为进一步的估计。借鉴 Ru（2018）的研究，本章选取"预测的官员任期"作为政治不确定性的工具变量，这些预测的官员更替周期仅取决于过去的信息，因此不受当前经济因素（地区 GDP、就业和收入）的影响。具体而言，标记上一任市委书记任期的第一年为 y，那么预期 $y + 5$ 将是现任市委书记任期的第一年[①]，也是官员变更的年份。如果没有上一个周期，我们使用市委书记的实际任期第一年作为预测年份。例如，为了预测市委书记 A 的第一年，我们从市委书记 A 的前任，即市委书记 B 开始计算。如果市委书记 B 在 2000 年开始他的任期，我们将 2005 年标记为市委书记 A 的预测第一年预测值（Ru，2018）。

从方法论上讲，一个有效的工具变量应和内生解释变量相关（相关性），但是和随机扰动项不相关（排他性）。关于工具变量的相关性，中国党政领导干部采取职务任期制，即任何官员在同一职务上均有明确、有限的任期。因此，地方主政官员在同一职务上的任期会影响政治更替。Xu 等（2016）研究指出，虽然地方主政官员的正常更替时间是五年，但数据显示市长和市委书记的实际更替时间平均不到三年。关于工具变量的排他性，预测的官员任期仅取决于过去的信息，不受当前经济因素的影响，因此预测的官员任期不太可能影响外地企业进入本地市场进行投资。

表 4—9 报告了使用工具变量法进行的 2SLS 估计得到的结果。可以看出，在控制内生性之后，市委书记变更的估计系数均在 1% 的显著性水平下显著为负，对官员变更内生性的控制进一步强化了假说 1，即政治不确定性明显地阻碍了企业进入市场。

[①] 在中国，城市市委书记的任期一般为五年。此外，中国的城市也有自己的五年更替周期（Ru，2018）。

表 4—9　　　　　　　稳健性检验：IV 估计（2SLS）

变量	新企业是否形成		新企业形成数量	
	(1)	(2)	(3)	(4)
第二阶段				
PU_S	-0.271***	-0.343***	-1.100***	-1.645***
	(0.078)	(0.089)	(0.423)	(0.496)
其他控制变量	不控制	控制	不控制	控制
年份、行业、城市固定效应	控制	控制	控制	控制
第一阶段				
$Year\_Second$	-0.048***	-0.044***	-0.048***	-0.044***
	(0.006)	(0.007)	(0.006)	(0.007)
$Year\_Third$	-0.062***	-0.059***	-0.062***	-0.059***
	(0.006)	(0.007)	(0.006)	(0.007)
$Year\_Fourth$	-0.064***	-0.056***	-0.064***	-0.056***
	(0.007)	(0.007)	(0.007)	(0.007)
$Year\_Fifth$	-0.036***	-0.034***	-0.036***	-0.034***
	(0.008)	(0.008)	(0.008)	(0.008)
$Year\_Sixth$	-0.009	-0.002	-0.009	-0.002
	(0.010)	(0.011)	(0.010)	(0.011)
其他控制变量	不控制	控制	不控制	控制
年份、行业、城市固定效应	控制	控制	控制	控制
WaldF-stat	36.046	29.400	36.046	29.400
N	53831	50782	53831	50782

注：***、**和*分别表示在1%、5%和10%的显著性水平下显著；括号内是经过城市行业聚类调整的标准误；弱工具变量检验F统计量均明显高于经验切割点，这也说明统计上并不存在弱工具变量的风险。

2. 其他稳健性检验

第一，借鉴 Julio 和 Yook（2012）、才国伟等（2018）的研究，因

为可能存在着共同的因素（如时间趋势、经济增长或者政治周期）导致政治不确定性和企业市场进入之间出现负相关。为了降低内生性影响，这部分稳健性分析的政治不确定性变量先对时间虚拟变量和各城市的年度 GDP 增速回归，再使用得到的残差进行计量分析，可降低企业预期到的官员正常换届离任导致的政治不确定性的影响。表4—10 第（1）—（2）列结果显示，剔除掉预期到的官员变更的影响，非预期的官员变动对企业市场进入的影响依然在 1% 的显著性水平下显著为负。

第二，剔除党代会换届样本。为了检验本章的主要分析结论是否受到异常值的影响，我们需要找出异常值并予以剔除，然后重新对模型（4—1）和（4—2）进行估计。从表 4—5 看出，党代会换届后一年，地方官员变更发生的频率会较高。在本章样本期内，全国党代会曾在 2002 年、2007 年召开过换届会，而各省党代会换届则在全国党代会同一年或前一年召开①。本章剔除各省党代会召开的年度样本，然后进行回归。回归结果显示，在控制了时间、行业和城市变量后，政治不确定性的系数仍显著为负。

第三，剔除副省级城市。从中国城市行政级别来看，副省级城市行政级别为副部级，其市委书记或市长的调动往往带有更多政治方面的考虑，我们担心本章的估计结果可能会受这些样本的影响。因而我们删除副省级城市样本重新估计，结果如表4—10 第（5）—（6）列所示。可以看出，在控制了时间、行业和城市变量后，政治不确定性的系数依然显著为负。由是观之，本章的主要结论并没有受异常样本点的影响，并且其余控制变量的系数符号和显著性水平也与初步估计结果基本相同。

---

① 省党代会换届在全国党代会同一年的省份有：黑龙江、贵州、甘肃、海南、四川、吉林、广东、陕西、青海、山东、宁夏、湖北、浙江；省党代会换届在全国党代会前一年的省份主要为：辽宁、安徽、河南、新疆、江西、山西、江苏、内蒙古、广西、福建、湖南、河北和云南。

表 4—10　　　　　　　　　其他稳健性检验

变量	非预期的官员变更		删除党代会换届		剔除副省级城市	
	(1)	(2)	(3)	(4)	(5)	(6)
	新企业是否形成	新企业形成数量	新企业是否形成	新企业形成数量	新企业是否形成	新企业形成数量
PU_S	-0.039***	-0.086***	-0.080***	-0.132***	-0.028**	-0.070***
	(0.013)	(0.015)	(0.018)	(0.023)	(0.014)	(0.016)
常数项	-2.155***	-2.171***	-1.714***	-1.468***	-1.966***	-2.031***
	(0.309)	(0.382)	(0.345)	(0.419)	(0.311)	(0.385)
其他控制变量	控制	控制	控制	控制	控制	控制
年份、行业、城市固定效应	控制	控制	控制	控制	控制	控制
Pseudo R^2	0.170	None	0.168	None	0.166	None
N	53236	53239	37803	37809	48900	48903

注：***、**和*分别表示在1%、5%和10%的显著性水平下显著；括号内是经过城市行业聚类调整的标准误。

第六节　进一步分析与讨论

本章已经证实，政治不确定性会显著阻碍新企业进入本地市场。此外，政治不确定性对企业市场进入的影响可能还会因政治不确定性程度、企业的行业性质和产权性质不同而产生差异。因此，本部分将对这些内容作进一步研究。

（一）政治不确定性程度与企业市场进入

首先，关注新上任官员的来源方式。地方官员可能从本地晋升，也可能从外地交流。官员来源方式的不同，不仅意味着官员个体在地方经济社会事务管理经验上的差异，也隐含着新任官员推行的经济政策可能存在显著的差异。表 4—11 第（1）（2）列回归结果显示，PU_S * Source 的估计系数显著为负，表明当新上任官员为异地交流或外地调任时，将显著增大政治不确定性，从而加剧新企业因政治环境改变而面临的进入风险，支持了假说2。这是因为，外地调任官员对新任职地区资源禀赋等信息了解不充分，在工作环境改变情况下，其推行与前任官员相异政策的可能性较高。相反，本地晋升的官员有地方"精英集团"的支持，因而会倾向于延续原有政策，短期内实施新政策的可能性降低，因此新企业因为主政官员变更所带来的政策风险也较低。

其次，关注原任官员变更类型，即市委书记变更是否在非换届期间发生。由于党代会期间一般是市委书记集中换届的时间，在党代会换届后一年，市委书记变更发生的频率会较高。在样本期内，全国党代会曾在2002年、2007年召开过换届会，而各省党代会换届则在全国党代会同一年或前一年召开。因此，根据市委书记变更类型，如果该市委书记的变更是在正常的换届期间发生，则定义为正常变更，相反，如果市委书记的变更是在非换届期间发生，则定义为非正常变更。表4—11第（3）（4）列结果显示，PU_S*Type的估计系数依然显著为负，表明政治不确定性降低企业市场进入的概率在市委书记来自非正常变更的样本中更为明显，回归结果检验了研究假说2。

表4—11　　　　　　　　扩展回归：不确定性程度

变量	新任官员来源		官员变更类型	
	(1)	(2)	(3)	(4)
	新企业是否形成	新企业形成数量	新企业是否形成	新企业形成数量
$PU\_S*Source$	-0.038** (0.017)	-0.078*** (0.020)		
PU_S*Type			-0.026* (0.015)	-0.036** (0.017)
常数项	-1.984*** (0.307)	-2.005*** (0.380)	-2.004*** (0.306)	-2.050*** (0.380)
其他控制变量	控制	控制	控制	控制
年份、行业、城市固定效应	控制	控制	控制	控制

续表

变量	新任官员来源		官员变更类型	
	(1)	(2)	(3)	(4)
	新企业是否形成	新企业形成数量	新企业是否形成	新企业形成数量
Pseudo R²	0.170	None	0.170	None
N	53472	53475	53490	53493

注：***、**和*分别表示在1%、5%和10%的显著性水平下显著；括号内是经过城市行业聚类调整的标准误。

（二）政治不确定性、产权性质与企业市场进入

考虑到不同产权性质的企业受政治不确定性的影响也会不同，我们将企业按产权性质划分为私营企业、国有企业和外资企业。从表4—12的回归结果来看，政治不确定性阻碍私营企业进入市场的作用非常明显，而对国有企业和外资企业是否进入市场的影响不显著。这可能是因为，首先，私营企业在许多方面依然处于弱势地位，地方官员变更势必会影响其对于地方政策的预期，从而进一步影响其市场进入决策。其次，地方政府希望引进外资企业的先进技术以促进本地经济发展。自改革开放以来，中国设立众多经济开发区并给予区内企业各式各样优惠措施重要目的之一是吸引外资企业（Storesletten and Zilibotti, 2014）。最后，虽然国有企业能够及时获取当地政策等关键信息，及时调整市场进入决策，但国有企业与地方政府建立的紧密联系可能容易产生"钱随官走"的现象。

表4—12　　　　　　　　扩展回归：产权差异

变量	私营企业		国有企业		外资企业	
	(1)	(2)	(3)	(4)	(5)	(6)
	新企业是否形成	新企业形成数量	新企业是否形成	新企业形成数量	新企业是否形成	新企业形成数量
PU_S	-0.035**	-0.070***	-0.057*	-0.090	-0.020	-0.090***
	(0.014)	(0.020)	(0.035)	(0.077)	(0.020)	(0.031)

续表

变量	私营企业		国有企业		外资企业	
	(1)	(2)	(3)	(4)	(5)	(6)
	新企业是否形成	新企业形成数量	新企业是否形成	新企业形成数量	新企业是否形成	新企业形成数量
常数项	-2.541***	-3.164***	-0.101	1.713	-2.513***	-4.242***
	(0.334)	(0.506)	(0.609)	(1.382)	(0.440)	(0.819)
其他控制变量	控制	控制	控制	控制	控制	控制
年份、行业、城市固定效应	控制	控制	控制	控制	控制	控制
Pseudo R^2	0.210	None	0.198	None	0.224	None
N	52961	53480	48988	53480	50964	53480

注：***、**和*分别表示在1%、5%和10%的显著性水平下显著；括号内是经过城市行业聚类调整的标准误。

（三）政治不确定性、行业性质与企业市场进入

本章参考OECD的标准，将行业划分为高科技行业和低科技行业，进而考察了政治不确定性对企业市场进入影响的行业差异，结果如表4—13所示。可以看出，高技术行业受到政治不确定性的影响较高。徐现祥等（2007）发现，省长交流有助于提高流入地的经济增长速度，但经济增速的提升主要是通过在流入地大力发展第二产业来实现的。林毅夫（2007，2010）认为，政府官员可以引领产业结构变动。宋凌云等（2012）的实证结果显示，省委书记、省长在短期内能引领辖区产业结构变动，并且这种引领效应与其面临的政治激励正相关。以上研究表明，在现行政绩观和财政体制安排下，地方官员通过实施适宜的产业发展政策，促进地区经济增长。由于高技术行业具有技术含量高、附加值高以及竞争力高等特点，需要政府强有力的政策支持和引导，但地方官员变更容易导致未来政策的潜在变动，因此相比低技术行业，高技术行业更易受到政治不确定性的影响。

表 4—13　　　　　　　　扩展回归：行业差异

变量	高技术行业		低技术行业	
	(1)	(2)	(3)	(4)
	新企业是否形成	新企业形成数量	新企业是否形成	新企业形成数量
PU_S	-0.063***	-0.082***	-0.029*	-0.085***
	(0.025)	(0.026)	(0.016)	(0.018)
常数项	-2.566***	-3.869***	-2.081***	-1.818***
	(0.582)	(0.653)	(0.361)	(0.455)
其他控制变量	控制	控制	控制	控制
年份、行业、城市固定效应	控制	控制	控制	控制
Pseudo R^2	0.202	None	0.169	None
N	15622	15661	37817	37819

注：***、**和*分别表示在1%、5%和10%的显著性水平下显著；括号内是经过城市行业聚类调整的标准误。

第七节　本章小结

市场进入的活跃程度直接决定了经济体增长的活力与潜力。令人遗憾的是，既有文献要么聚焦于企业内部因素对企业市场进入的影响，要么重点考察了商业周期、政府管制等外部因素对新企业进入市场的作用，而这些研究却忽视了对政治环境变动的考察，因此未能很好地回答政治不确定性如何影响企业市场进入决策这一关键问题。作为一个尝试，本章以 1998—2009 年中国制造业企业为研究样本，采用主政官员变更作为政治不确定性的代理变量，研究了政治不确定性对企业市场进入决策的影响。

本章的研究结论主要有以下几点：(1) 市委书记变更导致的政治不确定性会显著阻碍企业市场进入；市长变更对企业市场进入的作用并不显著，且影响较小。(2) 当新任官员为异地调任和原任官员为非正常换届时，将显著增大政治不确定性，从而加剧新企业因政治环境改变而面临的进入风险。(3) 政治不确定性对企业市场进入的负向作用在私营企业和高技术行业中更为明显。本研究提供的证据不仅可以更全面地分析企业的行为如何受到政治不确定性的影响，而且有助于明晰政治不确定性带来的经济后果。

第 五 章

经济政策不确定性与企业研发投资

第一节 问题的提出

自20世纪80年代开始,中国地方官员的政治晋升标准由过去的纯政治指标变为以经济发展绩效为主,地方官员之间形成了一种以GDP增长考核为主的晋升锦标赛机制。同时,在中国式分权机制下,地方核心官员拥有较大的权力和动力去制定经济政策,从而使得中国企业相比西方企业受到政治环境变动的干扰更大,因而企业也将更看重政府政策变化带来的影响。更为重要的是,不定期的、频繁的官员调动极大地削弱了地方公共政策的连续性和稳定性,进而会降低企业投资支出(贾倩等,2013),加剧企业面临的市场风险(罗党论等,2016)和企业的倒闭风险(刘海洋等,2017)。由此可见,在中国特殊的政治体制以及官员频繁调动、任期不能届满的现实背景下,地方官员变更导致的政策不确定性如何影响企业研发活动仍然是一个值得研究的问题。

本章试图研究的问题是:政策不确定性是否会对企业研发投入产生显著影响?已有一些文献集中考察了制度环境对一国创新活动的影响。相关研究不仅从理论上阐明了产权保护制度与创新活动之间的联系(Helpman,1993;Yang 和 Maskus,2001;Glass 和 Saggi,2002;O'Donoghue 和 Zweimuller,2004;Gangopadhyay 和 Mondal,2012;倪海青和张岩贵，2009；余长林和王瑞芳，2009），而且也提供了产权保护制度影响技术创新的经验证据（Sakakibara 和 Branstetter，2001；Branstetter et al.，2006；Allred 和 Park，2007；Krammer，2009；Lo，2011；Kim et al.，2012；王华，2011；许培源和章燕宝，2014；刘思明等，2015）。然而，无论从理论分析还是实证检验来看，产权保护制度与技术创新之间的关系仍未形成统一的结论。另一些文献则侧重于讨论政策不确定性对企业投资行为的影响。Bernanke（1983）首次运用不可逆投资权衡理论来分析不确定性条件下的企业投资行为，发现不确定性增加了等待新信息的价值，进而阻碍了投资的速度。Rodrik（1991）、Pindyck 和 Solimano（1993）从理论上论证了政治因素带来的不确定性会导致当地投资水平降低。于是，关于政治不确定性与经济活动的经验研究开始大量涌现。这些研究都是基于国家选举数据，实证检验了国家领导人变更对微观企业投资行为的影响。在转型时期的中国，地方政府掌握着行政审批、土地征用、贷款担保等各项政策，而地方官员的能力、偏好及施政经验会导致不同的政策偏向。那么，一旦地方政府主要领导人发生变更，地方政府的政策也将会带来各种不确定性（陈德球等，2016）。因此，越来越多的学者集中研究了政策不确定性与微观企业活动之间的联系。现有文献研究表明，政策不确定性增加了企业投资前景的不确定性，弱化了企业的投资判断能力。然而，目前的研究都只关注了政策不确定性对企业投资活动的影响，却忽视了对企业研发投入的考察。

本章以城市市委书记变更作为政策不确定性的代理变量，利用2005年世界银行在中国开展的投资环境调查数据，进而实证分析政策不确定性与企业研发投入之间的关系。与现有文献相比，本章的贡献主要有以下两点：

第一，研究视角比较新颖。现有文献对于微观企业活动的研究主要探讨政策不确定性对企业投资支出（Durnev，2012；Julio 和 Yook，2012；贾倩等，2013）、股票价格波动（Li 和 Born，2006；Bialkowski et al.，2008；Goodell 和 Vähämaa，2013）等的影响，本章的研究则从地方官员的角度提供了市委书记变更影响企业研发活动的经验证据，进而丰富了这一研究方面的文献。

第二，研究选取的变量不同。以往国外文献主要采用"国家选举"变量来研究政策不确定性对企业投资支出的影响。相比之下，地方官员比国家领导人更加直接地控制和影响地区市场，同时地方官员面临相同的制度安排，对这一层面的研究可以很好地排除国家之间的制度差异（Yao and Zhang，2015）。因此，从地方官员变更的角度对这一问题进行研究就显得更为精细，能够获得更严谨的实证结果。

第二节 研究设计

一 研究假设

（一）政策不确定性与企业研发投入

在多党派轮流执政的国家，不同政党采取何种政策会产生比较高的不确定性预期。Li 和 Born（2006）研究发现，在选举结果不确定的情况下，美国的股票市场波动性显著上升；当选举结果毫无疑问时，波动性与非选举时期完全相同。Julio 和 Yook（2012）采用 1980—2005 年 48 个国家的数据研究表明，在国家选举年份，企业的投资支出平均下降了 4.8%。Goodell 和 Vähämaa（2013）研究显示，围绕美国总统大选的政治不确定性影响了股市的波动。在转型时期的中国，分权化改革使得地方政府逐步获得了对地方经济和资源的巨大自由裁量权，对一些重要资源如资金、土地等具有较强的支配能力。因此，地方官员有动力且有能力来制定辖区内的经济政策，从而促进地区经济增长。然而，考虑到官员的个人偏好、能力以及过往经历的不同，这种官员本身存在的异质性意味着地方官员变更将导致该地区未来经济政策的潜在变动，进而影响地区经济活动。张军和高远（2007）、徐现祥等（2007）研究发现，省级官员交流对地区经济发展产生显著的正面影响；王贤彬和徐现祥（2008）认为，不同来源、去向的官员其任内的经济增长存在差异；而王贤彬等（2009）直接考察了省级官员的更替对辖区经济增长的作用，发现官员更替所导致的不确定性对地区经济增长有显著的负面影响。以上证据表明，地方官员更替导致的政策不确定性影响了地区经济增长。此后，许多学者逐渐集中考察地方官员变更导致的政策不确定性对企业活动的影响（贾倩等，2013；徐业坤等，2013；陈德球等，2016；罗党论等，2016；刘海洋等，2017；陈绍俭等，2017）。

那么，具体到政策不确定性与企业研发投入之间的关系，我们认为有两种渠道会使得企业减少研发投入。首先，由于企业研发项目不仅需要大量的资金投入，而且研发结果也具有极大的不确定性。更重要的是，一些无法预料的外部因素所带来的不确定性会导致潜在的逆向选择和道德风险，最终会弱化企业研发投入的动机（郭华等，2016）。特别地，在中国现行的官员考核机制下，地方官员变更会带来一系列的政策不确定性（罗党论和佘国满，2015；罗党论等，2016）。显然，政策的不确定性增加了投资前景的不确定性，弱化了企业的投资判断能力。其次，从企业的角度看，官员变更会带来地区政治权利的转移和资源的重新配置，企业需要重新花费时间和精力与新任官员打交道及应对政府产业政策的可能变化（宋凌云等，2012），因而这些企业的理性选择是降低企业研发支出。

假设 H1：地方官员变更产生的政策不确定性会降低企业的研发投入。

（二）制度环境与企业研发投入

完善的产权保护制度有助于保护研发成果，防止创新成果被非法侵占，并且能在很大程度上防止竞争企业搭便车，确保实现研发成果商业化，是对研发支出的一种弥补，因而高效的产权制度能够促进企业进行创新活动。Katz 和 Shapiro（1987）研究表明，企业创新强度会受到创新成果保护力度的影响，当保护力度较大时企业会增加对创新活动的投入。Anton 等（2006）证实，在专利保护力度较弱的条件下，技术模仿和专利侵权的可能性会增加，从而极大地降低企业的创新热情并减少创新投入。Lin 等（2010）实证检验了广义上的产权保护制度对研发的影响,结果表明良好的产权保护对过程创新和产品创新都有促进作用。王虎城(2002)、董雪兵和史晋川(2006)、吴延兵(2008)等也指出,产权保护制度的不完善会影响企业创新的积极性。同时,企业的研发活动往往需要投入大量的资金,外部融资的可获得性将为企业的研发活动提供良好的资金保证,减轻研发活动的资金负担,因而能够促进企业进行研发活动。因此,本研究提出如下假设:

假设 H2:良好的产权保护制度能促进企业的研发活动。

假设 H3:良好的金融市场制度正向影响企业的研发活动。

二 模型设定

该部分主要研究政策不确定性、制度环境与企业研发投入之间的关系,根据前文研究假设,我们构建了如下实证模型:

$$P(RD_i = 1 \mid Uncert_i, Instit_i, X_i, \alpha, \beta, \gamma, \varepsilon_i) =$$
$$F(\alpha \cdot Uncert_i + \beta \cdot Instit_i + \gamma \cdot X_i + \varepsilon_i) \quad (5—1)$$

式中:RD_i是模型的被解释变量,表示企业研发投入的虚拟变量,如果第 i 个企业研发投入为正,则 $RD_i = 1$,否则 $RD_i = 0$。$Uncert_i$ 和 $Instit_i$ 是模型的核心解释变量,分别表示第 i 个企业所在地区的政策不确定性和制度环境;表示所要控制的其他变量,包括 X_i 企业所在城市和所属行业层面两个维度的控制变量。ε_i 是随机扰动项。可以看出,被解释变量为 0 或 1 虚拟变量,因而在模型的选择上需要建立二值选择模型。模型(5—1)中,$F(\cdot)$ 为 ε_i 的累积分布函数,如果 ε_i 服从正态分布,则选择 Probit 模型;如果 ε_i 服从逻辑分布,则选择 Logit 模型(陈强,2014)。这里,我们假定 ε_i 服从正态分布,在实证分析中主要采用 Probit 模型进行估计。此外,本研究将企业研发投入规模也纳入考虑范围,由于企业研发投资规模只能取非负整数,并且数据中含有大量的零值,则可进一步考虑使用"零膨胀泊松回归"或"零膨胀负二项回归"。如果 Vuong 统计量很大(为正数),则应选择零膨胀泊松回归(或零膨胀负二项回归);反之,如果 Vuong 统计量很小(为负数),则应选择标准的泊松回归(或标准的负二项回归)。

三 变量选取

（一）被解释变量

本研究的被解释变量为企业研发投入（RD）。关于企业研发投入的度量，现有文献常常采用企业研发投资决策和研发投入强度来表示（Chen and Miller, 2007；Lin et al., 2011；江雅雯等，2011；谢家智等，2014）。我们首先采用企业研发投资决策指标衡量研发投入，即如果第 i 个企业研发投资为正，则 $RD_i=1$，否则为 0。同时，本研究将企业研发投入规模也纳入考虑范围。

（二）核心解释变量

本研究的核心解释变量是政策不确定性（Uncert）和制度环境（Instit）。关于政策不确定性的度量，本研究借鉴已有文献做法，用地方官员变更来衡量政策不确定性（贾倩等，2013；徐业坤等，2013；陈德球等，2016；罗党论等，2016）。若新任官员在当年 1—6 月就职，则定义当年为变更年；若新任官员在 7—12 月就职，则定义下一年为变更年。关于制度环境的度量，江雅雯等（2011）利用法律环境与合约实施、金融体系与贷款可获得性来衡量法律保护制度和金融制度因素对企业研发活动的影响。法律保护制度主要包括：一是虚拟变量 Client 和 Supplier，数据来源于世界银行所做的调查中"企业是否通常与客户或供应商签订正规合同"这一问卷的调查结果，若是则该变量赋值为 1，否则赋值为 0；二是合同受保护的程度（Property），使用问卷中关于"在商业或其他法律纠纷中公司的法律合同或产权受到保护的百分比"这一问项的调查结果，变量的取值范围为 0 到 1。金融市场制度包括：一是银行贷款的可获得性（Access），选取问卷中关于"企业能否从合法的金融和银行机构申请到贷款"这一问卷的调查结果，如果企业可以获得贷款则赋值为 1，否则等于 0；二是企业是否享受透支额度或贷款配额的优惠（Favorable），若企业给出的答案为是，则赋值 1，否则赋值为 0。

(三) 控制变量

本研究控制变量设定如下：企业盈利能力（ROS），定义为销售利润与销售收入的比值。通常地，企业盈利能力越高，表明企业的成长动力更足，发展空间更大，只有这样的企业才更有能力承担起高风险的研发项目。企业是否出口（Export），定义为若企业有海外销售比例，则赋值为1，否则为0。由于出口可以促使企业进行外部学习，激发企业研发投入行为，同时出口使得企业面临更多的市场竞争对手，因此带来的竞争压力迫使企业进行持续的研发投资行为。微机化程度（Computer），定义为频繁使用电脑的雇员在企业总雇员中的比例。微机化程度越高的企业，企业内部以及企业与外部之间的信息传递、知识分享和知识扩散的管道会更加便捷和畅通，有利于企业吸收新鲜的知识并捕捉商业机会，激发企业研发投入的动机。正式培训计划（Training），定义为企业是否为员工安排正式培训计划。若企业为员工安排了正式的培训计划则赋值为1，否则赋值为0。利用企业是否为员工安排正式培训计划的虚拟变量，我们可以捕捉到正式培训对企业研发投入的影响。产权性质（State），基于问卷中"企业的法律地位"这一问项的调查结果，将企业分成民营企业、外资企业、合资企业和国有企业，以国有企业为基准组，该组变量为虚拟变量。大学学历及以上雇员的比例（College）。企业年龄（Age），定义为企业成立年数的自然对数。

四 数据说明

本章使用的数据主要来自世界银行2005年所做的投资环境调查。这一调查的目的在于分析中国企业绩效，以及其成长背后的驱动和阻碍因素。就中国而言，有关调研主要由国家统计局执行，调研样本分布在31个省、自治区和直辖市的121个城市的12400家企业。由于该调研数据分布广泛且比较均匀，就调研企业所有制性质而言，既有国有企业，也有非国有企业；就调研地区而言，既有东部地区，也有中西部地区；就行业性质而言，既涉及制造业，也有服务业等。因此样本具有较强的代表性（见表 5—1）。

表 5—1　　　　　　　　　　主要变量描述性统计

变量名称	观察值	均值	标准差	最小值	最大值
RD1	11600	0.5591	0.4965	0	1
RD2	11600	3.4097	3.5538	0	15.2880
Change	11500	0.1739	0.3791	0	1
Client	11600	0.9012	0.2984	0	1
Supplier	11600	0.8727	0.3334	0	1
Property	11600	0.7135	0.3738	0	1
Access	11600	0.1395	0.3465	0	1
Favorable	11600	0.2779	0.4480	0	1
ROS	11600	0.1245	0.1511	-3.1566	4.8489
Export	11600	0.4009	0.4901	0	1
Computer	11600	0.1617	0.1865	0	1
Training	11599	0.8687	0.3377	0	1
State	11600	0.1313	0.3137	0	1
College	11600	0.1783	0.2141	0	9.9900
Age	11600	2.1241	0.8911	0.6931	7.6019

第三节　实证分析

一　初步估计结果

表 5—2 前 3 列报告了地方官员变更、制度环境与企业研发的 Probit 回归结果。首先，由表 5—2 中的第（3）列可知，在控制了行业和城市变量后，地方官员变更（Change）的回归系数在 1% 的水平下显著为负，意味着地方官员变更带来的政策不确定性上升，进而降低了企业研发投入的可能性。这与以往的研究结论也是基本一致的，即地方官员变更导致的政策不确定性不仅会增加企业面临的市场风险（罗党论等，2016），降低企业的投资规模（贾倩等，2013；徐业坤

等，2013），而且对新企业的企业市场进入具有显著的抑制作用（陈绍俭等，2017）。其次，法律制度环境（Client、Supplier 和 Property）对企业研发具有显著的正向影响，表明企业对合同实施系统的信心越大，企业进行研发的可能性就越大；在企业经营过程中，合同受到保护的百分比越大，企业进行研发的可能性也越大。金融制度环境（Access 和 Favorable）的回归系数在1%的显著性水平下显著为正，这意味着良好的金融制度会显著提高企业研发的可能性，进一步说明研发活动需要大量的资金投入，外部资金的可获得性、融资渠道的畅通为企业的创新提供了保证，高效的金融体系有利于促进企业创新活动（江雅雯等，2011）。至于控制变量，直观上都比较符合经济学的直觉。如企业规模越大、企业利润越多、公司总经理的教育水平越高、微机化程度越高、企业越倾向于出口，则企业越倾向于进行研发投资。由于控制变量并非本研究关注的重点，因此我们对此不作详细解释。在研究企业研发投入可能性的基础上，后3列报告了官员变更、制度环境与企业研发规模的回归结果。结果同样表明官员变更会对企业研发规模产生显著的影响。

表 5—2 官员变更、制度环境与企业研发投入的回归结果

变量	是否研发（Probit）			研发规模（负二项）		
	(1)	(2)	(3)	(4)	(5)	(6)
Change	-0.7974***		-0.5125**	-0.8743***		-0.4018**
	(0.1875)		(0.2051)	(0.2146)		(0.2040)
Client		0.1953***	0.0892*		0.2832***	0.1547***
		(0.0506)	(0.0529)		(0.0545)	(0.0542)
Supplier		0.4768***	0.3150***		0.6029***	0.3947***
		(0.0450)	(0.0472)		(0.0501)	(0.0495)
Property		0.1051***	0.0840**		0.1252***	0.0737**
		(0.0371)	(0.0384)		(0.0322)	(0.0320)
Access		0.1949***	0.1114***		0.2686***	0.1660***
		(0.0376)	(0.0389)		(0.0375)	(0.0375)

续表

变量	是否研发（Probit）			研发规模（负二项）		
	(1)	(2)	(3)	(4)	(5)	(6)
Favorable		0.4186***	0.2858***		0.3978***	0.2492***
		(0.0294)	(0.0309)		(0.0209)	(0.0211)
ROS			0.9158***			0.7086***
			(0.1400)			(0.1165)
Export			0.3853***			0.4364***
			(0.0305)			(0.0220)
Computer			0.3979***			0.3434***
			(0.1216)			(0.0687)
Training			0.5750***			0.7352***
			(0.0412)			(0.0479)
State			−0.0074			0.0409
			(0.0502)			(0.0383)
College			0.5630**			0.8391***
			(0.2250)			(0.1007)
Age			0.0787***			0.0856***
			(0.0159)			(0.0124)
_cons	−0.0111	−0.7158***	−1.6562***	0.8490***	−0.1032	−1.2169***
	(0.1325)	(0.1440)	(0.1525)	(0.1101)	(0.1261)	(0.1329)
行业虚拟变量	控制	控制	控制	控制	控制	控制
城市虚拟变量	控制	控制	控制	控制	控制	控制
Obs	11400	11500	11399	11500	11600	11499
Pseudo R^2	0.0772	0.1124	0.1613			

注：括号中是回归得出的稳健标准误；***、**和*分别表示在1%、5%和10%的显著性水平下显著。

二 稳健性分析

（一）变更年度替换

我们更改了对官员变更年度的处理办法。我们参照徐业坤等（2013），忽略对官员变更月份的细分，直接将官员变更的年份设定为更替年份对模型（5—1）重新回归。结果显示，政策不确定性仍将显著加剧当地企业当年度研发投入的可能性,前文结论基本未发生变化。

(二) 内生性检验

通常来说,官员的更替是由上级部门依据官员特征、政绩等多方面综合考察决定的,而企业的投资在一定程度上也会影响到官员的政绩进而影响到官员的更替,这种样本选择的内生性可能会导致结论的偏差。为此,参考王贤彬等(2009)以及钱先航(2012)的做法,利用 Heckman 两步法修正这种选择性偏差。首先构建一个官员更替的选择模型,然后计算出逆米尔斯比率(Inverse Mills Ratio),对政治不确定性可能存在的内生性问题进行控制。对于政治不确定性的选择模型,解释变量为历任市委书记的任期是否超过 5 年、年龄是否大于等于 55 岁,这些变量不受地方官员的直接影响,可以看成外生变量。

根据这一选择模型,我们计算出逆米尔斯比率 IMR,然后代入计量模型(5—1)中,回归结果在表 5—3 中的第(3)(4)列。从回归结果可以看出,IMR 的回归系数能够通过显著水平为 1% 的检验。这意味着确实存在样本选择问题,但这一问题并没有显著地改变表 5—2 中所报告的基本结果。另外,引入 IMR 后,控制变量的回归系数没有发生任何实质性变量:绝对值大小和显著水平都没有发生变化。

表 5—3　　　　　　　　　稳健性检验

变量	变更年度替换		内生性检验	
	(1)	(2)	(3)	(4)
$Change$	-0.4863**	-0.4044**	-0.6119***	-0.4812**
	(0.2002)	(0.2039)	(0.2247)	(0.2184)
$Client$	0.0877*	0.1565***	0.0892*	0.1547***
	(0.0526)	(0.0540)	(0.0529)	(0.0542)
$Supplier$	0.3196***	0.3990***	0.3150***	0.3947***
	(0.0468)	(0.0494)	(0.0472)	(0.0495)
$Property$	0.0899**	0.0786**	0.0840**	0.0737**
	(0.0381)	(0.0318)	(0.0384)	(0.0320)

续表

变量	变更年度替换		内生性检验	
	（1）	（2）	（3）	（4）
Access	0.1095***	0.1676***	0.1114***	0.1660***
	(0.0387)	(0.0373)	(0.0389)	(0.0375)
Favorable	0.2869***	0.2496***	0.2858***	0.2492***
	(0.0307)	(0.0210)	(0.0309)	(0.0211)
ROS	0.9286***	0.7142***	0.9158***	0.7086***
	(0.1413)	(0.1178)	(0.1400)	(0.1165)
Export	0.3894***	0.4402***	0.3853***	0.4364***
	(0.0303)	(0.0220)	(0.0305)	(0.0220)
Computer	0.4712***	0.3782***	0.3979***	0.3434***
	(0.1038)	(0.0730)	(0.1216)	(0.0687)
Training	0.5822***	0.7365***	0.5750***	0.7352***
	(0.0411)	(0.0477)	(0.0412)	(0.0479)
State	−0.0023	0.0406	−0.0074	0.0409
	(0.0496)	(0.0380)	(0.0502)	(0.0383)
College	0.4048***	0.7657***	0.5630**	0.8391***
	(0.1554)	(0.1184)	(0.2250)	(0.1007)
Age	0.0768***	0.0856***	0.0787***	0.0856***
	(0.0158)	(0.0123)	(0.0159)	(0.0124)
Mills			−0.9357**	−0.7474**
			(0.3824)	(0.3692)
_cons	−1.6428***	−1.2225***		
	(0.1519)	(0.1326)		
行业虚拟变量	控制	控制	控制	控制
城市虚拟变量	控制	控制	控制	控制
Obs	11499	11599	11399	11499
备注	Probit	负二项	Probit	负二项

注：括号中是回归得出的稳健标准误；***、**和*分别表示在1%、5%和10%的显著性水平下显著。

第四节 本章小结

本研究以城市市委书记变更作为政策不确定性的代理变量，利用2005年世界银行在中国开展的投资环境调查数据，进而实证分析政策不确定性与企业研发投入之间的关系。研究结果显示：地方官员变更的回归系数在1%的显著性水平下显著为负，意味着地方官员变更带来的政策不确定性上升，进而降低了企业研发投入的可能性。法律制度环境对企业研发具有显著的正向影响，表明企业对合同实施的信心越大，企业进行研发的可能性就越大；在企业经营过程中，合同受到保护的百分比越大，企业进行研发的可能性也越大；金融制度环境的回归系数在1%的水平上显著为正，这意味着良好的金融制度会显著提高企业研发的可能性，进一步说明研发活动需要大量的资金投入，外部资金的可获得性、融资渠道的畅通为企业的创新提供了保证，高效的金融体系有利于企业创新活动。最后，至于控制变量，直观上都比较符合经济学的直觉。如企业规模越大、企业利润越多、公司总经理的教育水平越高、微机化程度越高、企业越倾向于出口，则企业越倾向于进行研发投资。

第 六 章

经济政策不确定性与产品区域间贸易

第一节 引言

改革开放 40 多年来的高速经济增长，不只是得益于国际贸易的增长，也得益于国内市场规模的扩大，更得益于区域经济一体化所带动的国内区际贸易的发展，进而促使了中国"经济奇迹"的实现（盛斌和毛其淋，2011）。长期以来，国内区域间贸易的重要性在学术界已形成共识，对国内区域间贸易与经济增长的关系研究也一直是学术界的热点问题，并已取得了丰富的研究成果（Frankel 和 David，1999；Hitomi et al.，2000；Pankaj et al.，2010；周怀峰和林可全，2008）。例如，Frankel 和 David（1999）发现，国内贸易能够提高国民收入；周怀峰和林可全（2008）利用 1999—2006 年中国制造业企业数据，研究发现国内贸易和国内竞争状况对产业国际竞争力产生积极影响。

考虑到中国作为大国经济体，不仅具备相当完善的国民经济体系，而且各地在地理环境、自然资源和产业基础等方面千差万别，客观上为发展区域间贸易提供了广阔的空间。更为重要的是，区域间贸易由于避免了国家主权所带来的诸如关税等方面的贸易障碍和贸易摩擦，而本应享有充分的"大国优势"（赵永亮，2012）。然而，根据 Poncet（2003）的研究，中国省际的平均贸易量在 1987 年、1992 年和 1997 年分别占各省总贸易量的 88%、80% 和 66%，显示出内贸强度的显著下降。国务院发展研究中心课题组（2006）研究表明，中国的省际贸易和国际出口贸易所占的份额都稍有上升，而省内贸易的份额则稍有下降，省内贸易的总额是省际贸易总额的1.36倍。那么如何解释该现象？

现有文献主要从贸易壁垒、运输成本、信息成本等方面对贸易的本地偏好进行了解释。类似跨国贸易，一国国内的区域间贸易也面临着固定成本和可变成本，而在转型时期的中国，产品区域间贸易的固定成本和可变成本还较高。这是因为，在激烈的市场竞争过程中，为保护辖区内企业的发展，地方政府可能会采取贸易壁垒政策阻止外地企业或产品进入（黄玖立和冼国明，2012）。因而较高的区域间贸易壁垒或贸易成本使得中国区域间贸易呈现明显的区域内偏向。除此之外，Melitz（2003）分析认为，只有生产率高的企业才会选择进入外地市场，而生产率低的企业则退出外地市场。自此，Melitz（2003）的异质性企业贸易理论被广泛地用于分析企业的出口行为（Bernard et al.，2011；Chatterjee et al.，2013；许家云等，2015；余淼杰和王雅琦，2015）。

尽管已有文献对区域间贸易的影响因素的考察，多从企业生产率、政策壁垒、贸易成本等视角切入，但尚未有文献考察经济政策不确定性对产品区域间贸易的作用。在分权的经济体制下，地方政府掌握着辖区内多项经济政策，而地方官员的能力、行为及施政经验等因素都将最终影响本地经济发展绩效。为了进一步提高领导干部个人素质和执政能力，更好地促进经济社会发展，中共中央于2006年8月6日颁布了《党政领导干部交流工作规定》，从而在制度上对党政领导干部的任期和交流进行了细化和规范。然而，当前地方官员调动依旧十分频繁，多数官员并未做满法定任期，在一定程度上削弱了地方公共政策的连续性和稳定性。与此同时，地方官员的个人偏好、能力以及过往经历的不同，当地方主政官员发生变更时，其辖区内的经济政策也可能随之发生变动，从而进一步影响企业行为决策。

那么，经济政策不确定性对产品区域间贸易产生了怎样的影响？

本章将采用中国制造业企业数据和城市官员匹配数据，实证检验目的地经济政策不确定性对产品区域间贸易的影响。本章的研究特点主要有以下两点：一是基于中国制造业企业数据，采用地级市及以上城市主要领导人变更来度量经济政策不确定性，首次考察了目的地经济政策不确定性与产品区域间贸易之间的因果关系，从而提供了不确定冲击影响产品区域间贸易这一特殊微观个体行为的经验证据；二是以往诸多文献主要采用"国家选举"变量来度量经济政策不确定性。相比之下，地方官员比国家领导人更加直接地影响地区经济发展，同时地方官员面临相同的制度安排，对这一层面的研究可以很好地排除国家之间的制度差异。因此，从地方官员变更的角度对这一问题进行研究就显得更为精细，能够获得更严谨的实证结果。

本章的主要发现是，产品能否进入区域市场在很大程度上不仅取决于自身的异质特征，而且深受目标市场经济政策不确定性的影响。具体来说，目的地经济政策不确定性对本地产品进入具有负向影响；企业生产率水平越高，其进入本地市场之外的区域市场的可能性也就越高。本章基于中国区域间贸易的视角，为进一步理解经济政策不确定性与企业市场进入的因果关系提供了一个新的诠释，也在一定程度上丰富了企业市场进入方面的经验研究文献。

第二节　模型设定、变量说明与数据来源

一　模型设定

这部分主要研究目的地经济政策不确定性与产品区域间贸易之间的因果关系，我们构建了如下回归模型：

$$P(Entry_{ij} = 1 \mid PU_j, TFP_i, X, \alpha, \beta, \gamma, \eta) =$$
$$F(\alpha \cdot PU_j + \beta \cdot TFP_i + \gamma \cdot X + \eta + \varepsilon_{ij}) \quad (6—1)$$

式中：$Entry_{ij}$是模型的因变量，表示产品是否进入目标省市区市场的虚拟变量。核心解释变量PU_j表示目标省市区的经济政策不确定性。TFP_i是模型的核心解释变量，表示企业i的生产率水平。X表示

控制变量集合，包括以下三类变量：一类是企业维度的控制变量，如企业规模（Scale）、企业年龄（Age）、企业创新水平（Innovation）、企业广告投入（AD）、企业产权性质（SOE）、企业出口密度（Export）以及企业总经理的教育水平（Education）；另一类是销售市场维度的控制变量，包括目标省市区的市场规模（GDP）和人均购买力水平（PGDP）。还有一类就是双边贸易成本的控制变量，如企业所在省市区与目标省市区之间的地理距离（Distance）以及是否接壤的虚拟变量（Border）。此外，我们令 $\eta = \alpha_i + \lambda_j$，$\alpha_i$ 和 λ_j 分别表示行业和城市固定效应，ε_{ij} 表示随机扰动项。

本章的被解释变量为 0 或 1 虚拟变量，因而在模型的选择上需要建立二值选择模型。在式（6—1）中，$F(\cdot)$ 为 ε_{ij} 的累积分布函数，如果 ε_{ij} 服从正态分布，则选择 Probit 模型；如果 ε_{ij} 服从逻辑分布，则选择 Logit 模型。这里，我们假定 ε_{ij} 服从正态分布，在实证分析中主要采用 Probit 模型进行估计。

二　变量说明

（一）被解释变量

关于企业市场进入的度量，主要有两种方式：一种是用新企业形成个数或新企业形成率（新企业形成个数与现有企业个数的比率）来表示（Desai et al., 2003；Klapper et al., 2006；李坤望和蒋为，2015）；另一种是按出口关系来界定企业市场进入（Eaton et al., 2007；李坤望等，2014）。虽然新企业形成个数或新企业形成率可以直观地表现某一产业在某一时期的企业进入情况，是衡量企业市场进入的首选指标，但由于新企业在国际市场上成立的数据往往是难以得到的，于是越来越多学者采用产品出口关系来度量企业市场进入。考虑到中国国内产品进入其他地区市场可能会受到目标省市区市场政策不确定性的影响。因此，基于本章研究的需要和数据的可得性，我们借鉴黄玖立和冼国明（2012）对企业市场进入的界定，选取某企业产品是否进入特定省市区市场的二元经济变量来衡量企业市场进入虚拟变量,若城市 C 中企业 i 的产品进入目标省市区 j,则 $Entry_{ij}=1$,否则 $Entry_{ij}=0$。

(二) 核心解释变量

本章的核心解释变量是经济政策不确定性。一方面,中国分权的经济体制使得地方政府依然掌握着辖区内多项经济政策,对一些重要资源如资金、土地等具有较强的支配能力。于是,地方官员有动力且有能力来制定辖区内的经济政策,从而促进地区经济增长。然而,考虑到官员的个人偏好、能力以及过往经历的不同,当地方官员发生变更时,其辖区内经济政策也可能随之发生变化,进而企业行为决策深受经济政策不确定性的影响。另一方面,地方主要领导人变更作为经济政策不确定性的代理变量也是已有文献的常见做法(Jones 和 Olken,2005;Julio 和 Yook,2012;罗党论等,2016;陈德球等,2016;才国伟等,2018)。因此,本研究也采用官员变更作为政策不确定性的替代指标。

(三) 解释变量

本章的另一个解释变量是企业生产率,在估算企业生产率时,常用的计算方法主要有 OLS、FE、OP、LP、GMM 等几种。由于 OLS 和 FE 方法计算企业生产率有较大的缺陷,不足以解决内生性问题,且会损失有效信息量(杨汝岱,2015)。为解决这些问题,Olley 和 Pakes (1996) 提出使用投资作为企业受到生产率冲击时的调整变量。然而,由于并不是所有企业每年都会投资,Levinsohn 和 Petrin (2003) 发展了 Olley 和 Pakes 的方法,将企业受到生产率冲击时的调整变量变换为企业中间投入变量。本章实证分析数据是世界银行 2003 年抽样调查的数据,不少企业并没有报告中间投入,而黄玖立和冼国明 (2012) 研究表明,人均销售、人均增加值和全要素生产率衡量企业生产率具有高度的一致性。故本章采用人均销售 (Sales) 作为企业生产率的替代指标。这里,人均销售 (Sales) 定义为 1999—2002 年产品销售收入与雇员人员比例的平均值。

(四) 控制变量

为获得稳健性估计结果，本章选取如下控制变量。

(1) 企业规模。企业规模与企业市场进入之间的关系已引起国内外学者的关注，一般而言，规模较大的企业不仅有着丰富的企业市场进入经验和资源，而且能更好地应对市场环境的变化，从而更有能力从事对外贸易活动。现有文献主要采用企业销售额、企业员工数或企业总资产来度量。为此，本章借鉴现有文献的做法，我们取 1999—2002 年企业员工人数的平均值作为企业规模的衡量指标，并取对数。

(2) 企业年龄。根据企业的生命周期理论，企业年龄的增长伴随着企业投资和规模的扩大、生产管理方式的成熟和企业声誉的形成，从而年龄越大的企业越有可能进入外地市场（毛其淋，2013）。然而，成立时间较长的企业，其产品生产以及销售市场相对较为固定，从而开发新产品和开拓新市场的动力和意愿往往不足（黄玖立和冼国明，2012）。在实证研究过程中，Roberts 和 Tybout（1997）发现企业年龄对出口参与决策具有重要的影响。因此，我们以 2002 年减去企业成立的年份定义为企业年龄，取对数。

(3) 企业创新水平。创新投入越多，企业在市场中的竞争优势就越明显，从而更有能力进入外地市场。一般来说，企业创新水平可以用研发费用、专利数和新产品数目表示。本研究使用新产品产值哑变量来衡量企业的创新活动，即当企业有新产品生产和销售时，变量值取 1，否则取 0。

(4) 企业广告投入。广告投入有利于扩大消费者对企业产品的了解，是企业推广其产品销售的最重要手段。考虑到企业可以同时采取多种广告投入方式，我们取为企业发布广告的形式数。

(5) 企业产权性质。经济政策不确定性对企业市场进入决策的影响，在很大程度上与企业对未来经济政策信息的获取能力有关。一般来说，企业获取未来经济政策的信息越多，则越有利于企业做出最优的企业市场进入决策。相比民营企业，国有企业天然与政府建立了亲密关系，能够更快获取诸如经济政策变动等关键信息，从而能够及时调整企业市场进入策略（罗党论等，2016）。我们基于问卷调查中"企业的法律地位"这一问项的调查结果，将企业分成民营企业、外资企业、合资企业和国有企业，并以国有企业为基准组。如果企业的实际控制人为国有主体，则为1，否则为0。

（6）企业出口密度。企业产品销往国外市场数量越多，则其进入国内区域市场的数量就会相对越少。为此，本章用企业出口总额占其产品销售收入的比重，来反映企业出口密度对其产品区域间贸易的影响。

（7）总经理的教育程度。总经理对于企业战略选择具有重大影响。一般来说，经理人受教育程度越高，其工作能力越强。我们将经理人的教育水平分成3类，即中学及以下、大学教育和研究生教育，分别用1—3来指代。

（8）市场规模。以1998—2002年各省市区名义地区生产总值的平均值表示目标省市区的市场规模，并取对数。通常来讲，目的地市场规模越大，产品进入目的地的可能性就会越高。

（9）人均购买力水平。以1998—2002年各省市区人均名义地区生产总值的平均值衡量目标省市区的人均购买力，然后取对数。

（10）产销地之间的地理距离。我们取企业所在地区与产品—目的地之间的球面距离。产销地之间的距离越远，产品销售到目标市场的成本就会越高，从而产品进入区域市场的可能性就会越低。

（11）企业所在地区与产品—目的地是否接壤的虚拟变量。

本章各研究变量的定义如表6—1所示。

表6—1　　　　　　　　　　变量定义

变量	定义
Entry	产品是否进入目标省市区市场，若进入取为1，否则为0
PU	虚拟变量，目标省市区发生官员变更取为1，否则为0
TFP	1999—2002年产品销售收入与雇员人员比例平均值的对数

续表

变量	定义
Scale	1999—2002 年企业员工人数平均值的对数
Age	2002 年减去企业成立的年份，然后取对数
Innovation	虚拟变量，企业有新产品生产和销售时取为 1，否则为 0
AD	企业发布广告的形式数
SOE	虚拟变量，企业的实际控制人为国有主体，则为 1，否则为 0
Export	1999—2002 年企业对外贸易出口总额在其产品销售收入中的比重平均值
Education	教育程度分成 3 类，即中学及以下、大学教育和研究生教育，分别用 1—3 来指代
GDP	1998—2002 年各省市区名义地区生产总值的平均值，然后取对数
PGDP	1998—2002 年各省市区人均名义地区生产总值的平均值，然后取对数
Distance	企业所在地区与产品—目的地之间的球面距离
Border	虚拟变量，企业所在地区与产品—目的地是否接壤

资料来源：笔者整理。

三 数据来源

地方主政政府官员（市委书记、市长）的资料来自人民网、新华网及百度百科等公开资料，并经作者手工整理而成。主要收集了中国 18 个城市市委书记和市长的年龄、任期、来源等多个维度的指标。城市层面的宏观经济数据来源于对应年份的《中国城市统计年鉴》。产品层面的数据主要来自中国企业投资环境调查数据，并只选取了制造业企业进行考察，表 6—2 分省市区市场报告了企业市场进入变量 Entry 的空间分布。

表 6—2　　　　　各个省市区市场中的观测值分布

地区	观测值（个）	"进入"（Entry = 1）		"不进入"（Entry = 0）	
		观测值（个）	比重（%）	观测值（个）	比重（%）
北京	1000	487	48.70	513	51.30
天津	998	377	37.78	621	62.22

续表

地区	观测值（个）	"进入"（Entry = 1） 观测值（个）	比重（%）	"不进入"（Entry = 0） 观测值（个）	比重（%）
河北	999	439	43.94	560	56.06
山西	998	391	39.18	607	60.82
内蒙古	998	338	33.87	660	66.13
辽宁	919	387	42.11	532	57.89
吉林	919	331	36.02	588	63.98
黑龙江	948	360	37.97	588	62.03
上海	999	444	44.44	555	55.56
江苏	1000	467	46.70	533	53.30
浙江	887	365	41.15	522	58.85
安徽	1000	392	39.20	608	60.80
福建	1000	402	40.20	598	59.80
江西	936	339	36.22	597	63.78
山东	999	496	49.65	503	50.35
河南	942	409	43.42	533	56.58
湖北	908	385	42.40	523	57.60
湖南	928	408	43.97	520	56.03
广东	925	484	52.32	441	47.68
广西	944	364	38.56	580	61.44
海南	999	241	24.12	758	75.88
重庆	998	408	40.88	590	59.12
四川	998	459	45.99	539	54.01
贵州	929	316	34.02	613	65.98
云南	938	331	35.29	607	64.71
西藏	999	148	14.81	851	85.19
陕西	917	362	39.48	555	60.52
甘肃	942	280	29.72	662	70.28
青海	999	261	26.13	738	73.87
宁夏	999	266	26.63	733	73.37
新疆	997	325	32.60	672	67.40
省市区合计	29962	11462	38.26	18500	61.74

资料来源：笔者计算。

表6—3报告了各个制造业部门中观测值的分布。"生物技术产品和中药""家用电子产品"和"电子设备"行业是各个部门中"进入"观测值所占比重较高的,分别为68.69%、50.32%和50.03%,而各个部门中"进入"观测值所占比重较低的行业分别为"冶金产品""食品加工"和"衣服和皮革制品",比重分别仅为25.61%、26.01%和27.22%。此外,"汽车和汽车零部件"部门共有7442个观测值,是各个部门中最多的,其中"进入"的观测值数有3080个,占比为41.39%。"交通运输设备"部门的观测值最少,共有210个,其中只有67个"进入"观测值,占比为31.90%。

表6—3　　　　　　　　各部门中的观测值分布

行业	观测值（个）	"进入"（Entry=1）观测值（个）	比重（%）	"不进入"（Entry=0）观测值（个）	比重（%）
衣服和皮革制品	4409	1200	27.22	3209	72.78
电子设备	3838	1920	50.03	1918	49.97
电子零部件制造	6028	2281	37.84	3747	62.16
家用电子产品	1258	633	50.32	655	52.07
汽车和汽车零部件	7442	3080	41.39	4362	58.61
食品加工	1438	374	26.01	1064	73.99
化学产品和药品	1379	474	34.37	905	65.63
生物技术产品和中药	990	680	68.69	310	31.31
冶金产品	2940	753	25.61	2187	74.39
交通运输设备	210	67	31.90	143	68.10
部门合计	29962	11462	38.26	18500	61.74

资料来源：笔者计算。

表6—4为本章涉及的主要变量的描述性统计。

表6—4　　　　　　　　主要变量的描述性统计

变量名称	观察值	均值	标准差	最小值	最大值	中位数
Entry	29962	0.3826	0.4860	0	1	0
PU	29962	0.1574	0.3642	0	1	0
TFP	28732	4.4846	1.4067	−1.5920	9.7807	4.4602
Scale	29482	5.2220	1.3800	0	9.9723	5.0830
Age	29962	2.3708	0.8702	0.6931	3.9512	2.1972
Innovation	29962	0.7572	0.4288	0	1	1
AD	29392	1.6919	1.6584	0	6	1
SOE	29962	0.2449	0.4300	0	1	0
Export	28643	0.0712	0.2089	0	1	0
Education	29962	1.9770	0.5665	1	3	2
GDP	29962	7.6618	1.0317	4.8112	9.1791	7.6585
PGDP	29962	0.8321	0.5397	0.2704	2.8743	0.6029
Distance	29962	7.0536	0.5838	5.1059	8.1722	7.1349
Border	29962	0.1663	0.3723	0	1	0

第三节　估计结果及分析

一　基准回归

表6—5报告了目的地经济政策不确定性与产品区域间贸易的估计结果，每个回归都控制了行业和城市固定效应。（1）—（2）列报告了目的地市委书记变更的估计结果。第（1）列没有考虑销售市场维度，结果显示，目标市场经济政策不确定性对产品区域间贸易具有负向影响，并且在1%水平上显著。在第（1）列基础上，第（2）列进一步引入销售市场维度，结果同第（1）列相似，经济政策不确定性的估计系数依然显著为负，说明目的地经济政策不确定性显著地降低了本地产品进入目标市场的可能性。这是因为：一方面，企业在决定当期是否销售产品到外地市场时，会将预期进入利润的折现值与进入固定成本进行比较。由于目标市场经济政策不确定性会增加本地产品

进入的成本和风险，所以企业在风险与可能获得的回报之间权衡选择，当产品进入目标市场的成本被沉没时，此时企业的等待就变得更有价值，直到目的地经济政策不确定性消除为止。另一方面，在激烈的市场竞争过程中，为保护辖区内企业的发展，地方政府可能会采取贸易壁垒政策阻止外地企业或产品进入（黄玖立和冼国明，2012）。因此，较高的区域间贸易壁垒使得中国区域间贸易呈现明显的区域内偏向。第（3）和第（4）列报告了市长变更的估计结果，回归结果与市委书记变更的结果相似。进一步地，对比第（3）列与第（4）列回归结果，可以看出，产品进入目标市场受到书记变更带来的经济政策不确定性的影响更大。这是因为，在中国现行的政治体制下，市委书记具有各方面事务的最后决定权，因而其对产品国内企业市场进入的影响可能更大。

此外，TFP 的估计系数显著为正，表明企业生产率水平越高，其产品进入区域市场的可能性也就越高。在其他控制变量中，企业规模、企业广告投入、国有企业、经理人的教育水平和绩效激励对企业市场进入的影响均显著为正，表明企业规模越大，广告投入越多，经理人的教育水平越高，则企业产品进入区域市场的可能性就越高；企业所在地区与产品—目的地距离、企业所在地区与产品—目的地是否接壤变量的估计系数均与我们的预期一致，即企业所在地区与产品—目的地距离较近和企业所在地区与产品—目的地接壤，则企业产品进入区域市场的可能性也会越高；产品—目的市场的市场规模、人均购买力水平对企业市场进入行为的影响也显著为正。

表6—5　　　　　　　　　　基本回归结果

变量	书记变更		市长变更		任一变更	
	(1)	(2)	(3)	(4)	(5)	(6)
PU	-0.1811***	-0.1328***	-0.1216***	-0.0778***	-0.1166***	-0.0972***
	(0.0235)	(0.0240)	(0.0204)	(0.0211)	(0.0194)	(0.0199)
TFP	0.0879***	0.0892***	0.0879***	0.0892***	0.0879***	0.0892***
	(0.0077)	(0.0078)	(0.0077)	(0.0078)	(0.0077)	(0.0078)

续表

变量	书记变更		市长变更		任一变更	
	(1)	(2)	(3)	(4)	(5)	(6)
Scale	0.1706***	0.1739***	0.1704***	0.1737***	0.1705***	0.1738***
	(0.0081)	(0.0081)	(0.0081)	(0.0081)	(0.0081)	(0.0081)
Age	-0.0086	-0.0090	-0.0086	-0.0090	-0.0086	-0.0090
	(0.0126)	(0.0127)	(0.0126)	(0.0127)	(0.0126)	(0.0127)
Innovation	0.0937***	0.0943***	0.0933***	0.0940***	0.0932***	0.0940***
	(0.0220)	(0.0222)	(0.0220)	(0.0222)	(0.0220)	(0.0222)
AD	0.1689***	0.1720***	0.1688***	0.1720***	0.1688***	0.1720***
	(0.0060)	(0.0061)	(0.0060)	(0.0061)	(0.0060)	(0.0061)
SOE	0.1078***	0.1085***	0.1077***	0.1085***	0.1078***	0.1086***
	(0.0244)	(0.0247)	(0.0244)	(0.0246)	(0.0244)	(0.0247)
Export	-0.6385***	-0.6546***	-0.6383***	-0.6544***	-0.6379***	-0.6546***
	(0.0496)	(0.0497)	(0.0496)	(0.0497)	(0.0496)	(0.0497)
Education	0.1625***	0.1649***	0.1626***	0.1649***	0.1625***	0.1649***
	(0.0173)	(0.0174)	(0.0173)	(0.0174)	(0.0173)	(0.0174)
Distance	-0.5295***	-0.3801***	-0.5094***	-0.3644***	-0.5114***	-0.3640***
	(0.0214)	(0.0230)	(0.0213)	(0.0228)	(0.0212)	(0.0228)
Border	0.1163***	0.2511***	0.1291***	0.2606***	0.1291***	0.2645***
	(0.0307)	(0.0321)	(0.0308)	(0.0321)	(0.0308)	(0.0322)
GDP		0.1727***		0.1738***		0.1753***
		(0.0096)		(0.0096)		(0.0096)
PGDP		0.0667***		0.0684***		0.0675***
		(0.0175)		(0.0177)		(0.0175)
_cons	1.3230***	-1.1740***	1.1766***	-1.2996***	1.1930***	-1.3080***
	(0.1710)	(0.2134)	(0.1700)	(0.2120)	(0.1699)	(0.2119)
行业固定效应	Y	Y	Y	Y	Y	Y
城市固定效应	Y	Y	Y	Y	Y	Y
Observation	27983	27983	27983	27983	27983	27983
Pseudo R^2	0.2013	0.2134	0.2006	0.2130	0.2006	0.2133

注：***、**和*分别表示在1%、5%和10%的显著性水平下显著；括号内是稳健的标准差。

二 稳健性分析

（一）变更年度替换

首先，我们采用不同的官员变更年度来度量目的地经济政策不确定性,参照徐业坤等(2013),直接将地方官员变更的月份设定更替年份,然后对模型(5—1)重新回归。表6—6第(1)列结果显示,目的地经济政策不确定性的估计系数为-0.1183,而且在1%的显著性水平下显著,进一步说明目的地经济政策不确定性仍将显著降低产品进入目标市场的可能性,前文结论基本未发生变化。

表6—6　　　　　　　　稳健性检验

变量	变更年度替换	剔除异常值	删除副省级城市	聚类到行业	聚类到城市
	(1)	(2)	(3)	(4)	(5)
PU	-0.1183***	-0.1239***	-0.1585***	-0.1328***	-0.1328***
	(0.0221)	(0.0242)	(0.0345)	(0.0276)	(0.0314)
TFP	0.0892***	0.0896***	0.1048***	0.0892**	0.0892***
	(0.0078)	(0.0082)	(0.0114)	(0.0398)	(0.0199)
_cons	-1.1082***	-1.0681***	-0.9961***	-1.1740***	-1.1740**
	(0.2151)	(0.2275)	(0.3076)	(0.3963)	(0.5492)
其他控制变量	Y	Y	Y	Y	Y
时间虚拟变量	Y	Y	Y	Y	Y
城市虚拟变量	Y	Y	Y	Y	Y
Observation	27983	25251	15058	27983	27983
Pseudo R^2	0.2133	0.2172	0.2439	0.2134	0.2134

注:***、**和*分别表示在1%、5%和10%的显著性水平下显著;括号内是稳健的标准差。

(二)剔除异常值

为了剔除异常值对回归结果的影响,我们删除产品—目的地为广东、北京和上海的样本,然后再进行稳健性检验。从表6—6可以看出,注册地在上述3个省级行政区的样本量约占了总样本的三分之一,因此可能存在样本选择偏差问题。根据表6—6第(3)列的回归结果,剔除了上述样本后,回归结果并没有发生多大变化,并在1%的显著性水平下显著为负，这与本章的主要结论保持一致。

（三）剔除副省级城市

从中国城市行政级别来看，副省级城市行政级别为副部级，其市委书记或市长的调动往往带有更多政治方面的考虑，我们担心本章的估计结果可能会受这些样本的影响。因而我们删除副省级城市样本重新估计，结果如表6—6第（4）列所示。回归结果显示，在控制了时间、行业和城市变量后，经济政策不确定性的系数为-0.0275，通过了1%的显著性水平检验。

（四）不同稳健标准误

如果回归系数标准误聚类到行业层面或者城市层面，回归结果也可能会发生变化。结果显示，表6—6的主要结论都保持了很高的稳健性，即目标市场的经济政策不确定性对本地企业产品进入具有显著的负向影响。

第四节 扩展回归

一 产权性质

考虑到不同产权性质的企业受目的地经济政策不确定性的影响也会不同，我们将企业按产权性质划分为国有企业和非国有企业。从表6—7的第（1）列结果来看，在国有企业中，目的地经济政策不确定性的估计系数为-0.1809，说明目的地经济政策不确定性对国有企业产品进入具有显著的负向影响。同时，本章对国有企业的样本也进行了相应分析，从表6—7第（2）列的结果来看，在非国有企业中，目的地经济政策不确定性的估计系数为-0.1216，表明目的地经济政策不确定性对非国有企业产品的企业市场进入也存在影响，但明显低于目的地经济政策不确定性对国有企业产品进入的影响。

表 6—7　　　　　　　　　扩展回归 I：产权性质

变量	国有	非国有	隶属关系		
			中央	省属	地市
	(1)	(2)	(3)	(4)	(5)
PU	-0.1809***	-0.1223***	-0.0397	-0.1328	-0.1844**
	(0.0487)	(0.0281)	(0.1195)	(0.1177)	(0.0821)
TFP	0.1858***	0.0523***	0.0873	0.0449	0.0982**
	(0.0217)	(0.0090)	(0.0879)	(0.1026)	(0.0449)
_cons	-0.6876	-1.3354***	-1.3385	-2.0054	0.9775
	(0.4336)	(0.2568)	(1.6991)	(1.7037)	(0.7960)
其他控制变量	Y	Y	Y	Y	Y
行业虚拟变量	Y	Y	Y	Y	Y
城市虚拟变量	Y	Y	Y	Y	Y
Observation	6827	21096	1368	1559	2610
Adj. R^2	0.2405	0.2365	0.4746	0.4780	0.3094

注：***、**和*分别表示在1%、5%和10%的显著性水平下显著；括号内是稳健的标准差。

此外，本章按照国有企业的隶属关系对各层级企业受到目的地经济政策不确定性的不同影响进行研究。可以看出，目的地经济政策不确定性对中央企业和省属企业产品企业市场进入的影响为负，但二者均不显著。相比之下，目的地经济政策不确定性对地市级企业产品区域间贸易的影响依然显著为负，说明目的地经济政策不确定性显著地降低了地市级产品进入的可能性。这表明目的地经济政策不确定性的冲击造成国有企业产品市场进入可能性降低更多地体现在地市企业，中央企业和省属企业受到的冲击较小。

二　地区差异

产品区域间贸易受经济政策不确定性的影响可能存在地区差异。表 6—8 的回归结果表明，不同地区的经济政策不确定性对本地产品进入的影响存在明显差别，产品进入受到中部地区经济政策不确定性的影响最大，其次是东部地区，而受到西部地区经济政策不确定性的影响不显著。这可能是因为，为了保护本地产业的发展，地方政府通常设置区际壁垒政策，进而阻碍外地企业或产品进入本地市场，具有高公共支出偏好的地区更有干预市场的能力来设置区际壁垒政策，从而贸易（或产品价格）更可能具有较高的地区边界效应。因此，在面临地方主政官员变更时，企业进入市场面临的政治环境将发生很大的变化。

表6—8　　　　　　　扩展回归Ⅱ：区域差异

变量	东部	中部	西部
	(1)	(2)	(3)
PU	-0.1575***	-0.1767***	0.0879
	(0.0493)	(0.0418)	(0.0560)
TFP	0.0864***	0.0826***	0.0960***
	(0.0127)	(0.0157)	(0.0132)
_cons	-1.5767***	0.6533	-0.4720
	(0.3532)	(0.6002)	(0.4228)
其他控制变量	Y	Y	Y
行业虚拟变量	Y	Y	Y
城市虚拟变量	Y	Y	Y
Observation	9961	7007	9963
Adj. R^2	0.2055	0.2330	0.2157

注：***、**和*分别表示在1%、5%和10%的显著性水平下显著；括号内是稳健的标准差。

第五节　本章小结

中国40多年来的经济增长不只得益于国际贸易的发展，也得益于国内市场规模的扩大和区域经济一体化所带动的国内区际贸易的发展，进而促使了中国"经济奇迹"的实现。那么，经济政策不确定性对产品区域间贸易产生了怎样的影响？本章采用中国制造业企业数据和城市官员匹配数据，实证检验了目的地经济政策不确定性对产品区域间贸易的影响。本章的主要研究结论可归纳为：

第一，目的地经济政策不确定性对本地产品进入具有显著的负向影响，产品区域间贸易受到目标城市书记变更带来的经济政策不确定性的影响更大；企业生产率水平越高，其进入国内区域市场的可能性也就越高。此外，规模越大的企业具有较强的风险承担能力，也就越倾向于进入国内区域市场；企业的广告投入有助于企业进入国内区域市场；国有企业的产品进入外地市场的可能性更高；企业产品销售到目标市场的比重越大，进而产品进入国内市场的可能性就降低；产品—目标市场地理距离、目标市场规模和人均收入水平对产品区域间贸易的影响也显著为正。

第二，从不同所有制企业来看，相比非国有企业，目的地经济政策不确定性对国有企业产品区域间贸易的影响效应更大；按照国有企业的隶属关系，目的地经济政策不确定性显著地降低了地市级产品进入的可能性。这表明目的地经济政策不确定性的冲击造成国有企业产品区域间贸易的可能性降低，更多地体现在地市企业，中央企业和省属企业受到的冲击较小；从不同区域特征来看，东中部地区经济政策不确定性对产品区域间贸易具有显著的负向影响，但西部地区经济政策不确定性的影响为正，并且不显著。

本章为理解贸易的本地偏好提供了一个新的视角和经验证据，也在一定程度上丰富了企业市场进入方面的经验研究文献，还为事后评价中国地方官员交流制度的微观影响提供了一个客观有益的佐证。然而，本章的研究仍然存在需要完善的地方，例如，由于中国私营企业调查数据缺乏产品进入外地市场的数量，因此很难分析政策不确定性对企业进入的二元边际影响机理。

第七章

经济政策不确定性与多产品企业出口

第一节 问题的提出

中国加入 WTO 以来，出口贸易总量始终保持高速的增长，已经成为一个举世瞩目的贸易大国。2009 年，中国的年出口贸易额（12016 亿美元）首次超越德国（11213 亿美元），位居全球第一位。与此同时，在区域贸易协定的浪潮中，中国依然积极主动参与了部分区域贸易协定，同时也被动应对着其他国家之间的区域贸易协定。2011 年至 2016 年，中国对区域全面经济伙伴关系协定和跨太平洋伙伴关系协定成员国的贸易额，占总出口额中的比重分别保持在 41% 和 25% 左右。与此同时，在中国出口贸易发展过程中，多产品出口企业是国际贸易中最为活跃的微观主体，其出口额占比高达 95% 左右。

随着贸易实践的发展，国际贸易理论的研究逐渐从过去的产业层面进一步细化到企业或产品层面。例如，Melitz（2003）将企业生产率异质性纳入垄断竞争贸易模型，并强调生产率差异是决定企业进入与退出市场的重要因素。自此之后，众多学者基于 Melitz（2003）的异质性企业贸易理论，对企业出口行为及其影响因素进行了细致的考察。Bernard et al.（2011）建立了多产品、多目标企业一般均衡模型，该模型考虑了各企业能力的异质性和企业内部产品属性的异质性，认为企业做出内生的进入和退出决策，每个存活的企业选择最优的产品范围，以供应给每个市场。Berman 等（2012）认为，在出口市场存在分销成本的情况下，高生产率企业和低生产率企业对汇率贬值的反应不同。具体来说，高生产率企业最优的选择是提高加价而不是出口量，而低生产率的企业则采取相反的策略。因此，市场定价既是内生的，也是异质的，这种异质性对汇率变动的总体影响至关重要。进入出口市场的固定成本越高，其要求企业的生产率水平也就越高，那么生产率高的企业就会通过提高出口价格而不是销售量来对汇率贬值作出反应。Chatterjee et al.（2013）将 Mayer et al.（2011）的多产品企业模型嵌入 Corsetti 和 Dedola（2005）的常数替代弹性需求和本地分销成本模型以及 Berman et al.（2012）的异质企业模型中，研究了汇率冲击对多产品企业出口价格等的影响。

具体到中国情形下，余淼杰和王雅琦（2015）基于多产品企业异质性贸易理论模型，研究了人民币名义有效汇率变动对于中国多产品企业出口决策的影响。许家云等（2015）基于异质性企业理论，分析了人民币汇率变动对多产品企业出口产品价格、质量、范围等的影响。然而，与 Melitz（2003）异质性企业贸易理论不同的是，近期研究却发现，中国非出口企业的生产率高于出口企业，存在"出口企业生产率之谜"。李春顶（2010）采用 1998 年至 2007 年中国制造业企业数据，全面检验了"生产率之谜"现象，发现加工贸易企业拉低了中国出口企业整体的生产率均值水平，从而使得行业内的出口企业生产率均值普遍低于非出口企业。戴觅等（2014）进一步证实了上述研究结论，发现大约有 20% 的出口企业完全从事加工贸易，并且这些加工贸易企业的生产率也低于内销型企业。值得注意的是，为什么这些生产率低的企业能够进入国外市场却没能进入国内市场呢？同时，为什么那些生产率高的企业进入国外市场却又退出呢？要回答这些问题，我们需要从一个全新的视角来讨论影响中国多产品企业出口的因素。

为此，已有学者开始关注不确定性冲击对企业出口参与的影响。例如，Grier 和 Smallwood（2007）以 9 个发达国家和 9 个发展中国家为样本，研究了外国收入不确定性和实际汇率不确定性对企业出口的影响。经验证据表明，实际汇率不确定性对企业出口的负面影响主要发生在欠发达国家。Greenaway 等（2010）研究了汇率不确定性对英国企业出口市场准入、强度决策以及跨国公司出口行为的影响。基于英国制造业企业层面的数据，研究发现，汇率不确定性主要影响企业出口份额，而对企业出口参与率影响不大。然而，2008 年的"贸易大崩溃"给不确定性冲击下的企业出口参与研究提供了新的事实依据，于是大量学者开始探究贸易政策不确定性与企业出口行为之间的关系。Handley（2014）构建了一个异质性企业的动态模型，将研究的重点放在贸易政策上，从而为该领域的研究提供了新的理论依据和经验证据。经验证据显示，贸易政策不确定性将会推迟企业进入新市场的时间。Handley 和 Limão（2015）为研究贸易政策不确定性对企业投资与出口决策的影响，提供了一个新的理论分析框架，并利用企业层面的贸易数据，进而分析葡萄牙 1986 年加入欧共体对企业出口的影响。Handley 和 Limão（2017b）在一个包含企业异质性的一般均衡框架下，研究了美国贸易政策不确定性对中国出口的影响。研究发现，贸易政策不确定性的增加明显降低了中国企业出口进入和技术升级的投资，反过来又减少了贸易流动和消费者的实际收入。同时，运用这一模型分析了中国加入 WTO 前后的出口繁荣，认为中国加入 WTO 解释了中国对美国出口增长的 22%—30%。Feng 等（2017）研究表明，贸易政策不确定性的下降幅度越大，中国出口产品价格越低，而产品出口质量越高。张平南等（2018）基于 2001 年中国加入 WTO 这一准自然实验，利用双重差分法研究得出，贸易政策不确定性的下降会降低企业的出口国内附加值。可以看出，上述文献主要将贸易政策不确定性理解为关税不确定性，因而未能全面、真实地反映宏观经济政策不确定性对企业出口行为的影响。

本章将采用中国海关数据库和中国工业企业数据库的匹配数据，全面地、细致地研究目的地经济政策不确定性对中国出口企业进入国际市场的影响。本章的研究特点主要有以下两点：一是已有文献主要集中考察了贸易政策不确定性对企业出口行为的影响，本章既采用目的地领导人变更事件作为经济政策不确定性的代理变量,也采用 Baker 等(2016)开发的世界主要国家或地区经济政策不确定性指数直接度量经济政策整体的不确定性,进而探讨了目的地经济政策不确定性与中国多产品企业出口之间的因果关系;二是本章将中国海关数据库和中国工业企业数据库的企业数据进行合并,可以得到企业—产品—出口目的地的具体信息,从而可以更为准确地、细致地考察目的国或地区经济政策不确定性对中国企业出口的影响。

本章研究发现,第一,目的地经济政策不确定性的增强会导致中国企业产品出口价值量减少,在选取合适的工具变量后进行两阶段最小二乘法(2SLS)估计,发现利用传统方法检验(OLS 估计)的目的地经济政策不确定性对中国企业产品出口价值量的影响没有被明显高估或低估;在考虑和引入企业生产率异质性和其他特征分析后,经验证据表明,高生产率的企业在国际市场上能够获得竞争优势,从而提高了中国企业产品出口价值量。第二,在投资概况、社会环境、政府稳定性、行政效率和法律秩序相对不好的情况下,目的地经济政策不确定性会导致中国企业产品出口价值量大幅减少。第三,扩展分析还发现,目的地经济政策不确定性对中国国有企业和民营企业产品出口价值量的负向作用,明显大于外资企业,而且这种负向影响效应存在明显的地区差异性,即目的地经济政策不确定性对中国东部地区企业产品出口价值量的负向影响,远远小于中、西部地区。

第二节 经济政策不确定性与企业出口的典型事实

在进行实证研究之前,我们首先对 2000—2006 年目的地经济政策不确定性与中国多产品企业出口的典型特征事实进行描述,从而对二者之间的关系有个初步的认识。

一 企业出口的基本特征事实

(一) 出口与生存描述

本章借鉴李坤望等 (2014) 对出口关系的状态划分,将出口关系的状态划分为新进入、仅存在一年、持续存在与退出共四种状态。这里,我们把前两种状态的出口关系统称为"新进入出口关系"。① 考虑到数据的可得性,本章样本期选取为2000—2006年,从而2000年的出口便无法得知其确切进入时间,因此新进入出口关系是在2000年没有出口,但在2001年有出口记录的出口关系。基于中国海关数据库中的企业—产品和出口贸易信息,我们分别计算了所有企业—产品—出口目的地的出口记录,以及新进入企业的出口—产品—出口目的地的出口记录,结果如表7—1所示。可以看出,2001—2006年,中国总出口关系的出口数目和出口额均呈上升趋势;中国出口关系中约有二分之一为新进入的出口关系,但新进入出口关系具有较小的出口额,约占总出口额的25%。需要特别指出的是,2004年新进入出口关系占总出口关系的比重高达59.03%,这可能是因为,2004年中国进行了全国第一次工业普查,从而建立了更为完善的企业等级注册体系,使得更多私营企业进入统计系统 (Brandt et al., 2012;毛其淋和盛斌,2013)。

表7—1　　　　　　　　　出口关系描述

年份	总出口关系 出口数目 (个)	总出口关系 出口额 (亿美元)	新进入出口关系 出口数目 (个)	比重 (%)	新进入出口关系 出口额 (亿美元)	比重 (%)
2001	186901	709.93	102138	54.65	187.19	26.37
2002	228864	789.12	111557	48.74	184.52	23.38

---

① 鉴于本章研究的需要,我们暂时不考虑"持续存在"和"退出"状态。

续表

年份	总出口关系		新进入出口关系			
	出口数目（个）	出口额（亿美元）	出口数目（个）	比重（%）	出口额（亿美元）	比重（%）
2003	261759	841.55	122548	46.82	190.77	22.67
2004	401693	1372.11	237108	59.03	501.50	36.55
2005	469281	1622.60	209322	44.60	248.34	15.31
2006	541428	1891.69	257598	47.58	403.79	21.35
均值	348321	1204.50	173379	50.24	286.02	24.27

注：中国企业—产品出口目的地主要包括：澳大利亚、加拿大、德国、中国香港、爱尔兰、日本、墨西哥、俄罗斯、西班牙、英国、美国、巴西、智利、哥伦比亚、法国、印度、意大利、新加坡、韩国、荷兰和瑞典。下表同。

资料来源：根据中国海关数据库计算所得。

接下来，我们考察新进入出口关系在进入出口市场后的生存与成长特征，如表7—2所示。可以看出，平均有70%的企业选择在第二年退出出口市场，并且随着出口时间的延长，出口关系生存率持续下降。正如毛其淋和盛斌（2013）所指出的，新进入企业的生产率普遍高于退出企业，但二者都低于存活企业。因此，在市场竞争的过程中，无论是新进入出口关系的企业还是持续出口关系的企业，只有对其产品质量不断进行升级才能进入市场，并且继续存活下来。当政策不确定性较高时，大量提供低质量产品的企业就会选择退出市场。

表7—2　　　　　　新进入出口关系进入后的生存率　　　　　　单位:%

年份	2000	2001	2002	2003	2004	2005	2006
2000以前	100.00	46.24	30.37	20.46	13.69	10.65	8.64
2001		100.00	30.27	18.57	12.23	9.54	7.57
2002			100.00	25.69	15.57	11.47	8.86
2003				100.00	24.57	16.23	11.84

续表

年份	2000	2001	2002	2003	2004	2005	2006
2004					100.00	30.03	18.35
2005						100.00	24.93
2006							100.00

资料来源：根据中国海关数据库计算所得。

（二）出口特征描述

首先，我们将企业产品划分为加工贸易产品和非加工贸易产品，表7—3汇报了样本中加工贸易产品和非加工贸易产品的出口额以及所占份额。2000—2006年，非加工贸易产品的平均出口额为324.79亿美元，占总产品出口额的26.73%，可见非加工贸易产品是一个不可忽略的群体。同时，2000—2006年加工贸易产品的平均出口额为786.01亿美元，占所有产品出口总额的73.27%，加工贸易在中国的对外贸易中有着举足轻重的地位。然而近期研究发现，中国非出口企业的生产率高于出口企业，存在"出口企业生产率之谜"。为此，李春顶（2010）全面检验了"生产率之谜"现象，发现加工贸易企业的生产率水平平均低于非加工贸易企业，从而使得行业内的出口企业生产率均值普遍低于非出口企业。戴觅等（2014）也发现，加工贸易企业的生产率比内销型企业低10%—22%。

表7—3　　　　　　　　　　不同贸易方式的出口特征[①]

年份	非加工贸易 出口额（亿美元）	比重（%）	加工贸易 出口额（亿美元）	比重（%）
2000	99.25	18.09	449.37	81.91

---

① 加工贸易则包括出料加工贸易、进料加工贸易、来料加工装配进口的设备、来料加工装配贸易，其余为非加工贸易。

续表

年份	非加工贸易 出口额（亿美元）	非加工贸易 比重（%）	加工贸易 出口额（亿美元）	加工贸易 比重（%）
2001	143.69	20.24	566.25	79.76
2002	178.34	22.60	610.78	77.40
2003	235.93	28.04	605.61	71.96
2004	421.36	30.71	950.75	69.29
2005	486.48	29.98	1136.12	70.02
2006	708.47	37.45	1183.22	62.55
均值	324.79	26.73	786.01	73.27

资料来源：根据中国海关数据库计算所得。

其次，为了考察不同所有权企业的出口规模是否存在显著差异性，表7—4报告了国有企业、外资企业和民营企业产品出口总额及所占比重。可以看出，2000—2006年中国外资企业产品的平均出口总额及所占比重分别为861.56亿美元和78.56%，而国有企业产品的平均出口额及所占比重仅为26.06亿美元和2.86%，并且呈现出下降趋势。此外，相比国有企业与外资企业，大量民营企业产品进入海外市场。李坤望等（2014）认为，相比国有企业和外资企业，民营企业产品进入国际市场更多的是采取价格竞争的方式，尤其是中国加入WTO之后，更多的民营企业参与国际贸易中，以更低的价格和更低的产品品质进入出口市场。然而，在全球贸易政策存在诸多不确定性的情况下，民营企业需要不断加强自主创新能力，切实提高企业生产率水平，逐步以非价格竞争方式取代传统价格竞争方式。

表7—4　　　　　　　　　不同所有权企业的出口特征①

年份	国有企业 出口额（亿美元）	比重（%）	外资企业 出口额（亿美元）	比重（%）	民营企业 出口额（亿美元）	比重（%）
2000	30.08	5.48	449.27	81.89	4.43	0.81
2001	26.07	3.67	563.68	79.40	11.98	1.69
2002	25.27	3.20	642.52	81.42	19.08	2.42
2003	24.49	2.91	659.25	78.34	37.72	4.48
2004	24.52	1.79	1071.75	78.11	85.84	6.26
2005	23.15	1.43	1253.48	77.25	103.24	6.36
2006	28.85	1.52	1390.99	73.53	169.88	8.98
均值	26.06	2.86	861.56	78.56	61.74	4.43

资料来源：根据中国海关数据库计算所得。

最后，表7—5报告了不同地区企业的产品出口额及所占比重。可以看出，东部地区企业的出口规模以及所占比重远远大于和高于中西部地区，东部地区是实现中国贸易增长奇迹的关键。2000—2006年，东部地区产品的平均出口额为950.17亿美元，占所有产品出口总额的84.26%，而中西部地区产品的平均出口额仅为25.46亿美元和23.39亿美元，占所有产品出口总额的比重也仅为2.31%和1.82%。但东、中和西部地区产品出口额均表现出明显的上升趋势，如西部地区企业产品出口价值量由2000年的7.34亿美元迅速上升至2006年的71.64亿美元，并且比重也由2000年的1.34%上升至2006年的3.79%。

---

① 国有企业还包括：集体企业、国有联营企业、集体联营企业、国有与集体联营企业、国有独资公司；外资企业包括：外商投资企业和港澳台投资企业；民营企业包括：私营独资企业、私营合伙企业、私营有限责任公司、私营股份有限公司。

表7—5　　　　　　　　不同地区企业的出口特征

年份	东部 出口额（亿美元）	比重（%）	中部 出口额（亿美元）	比重（%）	西部 出口额（亿美元）	比重（%）
2000	429.23	78.24	18.24	3.33	7.34	1.34
2001	569.67	80.24	15.12	2.13	8.70	1.23
2002	657.23	83.29	13.79	1.75	10.20	1.29
2003	719.51	85.50	17.16	2.04	13.42	1.59
2004	1186.93	86.50	28.85	2.10	23.70	1.73
2005	1457.51	89.83	36.81	2.27	28.70	1.77
2006	1631.08	86.22	48.23	2.55	71.64	3.79
均值	950.17	84.26	25.46	2.31	23.39	1.82

二　经济政策不确定性与企业出口

为了更直观地反映目的地经济政策不确定性与中国企业出口之间的关系，图7—1分别显示了样本期内美国、英国、俄罗斯、澳大利亚、日本和巴西六个国家的EPU指数与中国企业产品出口价值量的变化趋势。总体来看，随着目的地经济政策不确定性指数上升，中国多产品企业出口价值量呈下降趋势，目的地经济政策不确定性与中国企业产品出口价值量呈现明显的负相关关系。当然，这只是我们初步分析得出的结论，关于目的地经济政策不确定性与中国多产品企业出口之间的因果关系，我们需要进行更严谨的实证检验。

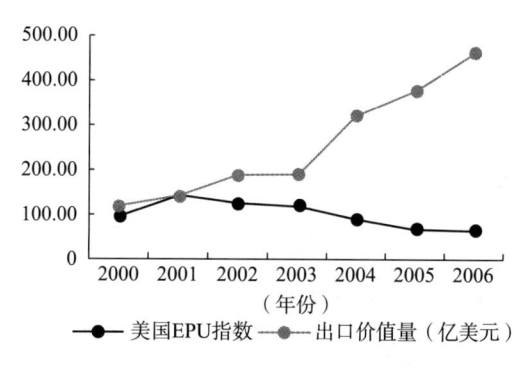

（a）美国EPU指数与中国企业出口

图7—1　主要国家EPU指数与中国企业出口变化趋势

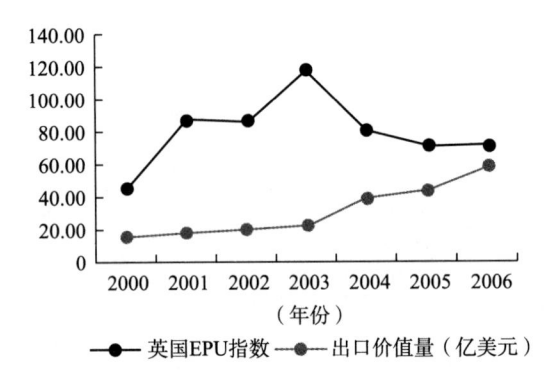

(b) 英国 EPU 指数与中国企业出口

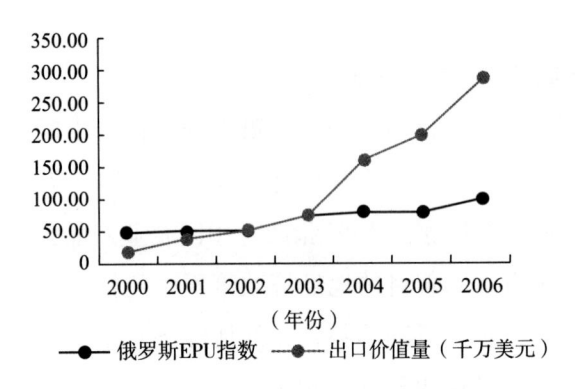

(c) 俄罗斯 EPU 指数与中国企业出口

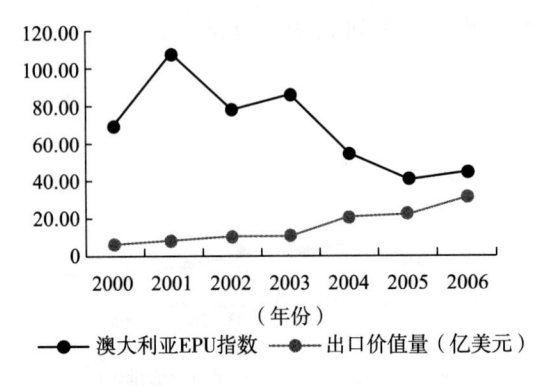

(d) 澳大利亚 EPU 指数与中国企业出口

图 7—1　主要国家 EPU 指数与中国企业出口变化趋势（续）

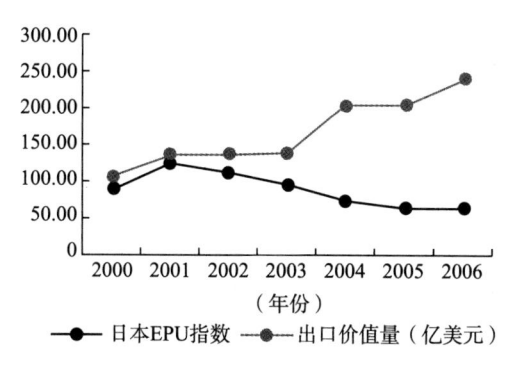

（e）日本 EPU 指数与中国企业出口

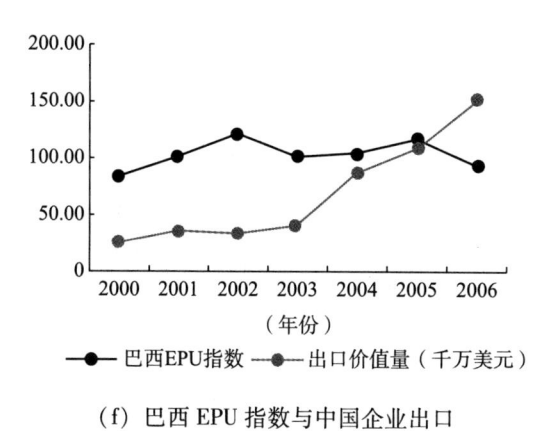

（f）巴西 EPU 指数与中国企业出口

图 7—1　主要国家 EPU 指数与中国企业出口变化趋势①（续）

第三节　模型设定、变量说明与数据来源

一　模型设定

为了考察经济政策不确定性对中国出口企业进入国际市场的影响，根据实物期权理论和实证研究文献，我们对以下方程进行估计：

$$Value_{ijkt} = \alpha_{jt} + \beta_1 PU_{kt} + \beta_2 TFP_{it} + \beta_3 X + \lambda_t + \varepsilon_{ijkt} \quad (7—1)$$

---

① 资料来源：http：//www.policyuncertainty.com/media/Global_ Annotated_ Series.pdf；中国海关统计数据（2000—2006）。

式中：被解释变量 $Value_{ijkt}$ 表示企业—产品—地区—年份维度出口产品价值量。解释变量 PU_{kt} 和 TFP_{it} 分别表示经济政策不确定性和企业生产率；X 表示控制变量集合。为了得到更加准确的估计结果，参照现有的研究文献，引入以下因素作为控制变量：企业规模（Size）、企业年龄（Age）、加工贸易产品虚拟变量（Processing Trade）、目的地市场规模（Population）和人均购买力水平（Per Capita GDP）。λ_t 和 a_{jt} 分别表示时间和产品—目的地固定效应，ε_{ijkt} 表示随机扰动项。

二　变量说明

（一）被解释变量

对于企业市场进入的界定，主要有两种方式：一种是用新企业形成个数或新企业形成率（新企业形成个数与现有企业个数的比率）来表示（Desai et al.，2003；Klapper et al.，2006；李坤望和蒋为，2015）；另一种是按出口关系来界定企业市场进入（Eaton et al.，2007；李坤望等，2014）。虽然新企业形成个数或新企业形成率可以真实地表现某一产业在某一时期的企业进入情况，是衡量企业市场进入的首选指标（杨天宇和张蕾，2009）。然而，中国在国际市场上新建企业的数据往往是难以得到的。数据的局限性使得很多学者用企业或产品的出口关系来界定企业市场进入。因此，本章借鉴李坤望等（2014）对企业市场进入的界定，用企业—产品—国家（地区）—年份维度的出口产品价值量来度量企业市场进入。

（二）核心解释变量

本章的核心解释变量是经济政策不确定性，现有文献主要用以下两种方式来衡量经济政策不确定性。第一种是将主政官员变更作为经济政策不确定性的替代指标。由于主政官员变更可能会导致未来经济政策发生潜在变化，从而致使辖区内经济政策不确定性的预期升高，因而，大量国内外文献均采用主政官员变更来度量经济政策不确定性（Alesina 和 Perotti，1996；Jones 和 Olken，2005；Julio 和 Yook，2012；罗党论等，2016；陈德球等，2016；才国伟等，2018）。这也是国内外文献普遍采用的一种度量方式。第二种是目前被学者普遍认可和获得广泛采用的一种度量方式,即斯坦福大学和芝加哥大学联合公布的经济政策不确定性指数(简称 EPU 指数)。Baker 等(2016)基于他们构造的经济政策不确定性指标,研究了政策不确定性对美国股票价格波动、民间投资以及实际经济产出等的影响。Gulen 和 Ion(2016)采用 EPU 指数研究了政策不确定性对公企业投资的影响。

基于本章研究的需要,本章以目的地领导人变更作为经济政策不确定性的代理变量。参照 Julio 和 Yook(2012)的研究,在一个总统制国家,行政权力通常授予总统,而在一个议会制国家,行政权力是对议会负责的内阁,总理是内阁的首脑和议会的领袖,是国家真正的行政长官,因而本章采用总统或总理变更来度量目的地经济政策不确定性。同时,我们也采用 Baker 等(2016)开发的世界主要国家或地区的经济政策不确定性指数,直接度量经济政策整体的不确定性。鉴于 EPU 指数是月度数据,本章采用几何平均值的方法(Wang et al.,2014;陈国进和王少谦,2016;孟庆斌和师倩,2017),且为保持数量级一致,将所得年度 EPU 指数除以 100。具体计算方法为:

$$EPU_t = \frac{\sqrt[12]{EPU_m \times EPU_{m-1} \times \cdots \times EPU_{m-11}}}{100} \quad (7—2)$$

式中:EPU_t 为年度经济政策不确定性指数,EPU_m 为一年内月度经济政策不确定性指数,m 取值为 12。

图 7—2 是 1997 年 1 月至 2017 年 5 月全球经济政策不确定性的月度走势图。可以看出,全球 EPU 指数在亚洲金融危机、"9·11"恐怖袭击事件、伊拉克战争、全球金融危机急剧上涨,并在 2017 年第一季度上升到了历史最高点。已有文献研究表明,政策不确定性可能会导致企业的投资不足,减少就业,并且减缓消费支出。因此,我们也有理由相信,国外政策不确定性也可能会影响中国企业的出口行为。

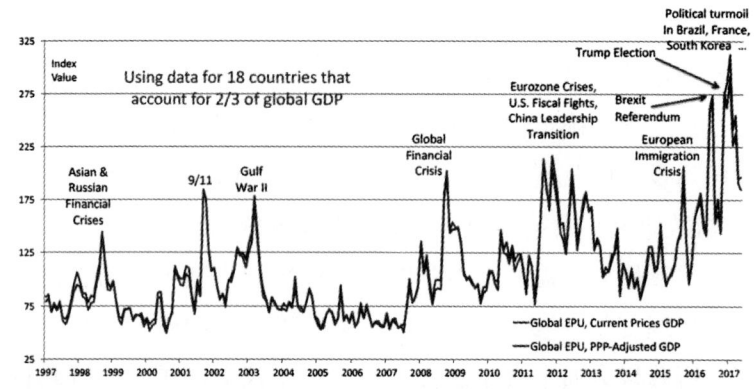

图 7—2　全球经济政策不确定性指数（1997.1—2017.5）①

（三）解释变量

本章的另一个解释变量是企业生产率异质性，在估算企业生产率时，常用的计算方法主要有 OLS、FE、OP、LP、GMM 等几种，但学术界对此存在较大的争议（Van Beveren，2012）。一般认为，用 OLS 和 FE 方法计算企业生产率有较大的缺陷，不足以解决内生性问题，且会损失有效信息量（杨汝岱，2015）。为解决这些问题，本章采用 Levinsohn 和 Petrin（2003）的方法估计企业生产率。

（四）控制变量

为获得稳健性估计结果，本章选取如下控制变量。

（1）企业规模。现有文献主要用企业销售额、企业员工数或企业总资产来度量企业规模，本章采用企业总资产的对数值来衡量。新贸易理论和新新贸易理论均强调了企业规模对企业出口行为的重要影响。一般而言，规模较大的企业不仅有着丰富的出口经验和资源，还能更好地应对市场环境的变化和克服国际市场上的不利冲击，而且企业规

---

① 资料来源：http://www.policyuncertainty.com/media/Global_ Annotated_ Series.pdf。

模往往与其物质资本、人力资本及市场竞争力正相关，从而规模相对大的企业更有能力从事对外贸易活动（徐家云等，2015）。

（2）企业年龄。一方面，企业生存时间越长，说明企业生产率水平越高，从而年龄越大的企业越有可能进入外地市场（毛其淋，2013）；另一方面，生存时间较长的企业，其经营可能趋向保守，销售渠道固定，开拓新地区市场的意愿往往不足（黄玖立和冼国明，2012）。在实证研究过程中，Roberts 和 Tybout（1997）发现企业年龄对出口参与决策具有重要的影响。因此，我们以当年年份减去企业成立的年份定义为企业年龄，取对数。

（3）加工贸易产品虚拟变量。戴觅等（2014）发现，加工贸易企业的生产率显著低于一般贸易企业与非出口企业，并且加工贸易企业利润率较低。Melitz（2003）分析指出，只有生产率高的企业才能进入出口市场，而生产率低的企业最终退出市场。为了控制加工贸易对企业出口行为的影响，我们加入加工贸易产品虚拟变量作为控制变量。

（4）市场规模。产品—目的地市场规模越大，企业出口所得利润也越高。我们以 2000—2006 年世界主要国家或地区人口规模表示产品—目的地市场规模，并取对数。

（5）人均购买力水平。产品—目的地人均收入水平越高，其人均购买能力往往也越高。为此，我们取 2000—2006 年世界主要国家或地区人均名义 GDP 的平均值来度量产品—目的地的人均购买力水平，然后取对数。

本章各研究变量的定义如表 7—6 所示。

表 7—6 变量定义

变量	定义
Value	企业—产品—地区—年份维度的出口产品价值量

续表

变量	定义
PU	一种度量方式是采用产品—目的地总统或总理变更作为目的地经济政策不确定性的代理变量，即若产品—目的地当年发生总统或总理变更，则为 1，否则为 0 另一种度量方式来源于 Baker et al.（2016）编制的经济政策不确定性指数，并采用几何平均数的方法，将月度数据转化为年度数据
TFP	采用 Levinsohn 和 Petrin（2003）的方法估计企业生产率
Size	企业总资产的自然对数
Age	当年年份减去企业成立的年份，然后取对数
Processing Trade	虚拟变量，出口产品是加工贸易产品，则为 1，否则为 0
Population	各国家（地区）人口规模的对数
Per Capita GDP	各国家（地区）人均名义地区生产总值的平均值，然后取对数
Year	时间虚拟变量
Product – Region	产品—国家（地区）虚拟变量

三 数据来源

为了研究目的地经济政策不确定性对中国产品出口价值量的影响，本章对中国工业企业数据库和中国海关数据库数据进行合并。样本时间跨度为 2000—2006 年。企业层面的数据主要来自中国工业企业数据库，其涵盖了中国最为全面的工业企业信息，并被很多前沿论文引用。这一数据库的缺点在于统计对象的年收入门槛为 500 万元人民币以上的工业企业，但这一缺点对于本章所研究的核心问题并不构成较大影响。这是因为，年收入在 500 万元人民币以上的企业已经包括对于当地经济发展至关重要的大部分企业。产品层面的数据主要来源于中国海关统计数据。选举和政权更迭数据来源于政体 IV 数据库（Polity IV）、世界银行政治机构数据库以及互联网手工整理。

表 7—7 为变量描述性统计。

表7—7　　　　　　　　　　描述性统计

Variable	Obs.	Mean	Std. Dev.	Min	Max	Median
Value	2058628	9.6641	2.5917	0	21.4876	9.7904
PU	2009603	0.8406	0.2374	0.3526	1.8159	0.7920
TFP	2033845	8.2461	1.1043	−1.4857	14.0537	8.1664
Size	2037434	10.7719	1.5836	3.8286	18.7282	10.5794
Age	2058301	2.1079	0.6585	0	7.6044	2.0794
Processing Trade	2058646	0.6813	0.4660	0	1	1
Population	2058646	3.9607	1.3428	1.3364	7.0119	4.0876
Per Capita GDP	2058646	10.0887	0.7686	6.1159	10.8760	10.3300

第四节　估计结果及分析

一　基准回归

本章采用最小二乘法（2SLS）对式（7—1）进行估计。表7—8报告了用不同指标衡量的经济政策不确定性对产品出口价值量的影响。第（1）—（3）列的经济政策不确定性变量由目的地领导人变更来衡量，第（4）—（6）列经济政策不确定性变量采用Baker等（2016）开发的世界主要国家或地区的经济政策不确定性指数直接度量，每个回归都控制了产品—目的地固定效应和时间固定效应。第（1）和（4）列报告了全样本的估计结果，回归结果显示，目的地经济政策不确定性对产品出口价值量具有负向影响，并且在1%水平上显著，说明目的地经济政策不确定性显著地降低了中国产品出口价值量。这可能是因为：一方面，中国企业在决定当期是否进入国际市场时，会将预期进入市场利润的折现值与进入固定成本进行比较。由于目的地经济政策不确定性会增加产品进入国际市场的成本和风险，因此，企业在风险与可能获得的回报之间权衡选择，当企业进入国际市场的成本被沉没时，此时企业等待就变得更有价值，直到经济政策不确定性消除为止。另一方面，在市场竞争的过程中，无论是新进入出口关系的企业还是持续出口关系的企业，只有对其产品质量不断进行升级才能进入市场并存活下来。因此，当目的地经济政策不确定性较高时，大量提供低质量产品的企业很难进入新市场或退出出口市场。此外，企业全要素生产率对其产品出口价值量的影响为正，并且在1%水平上显著，说明企业生产率水平越高，其产品出口到国际市场上的价值量就越大。

第（2）—（3）列和（5）—（6）列分别报告了新进入出口关系企业和持续出口关系企业的估计结果，回归结果均显示，PU 的估计系数依然显著为负。进一步地可以看出，与持续出口关系企业相比，新进入出口关系企业受到经济政策不确定性的影响更小。在控制变量中，企业规模的估计系数也显著为正，说明规模越大的企业越倾向于出口；加工贸易产品的虚拟变量系数显著为负，表明加工贸易产品相对于其他非加工贸易产品具有较低的出口价值量。此外，产品出口价值量也会随着出口目的地市场的变化而发生系统性的变化。可以看出，目的地市场规模越大、人均收入水平越高、双边贸易成本越低，产品出口价值量也越大。

表7—8　　　　　　　　　　基本回归结果

变量	全样本	子样本 新进入出口关系	子样本 持续出口关系	全样本	子样本 新进入出口关系	子样本 持续出口关系
	(1)	(2)	(3)	(4)	(5)	(6)
PU	-0.0133***	-0.0138**	-0.0235***	-0.0776***	-0.0945***	-0.0966***
	(0.0040)	(0.0060)	(0.0083)	(0.0116)	(0.0167)	(0.0240)
TFP	0.3361***	0.3402***	0.3589***	0.3366***	0.3419***	0.3604***
	(0.0055)	(0.0078)	(0.0116)	(0.0055)	(0.0080)	(0.0118)
$Size$	0.1447***	0.1473***	0.1538***	0.1437***	0.1486***	0.1530***
	(0.0061)	(0.0088)	(0.0125)	(0.0061)	(0.0090)	(0.0127)
Age	0.0228***	0.0139	0.0611***	0.0291***	0.0202*	0.0632***
	(0.0078)	(0.0107)	(0.0172)	(0.0079)	(0.0112)	(0.0174)
$Processing\ Trade$	-1.1645***	-1.2164***	-1.1317***	-1.1612***	-1.2248***	-1.1372***
	(0.0107)	(0.0146)	(0.0202)	(0.0108)	(0.0150)	(0.0205)

续表

变量	全样本	子样本		全样本	子样本	
		新进入出口关系	持续出口关系		新进入出口关系	持续出口关系
	(1)	(2)	(3)	(4)	(5)	(6)
Population	1.4541***	0.8092*	0.9402	1.2692***	0.7681	1.4690**
	(0.4189)	(0.4312)	(0.6473)	(0.4029)	(0.4698)	(0.6614)
Per Capita GDP	0.3930***	0.3831***	0.4434***	0.3825***	0.3422***	0.3792***
	(0.0292)	(0.0369)	(0.0585)	(0.0248)	(0.0384)	(0.0609)
常数项	-3.5694**	-0.9714	-2.4566	-2.7257*	-0.3899	-3.8646
	(1.5177)	(1.5862)	(2.3783)	(1.5386)	(1.7399)	(2.4102)
时间虚拟变量	控制	控制	控制	控制	控制	控制
产品—目的地虚拟变量	控制	控制	控制	控制	控制	控制
Observation	1999828	1213358	786470	1984854	1176974	774020
R^2	0.0588	0.0633	0.0585	0.0587	0.0636	0.0587

注：***、**和*分别表示在1%、5%和10%的显著性水平下显著；所有标准误都聚类在产品—目的地层面。

二 稳健性检验

本章主要从以下几个方面进行稳健性检验①。

（一）重新界定经济政策不确定性变量

首先，我们借鉴王红建等（2014）的研究，采用算术平均方法重新度量经济政策不确定性指数并进行检验，具体计算公式如下：

$$EPU_t = \left(\frac{EPU_m + EPU_{m-1} + \cdots + EPU_{m-11}}{12}\right)/100 \quad (7—3)$$

式中：EPU_t 为年度经济政策不确定性指数，EPU_m 为一年内月度经济政策不确定性指数，m 取值为12。

其次，考虑时间分布的影响，采用以月份作为权重计算月度数据加权平均值的方法构造经济政策不确定性指数，并进行检验。我们借

---

① 这里，目的地经济政策不确定性用Baker等（2016）开发的世界主要国家或地区EPU指数表示，用目的地领导人变更来度量经济政策不确定性也可以得到一致的结论。

鉴 Gulen 和 Ion（2016）、饶品贵等（2017）、纪洋等（2018）的研究，根据每季度中各月的前后顺序，对越靠后的月份赋值越高（1/6，1/3，1/2），然后对季度简单加总得到每年的经济政策不确定性指数。

$$EPU_n = \left(\frac{3EPU_m + 2EPU_{m-1} + EPU_{m-2}}{6}\right)/100 \quad (7\text{—}4)$$

和

$$EPU_t = \frac{EPU_n + EPU_{n-1} + EPU_{n-2} + EPU_{n-3}}{4} \quad (7\text{—}5)$$

式中：EPU_n 为季度经济政策不确定性指数，EPU_m 为月度经济政策不确定性指数，m 取值为 3、6、9、12，n 取值为 4。

从表 7—9 第（1）和（2）列可以看出，采用加权平均和采用月份作为权重计算的经济政策不确定性得到的回归结果与前文使用几何平均方法不存在明显的差异。

表 7—9　　　　　　　　稳健性分析

变量	算术平均	加权平均	PU 滞后一期	IV 估计
	（1）	（2）	（3）	（4）
PU	−0.0672***	−0.0627***	−0.0629***	−0.0822***
	(0.0105)	(0.0100)	(0.0106)	(0.0118)
TFP	0.3366***	0.3368***	0.3360***	0.3366***
	(0.0055)	(0.0055)	(0.0056)	(0.0055)
常数项	−2.6390*	−2.8874*	−3.0984*	−2.7272*
	(1.5403)	(1.5178)	(1.6066)	(1.5385)
其他控制变量	控制	控制	控制	控制
时间虚拟变量	控制	控制	控制	控制
产品—目的地虚拟变量	控制	控制	控制	控制
Observation	1984854	1988201	1959285	1984854
Adj. R²	0.0587	0.0587	0.0586	0.0587

注：***、**和*分别表示在 1%、5% 和 10% 的显著性水平下显著；所有标准误都聚类在产品—目的地层面。

（二）考虑内生性问题

很显然，中国产品出口价值量和目的地经济政策不确定性之间几乎不存在反向因果关系。同时，在实证研究中，我们严格控制了年份和产品—目的地固定效应，有效避免了遗漏变量带来的内生性问题。同时，为了适当缓解内生性问题，我们用经济政策不确定性的滞后项 PU_{t-1} 作为模型的核心解释变量，然后进行回归。表7—9第（3）列显示，目的地经济政策不确定性与中国产品出口价值量之间的负向关系依然稳健。为了进一步减少内生性问题对结论的干扰，我们还使用工具变量进行回归。具体地，本章选取本国（地区）之外的经济政策不确定性指数平均值作为本国（地区）经济政策不确定性指数的工具变量，然后进行两阶段最小二乘回归，估计结果见第（4）列。可以看出，利用传统方法（OLS估计）检验的目的地经济政策不确定性对中国产品出口价值量的负向效应，没有被明显高估或低估，进一步支持了本章的研究结论。

第五节 扩展分析

一 地区特征

前面研究已经表明，目的地经济政策不确定性增强会显著降低中国多产品企业出口价值量，为了进一步深入探讨这种负向效应随着国家特征而表现出来的差异性，我们扩展了基准回归方程（7—1）。这样，我们比较了经济政策不确定性的负向效应是否因产品—目的地投资概况、社会环境、政府稳定性、行政效率和法律秩序的不同而有所差异。众所周知，在经济、社会和政治环境更好的国家，中国企业出口可能受到目的地经济政策不确定性的影响相对较小。于是，我们从ICRG的样本期内获得了产品—目的地的投资概况、社会环境、政府稳定性、行政效率和法律秩序冲突评级，数值越大表明政府稳定性越高，或者说政府风险越小。

为此，我们加入了国家不同特征与经济政策不确定性的交互项进行分析，具体的回归方程设定如下：

$$\ln Entry_{ijkt} = \alpha_{jt} + \beta_1 PU_{kt} + \beta_2 PU_{kt} \cdot Country_{kt} +$$
$$\beta_3 Country_{kt} + \beta_4 X + \lambda_t + \varepsilon_{ijkt} \qquad (7—6)$$

式中：$Country_{kt}$ 为目的地的特征变量，交互项 $PU_{kt} \cdot Country_{kt}$ 提取了国家特征对经济政策不确定下中国企业出口行为的差异效应。

表7—10分别报告了产品—目的地国家或地区投资概况、社会环境、政府稳定性、行政效率、法律秩序与经济政策不确定性交互项的回归结果。回归结果显示，目的地经济政策不确定性与投资概况、社会环境、政府稳定性、行政效率和法律秩序的交互项系数为正，并且在1%水平上显著，表明在投资概况、社会环境、政府稳定性、行政效率和法律秩序相对不好的情况下，目的地经济政策不确定性增强会导致中国企业产品出口价值量大幅减少。

表7—10　　　　　　　　　扩展分析Ⅰ：地区特征

变量	投资概况 (1)	社会环境 (2)	政府稳定性 (3)	行政效率 (4)	法治秩序 (5)
PU	-0.4200*** (0.0893)	-0.3933*** (0.0600)	-0.0834 (0.0775)	-0.8504*** (0.0632)	-0.6511*** (0.0538)
PU × Country	0.0550*** (0.0081)	0.0692*** (0.0071)	0.0301*** (0.0085)	0.2809*** (0.0185)	0.1635*** (0.0109)
Country	-0.0568*** (0.0092)	-0.0636*** (0.0068)	-0.0042 (0.0075)	-0.3790*** (0.0175)	-0.2238*** (0.0120)
TFP	0.1834*** (0.0101)	0.1836*** (0.0101)	0.1840*** (0.0101)	0.1829*** (0.0101)	0.1832*** (0.0101)
其他控制变量	控制	控制	控制	控制	控制
时间虚拟变量	控制	控制	控制	控制	控制
企业虚拟变量	控制	控制	控制	控制	控制
Observation	1979915	1979915	1979915	1979915	1979915
Adj. R²	0.2448	0.2449	0.2449	0.2455	0.2452

注：***、**和*分别表示在1%、5%和10%的显著性水平下显著；所有标准误都聚类在企业层面。

二 产权性质

进一步地,我们比较了目的地经济政策不确定性对中国企业出口的负向影响是否会因企业产权性质的不同而有所差异呢?表7—11给出了不同产权性质企业子样本的估计结果。回归结果显示,国有企业、外资企业和民营企业的估计系数均显著为负,表明目的地经济政策不确定性显著地降低了中国产品出口价值量。然而,我们进一步比较了国有企业、外资企业和民营企业子样本中的系数,分别为 -0.1292、-0.0549 和 -0.0944。这可能是因为,相比国有企业和民营企业而言,外资企业生产率水平较高,具有较强的企业市场进入能力,并且外资企业能够及时获取目的地经济政策等关键信息,及时调整企业市场进入决策。

表7—11　　　　　扩展分析 II：企业产权性质

变量	国有企业 (1)	外资企业 (2)	民营企业 (3)
PU	-0.1292** (0.0505)	-0.0549*** (0.0119)	-0.0944*** (0.0293)
TFP	0.2298*** (0.0292)	0.3445*** (0.0064)	0.3471*** (0.0164)
常数项	0.2113 (8.5268)	-5.1999** (2.0671)	-0.2736 (2.9565)
其他控制变量	控制	控制	控制
时间虚拟变量	控制	控制	控制
产品—目的虚拟变量	控制	控制	控制
Observation	68402	1413933	295240
R^2	0.0204	0.0697	0.0381

注：***、**和*分别表示在1%、5%和10%的显著性水平下显著；所有标准误都聚类在产品—目的地层面。

三　区域差异

(一) 企业所属区域

表7—12给出了不同地区企业出口的区域差异性。结果显示，目的地经济政策不确定性对中国多产品企业出口价值量的负向影响存在区域差异性，即目的地经济政策不确定性对中国东部地区企业产品出口价值量的负向影响，远远小于中西部地区。这可能是因为，东部地区企业面临更低的企业市场进入成本，或者企业生产率水平更高，因而受目的地的经济政策不确定性影响相对较小。

表7—12　　　　　　扩展回归 III：企业所属区域

变量	东部地区	中部地区	西部地区
	(1)	(2)	(3)
PU	-0.0716***	-0.2200***	-0.2855***
	(0.0122)	(0.0649)	(0.0802)
TFP	0.3335***	0.2876***	0.3786***
	(0.0059)	(0.0297)	(0.0409)
常数项	-2.6622*	-20.2137***	2.9550
	(1.6111)	(6.5030)	(7.9535)
其他控制变量	控制	控制	控制
时间虚拟变量	控制	控制	控制
产品—目的地虚拟变量	控制	控制	控制
Observation	1755700	62091	39745
R^2	0.0590	0.0551	0.0359

注：***、**和*分别表示在1%、5%和10%的显著性水平下显著；所有标准误都聚类在产品—目的地层面。

（二）产品—目的地经济区域

表7—13表示出口目的地为发达国家和发展中国家的回归结果①。结果显示，对发达国家或地区而言，经济政策不确定性对中国产品出口价值量具有负向的影响，并且在1%的显著性水平下显著，但发展中国家或地区的经济政策不确定性对中国产品出口价值量具有显著的正向作用。这可能是因为，中国与发达国家的贸易额更大，同时也带来了更大贸易纠纷和贸易摩擦，这势必增加了企业的出口成本，企业在出口决策时往往更加防范这些出口目的地的经济政策。

表7—13　　　　　扩展回归Ⅲ：产品—目的地经济区域

变量	发达经济体	发展中经济体
	（1）	（2）
PU	-0.0994***	0.1872***
	（0.0129）	（0.0348）
TFP	0.3402***	0.2881***
	（0.0057）	（0.0189）
常数项	-1.7304	2.3017
	（1.7580）	（5.3955）
其他控制变量	控制	控制
时间虚拟变量	控制	控制
产品—目的地虚拟变量	控制	控制
Observation	1809627	175227
R^2	0.0592	0.0580

注：***、**和*分别表示在1%、5%和10%的显著性水平下显著；所有标准误都聚类在产品—目的地层面。

---

① 发达国家或地区主要包括澳大利亚、加拿大、德国、中国香港、爱尔兰、日本、西班牙、英国、美国、法国、意大利、新加坡、韩国、荷兰、瑞典。发展中国家或地区主要包括墨西哥、俄罗斯、巴西、智利、哥伦比亚、印度。

第六节 本章小结

多产品出口企业是国际贸易中最为活跃的微观主体，本章利用中国海关数据库和中国工业企业数据库的匹配数据，采用领导人变更间接度量企业—产品—目的地经济政策不确定性，也采用目的地经济政策不确定性指数直接度量企业—产品—目的地经济政策不确定性，进而探讨了目的地经济政策不确定性对中国多产品企业出口的影响。归纳起来，本章主要有以下结论。

第一，目的地经济政策不确定性的增强会降低中国产品出口价值量，并且选取合适的工具变量进行两阶段最小二乘法（2SLS）估计，我们发现，利用传统方法（OLS估计）检验的目的地经济政策不确定性对中国产品出口价值量的负向效应，没有被明显高估或低估。研究还表明，高生产率企业具有较高的产品出口价值量。

第二，通过比较目的地经济政策不确定性对中国企业出口的负向影响是否因目的地投资概况、社会环境、政府稳定性、行政效率和法律秩序的不同而有所差异，我们研究发现，在投资概况、社会环境、政府稳定性、行政效率和法律秩序相对不好的情况下，目的地经济政策不确定性的增强会导致中国产品出口价值量大幅减少。

第三，扩展分析还发现，目的地经济政策不确定性对中国国有企业和民营企业产品出口价值量的负向作用，明显大于外资企业，而且这种负向影响效应明显存在区域差异性，即目的地经济政策不确定性对东部地区企业出口的负向影响效应，远远小于中、西部地区。

本章细致地考察了目的地经济政策不确定性对中国多产品企业出口的影响，从而有助于理解中国出口贸易发展演化的微观基础，在一定程度上丰富了企业市场进入方面的经验研究文献。本章的研究仍然存在一些不足和需要完善的地方，例如，由于数据方面的限制，本章在实证分析中只验证了理论分析的最终结论，没有更细致地、全方位地探究经济政策不确定性与企业出口之间的因果关系。

第 八 章

经济政策不确定性与地区经济增长

第一节 问题的提出

自 20 世纪 80 年代开始，中国地方官员的政治晋升标准由过去的纯政治指标变为以经济发展绩效为主（Bo，1996），地方官员之间形成了一种以 GDP 增长考核为主的"晋升锦标赛"机制，即官员在任期内的经济增长业绩越好，则其晋升概率越大或者说个人政治生涯前景越好（Li 和 Zhou，2005；周黎安，2007；王贤彬和徐现祥，2010）。徐现祥和王贤彬（2010）、王贤彬等（2011）、杜兴强等（2012）、罗党论等（2015）相继通过实证研究也发现，地方官员在任期内取得较好的经济增长业绩确实有助于其获得更大的晋升机会。可以说，地方官员之间围绕 GDP 增长而进行的"晋升锦标赛"机制在一定程度上解释了中国改革开放以来的高速经济增长之谜。虽然也有许多学者对"晋升锦标赛"制度提出了质疑（陶然等 2010；Opper 和 Brehm，2007；Yao 和 Zhang，2015），但现有文献尚没有充分的证据可以否认官员政治晋升激励的存在。

中国历来实行"一把手"负责制，即地方政府的权力集中在地方党委，而地方党委集中于常委会和党委书记（陈德球和陈运森，2018），因而地方主政官员在地方经济治理中一直扮演着极为重要的角色（陈德球等，2017）。自 20 世纪 80 年代开始，地方官员的晋升标准由过去的纯政治指标变为以经济发展绩效为主（Bo，1996）。在这种晋升考核机制下，地方官员之间为了经济增长而展开竞争。与此同时，分权化改革使得地方政府对当地经济发展及资源利用具有巨大的自由裁量权，对一些重要资源如资金、土地等具有较强的支配能力（刘海洋等，2017）。因此，地方官员有动力且有能力来制定辖区内的各项政策，从而对本地企业经营战略、投资决策以及外地企业进入决策均会产生重要影响。

为此，沿着"晋升锦标赛"的研究思路，本书所研究的问题是，在不同来源的地方官员治理之下，地区经济增长绩效是否显著不同？改革开放后，特别是20世纪90年代以来，中共中央采取了一系列措施推进干部交流并加以制度化。为了进一步提高党政领导干部个人素质和执政能力，更好地促进经济社会发展，中共中央于2006年8月6日颁布了《党政领导干部交流工作规定》。自此，各地区之间的官员横向交流、上级党政机关与地方之间的官员纵向交流逐渐成为一种常态，并成为近十几年来地方人事变动的一条主线。因此，本研究将地方官员来源划分为两种方式，一种是本地内部晋升，也称官员内升，如市长晋升为本地市委书记[1]。另一种是官员异地交流，也称官员外调[2]，如地区之间的官员交流、上级党政机关官员交流到地方任职等。地方官员来源方式的不同，不仅意味着官员个体在地方经济社会事务管理经验上的差异，也隐含着官员个体所拥有的本地信息量是有差别的。一方面，对于内升官员而言，他们对本地的资源禀赋、产业发展以及区位优势等有着充分的、完全的信息。当市长晋升为本地市委书记时，其所拥有的本地信息优势可能有助于改进本地资源的配置效率或降低本地资源错配程度，从而促进增长。另一方面，地区之间横向

---

[1] 参照Li和Zhou（2005）和罗党论等（2015）的做法，我们可以认定由省长（市长）升迁至省委书记（市委书记）属于晋升的范畴。徐现祥和王贤彬（2010）发现1978—2006年省长晋升为省委书记不仅是常态，而且中国有2/3以上的省区市都发生了这类晋升。

[2] 中国官员文件称为"干部交流"。鉴于后文研究的需要，当涉及官方文件的规定时，我们使用"干部交流"，否则，我们使用"官员外调"或"官员交流"一词。

交流的官员拥有其他地区的经济社会事务管理经历，继续担任地方领导就可以充分发挥经验上的优势；而上级党政机关交流到地方任职的官员可以加强地方与上级政府之间的联系，进而能够为地方经济发展争取到更多的项目支持和政策扶持。那么，官员交流制度的效果究竟如何？官员异地交流切实促进了地区经济增长，还是仅仅出于政治考虑？这些问题对于官员交流制度的进一步完善具有重要的政策意义。

已有一些文献对官员交流制度的积极影响进行了研究。但现有文献多集中从省级层面来讨论官员交流制度对于地区经济增长、FDI 区位选择、环境治理以及反腐败绩效的影响。比如，徐现祥等（2007）运用 1978—2005 年省长（省委书记）交流数据，采用 DID 方法定量考察省长（书记）交流对流入省区经济增长的影响，研究发现，省长交流显著地提高了流入地的经济增长速度。张军和高远（2007）利用 1978—2004 年省级官员（省长、省委书记）的交流数据，研究证实了官员异地交流制度对地区经济增长的正面影响，但这个影响在地区之间存在着明显的差异，在东部的影响大于中西部。踪家峰和岳耀民（2013）研究指出，现阶段我国官员交流能促进长期经济增长，但不会改善地方经济差距状况，并且平行交流比垂直交流官员的促进作用更强，省委书记交流比省长的作用更明显。吕朝凤和陈宵（2015）采用 DID 方法定量考察了省级官员（省长、省委书记）对 FDI 区位选择的影响，研究表明省长（省委书记）交流会对 FDI 的区位选择产生显著的正影响，使辖区 FDI 流入量提高 20% 左右。陈刚和李树（2012）采用 DID 方法系统评估了官员交流的反腐败效应，结果显示官员交流显著降低了流入地的腐败程度，并且省长交流的反腐败绩效要优于省委书记交流。熊波等（2016）采用 DID 方法实证检验了省级官员（省长、省委书记）交流对流入地环境保护事业发展的具体效应，实证结果表明，官员的交流有利于流入省区环境保护事业的发展且正向效应显著。藏传琴和初帅（2016）研究也发现省级官员交流有利于流入地环境污染治理的改善。此外，李飞跃和王轩（2011）、董志强等（2012）是仅有的以城市党政首长任职数据为研究对象的相关文献。

李飞跃和王轩（2011）基于 2005—2008 年市长（书记）交流数据并采用 DID 方法，系统地分析了市长（书记）交流对流入地 FDI 增长的影响，研究表明官员交流效应因地区而异。董志强等（2012）利用广东省 21 地市 1988—2009 年党政首长任职数和 DID 方法，研究发现广东省地市官员交流有利于促进地方经济增长。

有些文献则侧重于讨论官员交流制度带来的诸多不良影响。刘瑞明和金田林（2015）研究发现，在中国式分权激励机制和以 GDP 增长为核心的政绩考核体制的背景下，激励机制的扭曲和考核体制的不完善诱发了地方官员行为的短期化倾向，而不规律的官员交流机制使得地方官员表现出更为强烈的"流寇"特征，其短期化偏好进一步被强化。刘苓玲等（2015）采用 DID 方法实证分析省级官员（省长、省委书记）交流对社会保障事业发展的影响，研究表明，官员的频繁交流任职不利于社会保障事业发展。张楠和卢洪友（2016）利用 2003—2011 年 109 个环保重点城市市委书记（市长）和城市的匹配数据，研究显示，官员垂直交流不利于城市环境质量改善。此外，杨海生等（2010）实证分析认为，不同交流来源的地方官员对流入地经济发展的影响并不相同。更具体地说，平行交流的官员显著地促进了流入地的经济增长，而京官交流却显著地阻碍了流入地的经济增长。王贤彬和徐现祥（2008）、徐现祥和王贤彬（2008）也都证实了不同来源的地方官员在经济绩效上存在显著的异质性。史卫和杨海生（2010）采用空间计量分析模型考察官员交流对地区 FDI 空间分布的影响，研究结果也表明，交流官员的来源和流向不同，其对吸引 FDI 流入的影响也会不同，平行交流的官员及交流至发达地区的官员对当地的 FDI 流入具有正向影响，而中央下派的官员及交流至欠发达地区的官员则有碍于当地的 FDI 流入。

现有文献大多从省级层面研究官员不同来源对地区经济增长的影响，基于地市级层面的研究仍比较缺乏。然而，不论是经验观察还是实证研究，都发现政治因素在省级官员调配中的影响是巨大的（Opper

和 Brehm，2007）①。这样，之前关于这一问题的研究可能会高估或低估官员交流所带来的经济增长效应，进而无法得到一致有效的结论。相反，地市级官员离中央权力中心相对较远，政治因素的影响也较小（Yao 和 Zhang，2015），并且中国现行的政治集权和财政分权体制也使得地市级官员需要承担更多的经济发展重任。目前，董志强等（2012）是仅有的以城市党政首长任职数据为研究对象的相关文献，但其研究样本仅局限于广东省 21 个地市，并且在实证分析方法上仍存在一定的不足，尤其是缺乏对于官员来源的外生性检验。这是因为，从理论上说，我国现行的人事安排制度无法克服官员来源与地区经济增长之间的内生性问题。也就是说，为了提拔一位官员，上级可能会将其调配到更容易出政绩的地区（如较大的经济增长潜力、较多的税收优惠政策和特殊支持政策），以利于其在任期内完成较高的经济绩效（林挺进，2010；罗党论等，2015）。那么，在哪些地区选择官员外调或内升，上级政府可能会根据各地区经济发展不同选择官员不同来源，从而地区经济绩效的变化并不是由官员不同来源所致，而是由本地经济发展差异所产生。本研究基于中国 24 个省、自治区 241 个城市市委书记与城市的匹配数据，采用"倍差法"系统地分析了地方官员不同来源对地区经济增长的影响，并产生了与现有文献截然相反的实证结果。由是观之，本研究不仅弥补了现有文献在地市级层面上研究的不足，而且也对现有文献做了进一步扩展。

与现有文献的视角不同，本研究侧重于从本地信息的角度来探讨官员不同来源对地区经济增长的影响。由于我国各地区自然资源禀赋、人文社会环境、经济发展条件等存在着较大差异，所以一个外调官员需要耗费大量的成本才能充分掌握本地信息。那么，在本地信息不完全和官员任期制度约束双重作用下，一个外调官员可能会对当地产业结构、企业运行等进行强度干预，从而造成资源配置的严重扭曲，反

---

① 对国家部委领导来说，他们交流到地方任职很大情况是出于经济增长之外的因素，一来可能是为了历练，二来可能是为了解决专门的问题（杨海生等，2010）。

而不利于地区经济增长。相反,一个内升官员掌握更充分的本地信息,从而有助于改进本地资源的配置效率或降低本地资源错配程度,进而使得地区 TFP 提高和产量增加。周黎安等(2013)研究也发现,在省级党代会召开的当年和后两年,地级行政区的资源错配程度显著较高。为此,本研究借鉴 Huang 等(2017)的做法,采用官员前后任职地区之间的地理距离作为本地信息的代理变量,进而考察地方官员不同来源方式对地区经济增长的影响。由此看出,本书的研究是基于一个全新的视角来分析官员不同来源与经济增长之间的关系。

本研究试图采用"倍差法"(Difference – in – Differences Model;简记 DID)估计官员不同来源对地区经济增长的影响。

第二节 研究设计

一 模型设定

本研究使用"倍差法"来研究地方官员不同来源对地区经济增长的影响。为此,我们设定"倍差法"模型:

$$g_{ijt} = \beta_0 + \beta_1 G_i + \beta_2 D_t + \beta_3 G_i \cdot D_t + \gamma x_{ijt} + \mu_i + \varepsilon_{ijt} \quad (8—1)$$

式中:$t = 1$、2 表示第 i 个地区发生官员交流前(记为时期 1)和发生官员交流后(记为时期 2)。g_{ijt} 表示第 i 个地区第 j 个官员任期内经济绩效,经济绩效用"官员任期内相对平均经济增长率"来表示,即地方官员任期内各年人均实际 GDP 增速减去当年所属省份人均实际 GDP 增速的均值。这是因为,一个地区经济的发展除了与当地官员的努力有关之外,还受到当地资源禀赋和所处区域的制约的影响(罗党论等,2015)。G_i 为分组虚拟变量,刻画的是处理组与控制组本身的差异;D_t 为分期虚拟变量,刻画的是处理前后两期本身的差异;交互项 $G_i \cdot D_t$ 表示处理组在政策冲击后的效应,即处理效应。x_{ijt} 是其他控制变量,主要包括地区期初的人均实际 GDP 和每期的平均投资率、平均人口增长率、资本折旧率和技术进步率，μ_i 则控制了每个城市固有的特征[①]。在模型设定过程中，本研究参照徐现祥和王贤彬（2010）的两点做法：一是我们把时期 1 的时间跨度统一设定为 3、4、5 年，而时期 2 的时间跨度为官员的任期年数；二是把倍差法嵌入了 Mankiw 等（1992）所发展的经济增长模型，这也是经济增长文献的标准模型之一。

模型（8—1）中系数 β_3 是本研究最关注的参数，它表示相对于没有发生从外地交流官员的地区，发生官员从外地交流的地区所额外产生的变化。更具体地，我们可以根据地区 i 在某个时刻是否发生官员从外地交流将样本划分为控制组和处理组，前者为没有发生官员从外地交流或者是官员从本地内部晋升的地区，后者为发生官员从外地交流的地区，进而通过比较两组发生变化的不同来估计官员的不同来源对经济增长的影响效果。需要注意的是，与经典的倍差法不同的是，这里控制组与处理组可以相互转换。也就是说，对任何一个地区而言，在某一时刻有外地官员交流时它们是处理组，但之后没有外地官员交流时则成了控制组，反之亦然。

然而，值得强调的是，"倍差法"估计一致性的一个重要条件是交互项 $G_i \cdot D_t$ 相对于误差项是外生的，也就是说，如果一个未被观测到的因素既与我们关心的因变量相关，也影响一个地区是否会发生官员从外地交流，那么处理组和控制组本身内在的增长趋势可能就是不同的。已有研究表明官员任期内经济增长业绩越好，其晋升概率就越大或者说个人政治职业回报就越多（Li 和 Zhou，2005；周黎安，2007）。为此，一些具有较强政治关系或者深受上级部门重点培养的官员可能会被安排至经济增长潜力更大、税收优惠政策更多、特殊政策支持力度更大的城市，以利于其在任期内完成较高的经济绩效（罗

[①] 在本研究中，时间并不是简单的年度，而是官员的任期。由于各城市官员变更并不同时，各官员任期也并不一致，因此很难对时间固定效应进行控制。就必要性而言，正是由于官员任期相互交错，同一期的数据并不会表现出系统性的时间固定效应，所以本研究并未对时间固定效应进行控制。

党论等，2015）。这样可能会导致模型（8—1）中 β_3 的高估，反之则会导致 β_3 的低估。但是，这一问题并不对本研究构成挑战，这是因为，一方面，相对省级官员而言，地市级官员数量更多且离权力中心相对较远，政治因素的影响也相对较小（Yao 和 Zhang，2015）；另一方面，如果上述观点成立，那么，基于官员政治生涯的考虑，相对于本地内部晋升的官员而言，从外地交流的官员上任时年龄更小，而离任时晋升概率却更大。然而，从我们的研究样本中并未看出这一变化趋势。这一外生性假设将在下一部分进行检验。

二　数据来源

本研究所使用的数据主要包括两部分，其中市委书记的资料来自人民网、新华网及百度百科等公开资料，并经作者手工整理而成。而其他宏观经济数据来源于对应年份的《中国城市统计年鉴》，各省、自治区统计年鉴。从中国城市行政级别来看，我们可知，直辖市行政级别为正部级，其市委书记的调动往往带有更多政治方面的考虑；一般县级市行政级别为正处级，其官员的调动只局限在本市范围内交流；而地级市的市委书记的调动不仅范围广泛，而且数量更多。因此，为使所选择的研究样本能够具有较强的代表性，也为了使本研究研究结果与之前文献更有比对价值，我们主要选取一般地市级的市委书记数据进行研究。[①] 考虑到数据质量和可得性的限制，本研究使用中国 24 个省、自治区 241 个城市的数据进行研究，样本期选取为 1994—2012 年。

在我们选取的 1994—2012 年的市委书记数据中，有 803 例发生了变动，其中 427 例官员是从本地内部晋升的，376 例官员是从外地交流的。表 8—1 描述了中国 1994—2012 年 24 个省（自治区）的历任市委书记总人次、交流人次以及交流人次占总人次的比重。从表 8—1 可

[①] 本研究的逻辑可能更适用于对市委书记的分析。在中国市级官员中，虽然市长一般由副市长、副书记、市委常委等升任，但副市长、副书记和市委常委有多位，并且很可能并不负责经济方面的工作。因此，从本地晋升官员和外调官员所拥有的本地信息量可能并无较大差异。

以看出,内蒙古、浙江、安徽、山东、河南、云南、陕西7省份市委书记交流人次占总人次的比重较低,而河北、江西、广西、海南、四川、贵州、宁夏等省份市委书记交流相对更加频繁。此外,参照张军和高远(2007)定义"交流干部"的做法,本研究将市委书记交流的数据做以下处理:市委书记属于从上级(包括中央)党政机关、省内省外其他地区调入的,则视为处理组或实验组(官员外调),赋值为1,若从本市直接升任,则视为控制组或对照组(官员内升),赋值为0。① 以下两种复杂的情况需要谨慎对待:一是样本期内有些官员是调入该市之后先任副市长、副书记、市长,经过很长一段时间过渡之后才升任市委书记;二是某官员原来长期在该市工作,后来到其他地区任职后又调回该市任职市委书记。由于上述两种情况在地市级层面出现的次数较少,并且实证研究也显示对这些官员的不同赋值不会影响本研究结论,因此,为了研究方便,本研究暂不考虑这两种情况。

表8—1　　市委书记变动频率(1994—2012年)

地区	交流人次(人)	总人次(人)	比重(%)	地区	交流人次(人)	总人次(人)	比重(%)
河北	24	38	63.16	河南	14	49	28.57
山西	19	40	47.50	湖北	17	36	47.22
内蒙古	12	31	38.71	湖南	19	36	52.78
辽宁	22	47	46.81	广东	29	67	43.28
吉林	16	31	51.61	广西	18	26	69.23
黑龙江	17	40	42.50	海南	3	3	100.00
江苏	17	36	47.22	四川	32	56	57.14
浙江	11	33	33.33	贵州	4	7	57.14
安徽	15	41	36.59	云南	5	15	33.33

---

① 本研究"内升官员"主要是指由本市市长升任市委书记这类官员,虽然样本期内有极少数官员从副市长或副书记直接升任市委书记,我们把这类官员也划归为"内升官员",去掉这部分样本,实证结果并无差别。

地区	交流人次（人）	总人次（人）	比重（%）	地区	交流人次（人）	总人次（人）	比重（%）
福建	12	23	52.17	陕西	11	28	39.29
江西	25	37	67.57	甘肃	16	30	53.33
山东	11	43	25.58	宁夏	7	10	70.00

表8—2 报告了主要变量描述性统计结果。

表8—2　　　主要变量描述性统计（1994—2012年）

Variable	Obs	Mean	Std. Dev	Min	Max
控制组					
gdpg（t=0）	427	-0.0054	0.0474	-0.1962	0.3084
gdpg（t=1）	427	0.0044	0.0437	-0.1962	0.1702
rgdp（t=0）	427	11615.43	11871.52	2165.83	106419.60
rgdp（t=1）	427	16257.72	17679.81	2382.40	135204.40
invest（t=0）	427	39.4513	19.81	8.55	114.36
invest（t=1）	427	51.50	22.25	12.16	216.91
popul（t=0）	427	5.32	3.04	-1.45	17.35
popul（t=1）	427	4.96	3.70	-5.70	18.89
处理组					
gdpg（t=0）	376	-0.0026	0.0473	-0.1853	0.2619
gdpg（t=1）	376	-0.0025	0.0441	-0.1673	0.2105
rgdp（t=0）	376	11417.64	13805.30	2216.20	170901.90
rgdp（t=1）	376	15635.43	18388.60	2702.22	202249.30
invest（t=0）	376	41.06	21.78	8.32	130.54
invest（t=1）	376	53.38	25.07	8.72	168.11
popul（t=0）	376	5.88	3.50	-5.60	19.08
popul（t=1）	376	5.67	3.77	-4.30	18.24

注：①鉴于篇幅有限，我们只报告了时期1的时间跨度为3年的数据；②gdpg、rgdp、invest 分别表示官员任期内相对平均经济增长率、期初人均实际GDP水平和平均投资率，popul 主要包括人口增长率 n、资本折旧率 γ 和技术进步率 δ。

第三节 实证分析

一 官员来源外生性检验

我们首先需要检验官员的不同来源方式是否具有内生性,这也是倍差法有效的一个前提条件。根据我们的数据,53.18%的官员是从本地晋升的,46.82%的官员是从外地交流的。那么,在哪些地区选择官员外地交流或本地晋升,上级政府可能会根据各地区经济发展不同选择官员的不同来源,从而导致倍差法估计得到的结果存在偏差。因此,我们设定了二元Probit模型,因变量为该地区官员是否外地交流,如果该地区发生了官员外地交流,则该变量取1,否则该变量取0;自变量为该地区官员发生交流之前的经济增长率。此外,我们还控制了该地区是否为首批沿海开放城市、较大的市虚拟变量以及地区经济变量。① 表8—3报告了回归结果。从表8—3中我们看到,经济增长率在官员交流之前的变化趋势无法预测官员交流的发生,因此我们可以认为官员交流对于地区经济增长而言是一种外生的冲击。

表8—3　　官员来源的外生性检验(1994—2012年)

自变量	因变量:exchange = 1		
	(1)	(2)	(3)
northeast = 1	0.2135 (0.1554)	0.2247 (0.1550)	0.2156 (0.1551)
central = 1	0.0690 (0.1234)	0.0732 (0.1234)	0.0691 (0.1234)

---

① 首批沿海开放城市主要包括:秦皇岛、烟台、连云港、南通、温州、湛江、北海、营口、威海9个地级市。"较大的市"专指经国务院批准、拥有与省会(自治区首府)城市相同的地方性法规和规章制定权的城市,主要包括以下15个地级市:唐山、大同、包头、鞍山、抚顺、吉林、齐齐哈尔、无锡、淮南、洛阳、淄博、邯郸、本溪、徐州、苏州。同时,本研究把珠海、汕头两个经济特区并入首批沿海开放城市。

续表

自变量	因变量：exchange = 1		
	（1）	（2）	（3）
west = 1	0.2789*	0.2877**	0.2827*
	(0.1458)	(0.1456)	(0.1454)
coastal	0.5158**	0.5036**	0.5146**
	(0.2172)	(0.2167)	(0.2169)
larger	0.1848	0.1822	0.0691
	(0.1861)	(0.1859)	(0.1234)
gdpg 3	0.0102		
	(0.0100)		
gdpg 4		0.0061	
		(0.0110)	
gdpg 5			0.0124
			(0.0122)
其他经济变量	控制	控制	控制
常数项	8.1419***	8.0849***	8.1214***
	(3.1149)	(3.1134)	(3.1139)
观测值的个数	803	803	803
R 平方	0.0176	0.0169	0.0175

注：①exchange、northeast、central、west、coastal、larger、gdpg3、gdpg4、gdpg5 分别表示官员异地交流、东北地区、中部地区、西部地区、首批沿海开放城市、较大的市、前三年平均经济增长率、前四年平均经济增长率、前五年平均经济增长率。②括号中是回归得出的稳健标准误；***、**和*分别表示在1%、5%和10%的显著性水平下显著。

二　官员来源与经济增长关系初探

我们采用倍差法的分析框架分析官员来源对于地区经济增长的影响，表8—4报告了本研究的核心结论。具体而言，由表8—4中的第（1）列可知，当不加入任何控制变量时，我们最关注的系数 $\beta_1 = -0.0098$，能够通过显著水平为5%的检验。这表明，与控制组相比，官员外调使得流入地的经济增长速度显著地降低了0.98个百分点。在第（2）（3）（4）列，我们加入了其他控制变量，这时 β_1 的系数仍显著为负，并且每个控制变量的系数基本上都显著，符号也与新古典经济增长理论预测和现有实证研究经济增长文献的发现一致。这证实了前文的假设 H1 是成立的。由是观之，上述回归结果进一步验证了我们的研究假设，即相对于从本地内部晋升的官员而言，官员外调显著地降低了流入地区的经济增长绩效。此外，为了检验官员横向交流和纵向交流的经济增长效应是否有差异，我们在第（4）—（5）列中加入了"倍差法"估计量和官员纵向交流变量的交叉乘积项。回归结果显示，纵向官员交流的系数符号为负，但却未能通过显著性检验，这意味着官员横向交流和纵向交流并没有不一样的地区经济增长效应。这一方面可能是官员横向交流所具有的优势与官员纵向交流所具有的优势相互抵消所致。这说明了前文的假设 H3 是不成立的。另一方面也可能是官员横向交流的经验优势并不优于纵向交流官员的。值得注意的是，我们的研究结论与徐现祥和王贤彬（2010）的发现正好相反，其主要原因可能是省级官员离权力中心更近，其调配往往带有更多政治方面的考虑（Opper 和 Brehm，2007；Yao 和 Zhang，2015）。因此，省长或省委书记交流的内生性问题相对更为严重。

表 8—4　　　　　　　　官员来源与地区经济增长

自变量	因变量：$gdpg$				
	（1）	（2）	（3）	（4）	（5）
$G \times D$	-0.0098**	-0.0093**	-0.0076**	-0.0086**	
	(0.0042)	(0.0041)	(0.0038)	(0.0036)	
$\log(rgdp)$		-0.0056	-0.0100**	-0.0130***	-0.0132***
		(0.0048)	(0.0047)	(0.0044)	(0.0044)
$\log(invest)$		0.0185***	0.0223***	0.0243***	0.0244***
		(0.0045)	(0.0043)	(0.0040)	(0.0039)
$\log(popul)$		-0.2551***	-0.2202***	-0.2141***	-0.2155***
		(0.0480)	(0.0592)	(0.0573)	(0.0573)
$verexchan$					-0.0055
					(0.0045)

续表

自变量	因变量：gdpg				
	（1）	（2）	（3）	（4）	（5）
常数项	-0.0004	-0.6034***	-0.5164***	-0.4927***	-0.4236***
	(0.0246)	(0.1357)	(0.1296)	(0.1260)	(0.1250)
地区虚拟变量	控制	控制	控制	控制	控制
第一期跨度	3年	3年	4年	5年	5年
观测值的个数	1606	1606	1606	1606	752
R^2	0.3009	0.3267	0.3407	0.3599	0.3608

注：①gdpg、log（rgdp）、log（invest）、log（popul）、verexchan 分别表示任期内相对平均经济增长率、期初人均实际 GDP 的对数、平均投资率的对数、平均人口增长率的对数、纵向官员交流，下表同。②表8—4 的回归均已控制了分组虚拟变量和分期虚拟变量，下表同。③括号中是回归得出的稳健标准误；***、**和*分别表示在1%、5%和10%的显著性水平下显著。

三　官员外调、本地信息与经济增长

诚然，一个地区的经济发展不仅与当地官员的努力有关，而且还受到当地的资源禀赋以及区位优势等经济发展条件的制约。对于外调官员来说，在短时间内他们很难准确掌握新任地区资源禀赋、产业发展、区位优势等经济发展信息，那么在官员晋升考核制度约束下，频繁的官员交流可能会引致地方官员发展经济的短视效应。更为重要的是，为了能够在任期内取得较好的经济增长业绩以助于其获得更大的晋升机会，一个外调官员可能会对当地产业结构、企业运行等进行不适当的干预，从而使得更多的资源反而流向了一些低效率的企业，这种资源错配使不该有资源的企业又重新得到了更多的资源，造成了各种各样的错配和扭曲，进而使得增长往往下降。周黎安等（2013）研究也发现，在省级党代会召开的当年和后两年，地级行政区的资源错配程度显著较高。

哈耶克（1945）认为，本地信息是理解经济体制效率的关键因素，政府与所控国企距离越远，将控制权下放到下级距离近的政府就越有效率，因为可以更好地利用本地信息。Huang 等（2017）利用中

国国有企业下放的经验证据证实了哈耶克的观点,实证结果表明,国企距离控制政府越远,越容易被下放,并且企业绩效异质性越强、交流成本越大,这种作用越明显。鉴于此,这一部分,我们尝试从本地信息的角度来分析官员外调对地方经济增长的负效应。这里,我们参照 Huang 等（2017）的做法,采用官员前后任职地区之间的地理距离作为本地信息的代理变量,即一个越远的地理距离意味着官员对流入地信息的了解越不充分。为此,我们设定如下回归模型：

$$g_{ijt} = \beta_0 + \beta_1 G_i + \beta_2 D_t + \beta_3 G_i \cdot D_t + \beta_4 G_i \cdot D_t \cdot d_i + \gamma x_{ijt} + \mu_i + \varepsilon_{ijt}$$
(8—2)

其中,d_i 表示两个地区之间的地理距离。

由表 8—5 可见,官员来源与地理距离的交叉乘积项的系数显著为负,这说明外调官员对流入地经济增长的负效应因距离而异。20 世纪 90 年代以来,为了加强党政廉风建设和促进经济社会发展,各级政府加快了官员异地交流的步伐。在我们的统计样本中,具有地区间横向交流经历和纵向交流经历（中央和国家机关、省级党政机关）的官员占比分别为 25.52% 和 21.30%,而从本地内部晋升的官员占比高达 53.18%。可以看出,市长晋升为本地市委书记仍然是一种常态。在中国地市级官员中,市长和市委书记的行政级别相同,但在中国现行的政治体制下,市委书记具有各方面事务的最后决定权,权力要大过市长,进而市长被任命为本地市委书记,则是一种政治晋升。因而,由于市长主要负责经济政策的制定和实施,并部署全市经济发展重大事项,进而对本市的资源禀赋、产业发展及区位优势等都有着充分的信息。当市长晋升为本地市委书记时,其任期内的资源配置效率可能会更高,从而经济增长绩效更好。也有学者研究指出,频繁的官员交流,不仅削弱了官员个人努力与经济业绩的关联度,而且还会带来诸如重复建设、环境破坏等一系列社会经济问题,更有甚者,还会出现政府政策的朝令夕改,财政资源大量浪费,地区公共服务水平不高,财政效率低下等。这也证实了假设 H2 是成立的。

表 8—5　　　　　　　官员外调、信息不充分与经济增长

自变量	因变量：c					
	(1)	(2)	(3)	(4)	(5)	(6)
$G \times D \times$ distance	-0.0020**	-0.0016**	-0.0018**	-0.0019**	-0.0015**	-0.0017**
	(0.0008)	(0.0007)	(0.0007)	(0.0008)	(0.0007)	(0.0007)
其他控制变量	不控制	不控制	不控制	控制	控制	控制
常数项	0.0055	-0.0033	-0.0078	-0.5710***	-0.4585***	-0.4189***
	(0.0048)	(0.0116)	(0.0147)	(0.1354)	(0.1289)	(0.1257)
地区虚拟变量	控制	控制	控制	控制	控制	控制
第一期跨度	3年	4年	5年	3年	4年	5年
观测值的个数	1600	1600	1600	1600	1600	1600
R^2	0.3032	0.3122	0.3272	0.3287	0.3421	0.3623

注：括号中是回归得出的稳健标准误，***、**和*分别表示在1%、5%和10%的显著性水平下显著。

四　稳健性检验

在这一部分，首先我们考察上述实证回归结果是否受到潜在异常值的影响，其次我们拟通过构建反事实的方法进行稳健性检验。

（一）排除异常值检验

由于我们很难期望一个在任不到两年的市委书记能够对地区经济行为及其绩效带来实质性影响（徐现祥等，2007），因此我们也剔除了那些外调官员任期不到2年的样本。由表8—6所报告的回归结果看，官员来源的系数都能够通过5%的显著性水平检验。可以看出，实证结果依然保持稳健。

表 8—6　　　　　官员来源与地区经济增长：稳健性检验 I

自变量	因变量：gdpg					
	(1)	(2)	(3)	(4)	(5)	(6)
$G \times D$	-0.0108**	-0.0084**	-0.0091**	-0.0110**	-0.0089**	-0.0098**
	(0.0044)	(0.0041)	(0.0039)	(0.0043)	(0.0041)	(0.0038)
其他控制变量	不控制	不控制	不控制	控制	控制	控制
常数项	0.0057	-0.0030	-0.0076	-0.4786***	-0.3442**	-0.3165**
	(0.0050)	(0.0119)	(0.0150)	(0.1530)	(0.1467)	(0.1417)

续表

自变量	因变量: $gdpg$					
	(1)	(2)	(3)	(4)	(5)	(6)
地区虚拟变量	控制	控制	控制	控制	控制	控制
第一期跨度	3年	4年	5年	3年	4年	5年
观测值的个数	1480	1480	1480	1480	1480	1480
R平方	0.3319	0.3359	0.3483	0.3539	0.3619	0.3802

注：括号中是回归得出的稳健标准误，***、**和*分别表示在1%、5%和10%的显著性水平下显著。

(二) 反事实法检验

这一部分，我们拟采用反事实法来检验基准回归结果的稳健性。具体来说，就是通过构建假想的处理组和控制组，重新估计"倍差法"模型（8—1）。此时，如果"倍差法"估计量的系数变得不再显著，则意味着除去官员交流的冲击，处理组和控制组的经济绩效差异并不存在系统性差异，这也间接证实本研究基准回归结果是稳健性的。为此，首先，我们将东部地区的省份设置成假想的发生了官员交流的处理组，而中西部地区的省份为控制组，然后估计模型（8—1），回归结果如表8—7所示。由表8—7的前3列可以看出，"倍差法"估计量的系数并不显著。其次，我们将西部地区的省份设置成假想的发生了官员交流的处理组，而东、中部地区的省份为控制组，从表8—7的后3列可知，"倍差法"估计量的系数也不显著。最后，鉴于首批沿海开放城市、经济特区和较大的市经济更发达，官员交流可能更加频繁。因此，我们将首批沿海开放城市、经济特区和较大的市设定为假想的处理组，其他城市为控制组，实证结果也显示"倍差法"估计量的系数不显著，限于篇幅，此处不再报告。由此可见，上述反事实法检验进一步验证了本研究结论的稳健性。

表 8—7　　　　官员来源与地区经济增长：稳健性检验 Ⅱ

自变量	因变量：$gdpg$					
	(1)	(2)	(3)	(4)	(5)	(6)
c	−0.0006	−0.0023	−0.0037	0.0014	0.0036	0.0053
	(0.0044)	(0.0041)	(0.0039)	(0.0046)	(0.0043)	(0.0041)
其他控制变量	控制	控制	控制	控制	控制	控制
常数项	−0.6064***	−0.5180***	−0.4962***	−0.6222***	−0.5116***	−0.4838***
	(0.1352)	(0.1293)	(0.1257)	(0.1344)	(0.1285)	(0.1251)
地区虚拟变量	控制	控制	控制	控制	控制	控制
处理组	东部	东部	东部	西部	西部	西部
第一期跨度	3 年	4 年	5 年	3 年	4 年	5 年
观测值的个数	1606	1606	1606	1606	1606	1606
R 平方	0.3240	0.3384	0.3573	0.3240	0.3386	0.3577

注：括号中是回归得出的稳健标准误；***、**和*分别表示在1%、5%和10%的显著性水平下显著。

第四节　本章小结

20 世纪 90 年代以来，中共中央采取了一系列措施推进官员交流并加以制度化。官员交流制度不仅对中国党政干部廉风建设和人才队伍建设有重要作用，更影响经济社会的各个方面。本研究基于 1994—2012 年中国 24 个省、自治区 241 个城市市委书记与城市的匹配数据，采用"倍差法"系统地实证考察了地方官员变更对地区经济增长的影响，进而得到以下三个研究发现：第一，官员外调使得流入地的经济增长速度降低了 0.98 个百分点。第二，外调官员对本地信息的缺乏是造成这一现象的重要原因。更具体地，对一个外调官员而言，其前后任职地区之间的地理距离越远，当前任职地区的经济表现越差。第三，横向交流官员和纵向交流官员对当地经济增长绩效并没有显著的差异。本研究的发现是稳健的，研究结果对中国官员交流制度的进一步完善具有重要的政策参考价值。

然而，需要指出的是，中共中央在 2006 年颁布的《党政领导干部交流工作规定》规定，县级以上地方党委、政府领导成员在同一职位最长任期为 10 年，这在客观上限制了官员在某一岗位或某一地区的任期。那么，在中国现有的财政分权体制和 GDP"晋升锦标赛"的官员晋升机制环境下，市委书记频繁交流或不规律交流任职可能会导致其经济行为的短期化，反而不利于当地经济发展。因此，在党政领导干部交流制度的建设过程中，一方面要充分权衡官员交流对社会经济发展、反腐败绩效、环境保护的影响，建立合理的官员交流制度绩效考核机制；另一方面要科学、合理地完善官员任期制度。这是因为，由于利害攸关，为追求政治收益最大回报，官员对任期的认定，自会反映在行为上。

第九章

结论与展望

企业市场进入有助于地区生产率水平的提高,而企业市场进入越活跃的行业或地区将具有越充足的经济增长动力。本研究在一个包含经济政策不确定性的异质性企业贸易理论的框架下,全面系统地考察了经济政策不确定性与企业市场进入决策之间的因果关系,从而得到了一些新的研究发现。本章首先对前文的研究结论进行归纳和概括,进而提出相应的对策建议;然后针对本研究研究过程中存在的一些不足和局限性,提出有待进一步研究的问题。

第一节 结论与政策建议

一 研究结论

(1) 关于经济政策不确定性与新企业形成:①市委书记变更带来的经济政策不确定性显著地降低了新企业形成的可能性,并且选取合适的工具变量进行两阶段 GMM 估计,研究结果显示,利用传统方法检验(Logit 估计)的经济政策不确定性对新企业形成的负向作用被明显低估;市长变更带来的经济政策不确定性对新企业形成的影响较小,且不显著。②在考虑经济政策不确定性程度,即根据官员来源方式的不同,将新任官员分为本地晋升和外地交流(调任)之后,研究发现,若新上任官员为异地交流时,将显著增大经济政策不确定性,从而加剧新企业因政策环境改变而面临的进入风险。③考虑到经济政策不确定性可能存在时滞效应和预期效应,将主政官员变更时间分为变更年、变更前一年和变更后一年,显示经济政策不确定性的当期效应最强,与当期效应相比,滞后一期效应明显有所下降,同时预期到的经济政策不确定性对新企业形成的影响较弱且不显著。④更进一步的分组回归发现,低技术行业受到经济政策不确定性的不利影响较低,而高技术行业受到的不利影响较高;经济政策不确定性主要影响私营企业和国有企业,而对外资企业没有显著影响。

(2) 关于经济政策不确定性与企业研发投资:①地方官员变更带来的经济政策不确定性显著地降低了企业研发投资的可能性。②法律制度环境对企业研发具有显著的正向影响,表明企业对合同实施系统的信心越大,企业进行研发的可能性就越大;在企业经营过程中,合同受到保护的百分比越大,企业进行研发的可能性也越大;金融制度环境对企业研发具有显著的正向影响,这意味着良好的金融制度会显著提高企业研发的可能性,进一步说明研发活动需要大量的资金投入,外部资金的可获得性、融资渠道的畅通为企业的创新提供了保证,高效的金融体系有利于促进企业创新活动。③企业规模越大、企业利润越多、公司总经理的教育水平越高、微机化程度越高、企业越倾向于出口,则企业越倾向于研发投资。

(3) 关于经济政策不确定性、企业异质性与产品区域间贸易:①目的地经济政策不确定性对产品区域间贸易具有显著的负向影响;企业生产率水平越高,其进入本地市场之外的区域市场的可能性也就越高,即给定目的地的经济政策,企业生产率水平通过作用于企业市场进入活动,进而对区域间贸易产生影响。②从不同所有制企业来看,相比非国有企业,目的地经济政策不确定性对国有企业产品进入的影响效应更大。进一步地,按照国有企业的隶属关系,比较了各层级企业的产品进入受到目标市场经济政策不确定性的不同影响,研究发现,目的地经济政策不确定性会降低国有企业产品进入的可能性,但这种效应更多地体现在地市企业,中央企业和省属企业受到的冲击较低。③从不同区域特征来看,东、中部地区经济政策不确定性与产品进入国内区域市场之间呈现显著的负相关关系,而西部地区经济政策不确定性对企业产品进入的影响为正，但作用不明显。

（4）关于经济政策不确定性、企业异质性与中国多产品企业出口：①目的地经济政策不确定性会导致中国多产品企业出口价值量减少，并且选取合适的工具变量进行两阶段最小二乘法（2SLS）估计，我们发现，利用传统方法检验（OLS估计）的目的地经济政策不确定性对中国多产品企业出口的影响效应，没有被明显高估或低估。②在考虑和引入企业生产率异质性和其他特征分析后，表明高生产率的企业提高了多产品企业的出口价值量。③通过比较目的地经济政策不确定性对中国多产品企业出口的负向影响，是否因该国（地区）投资概况、社会环境、政府稳定性、行政效率和法律秩序的不同而有所差异，发现在投资概况、社会环境、政府稳定性、行政效率和法律秩序相对不好的情况下，目的地经济政策不确定性会导致多产品企业出口价值量大幅减少。④扩展分析还发现，目的地经济政策不确定性对国有企业和民营企业产品出口价值量的负向作用明显大于外资企业，而且这种负向影响存在区域差异，即目的地经济政策不确定性对东部地区企业产品出口的负向影响，远远小于中西部地区。

（5）关于经济政策不确定性与地区经济增长：①官员外调使得流入地的经济增长速度降低了0.98个百分点，而外调官员对本地信息的缺乏是造成这一现象的重要原因。②以地方官员前后任职地区之间的地理距离作为本地信息的代理变量，进一步发现，对一个外调官员而言，前后任职地区之间的地理距离越远，当前任职地区的经济表现越差。③官员横向交流和纵向交流对当地经济增长绩效并无显著的差异。

二 政策建议

本研究研究结论对于企业市场进入具有启示意义：

（1）新政策的实施和现行政策的调整，都会给企业带来新的进入机会，但频繁的政策调整也会对企业进入产生负面影响。在转型时期的中国，地方政府掌握着本地各项经济政策，而地方官员的能力、行为及施政经验等因素都将最终影响本地经济发展绩效。虽然中共中央于 2006 年 8 月 6 日颁布了《党政领导干部交流工作规定》，进一步从制度上对地方官员任期和交流进行了细化和规范。然而，当前地方官员调动依旧十分频繁，多数官员并未做满法定任期，在一定程度上削弱了地方公共政策的连续性和稳定性。与此同时，地方官员变更也会导致该地区未来经济政策的潜在变动，进而影响企业行为决策。因此，政府在频繁更换经济政策时，除了关注经济政策本身的短期性刺激作用外，同时在经济政策的运用过程中，尽量保持政策的稳定性。在党政领导干部交流制度的建设过程中，不仅要充分权衡官员交流对社会经济发展、反腐败绩效等的影响，建立合理的官员交流制度绩效考核机制，而且要科学、合理地完善官员任期制度。

（2）积极深化与"一带一路"沿线国家的战略合作，稳步推进一系列贸易便利化的政策和措施，与"一带一路"沿线国家加强经贸合作和自贸区建设，促进区域经济一体化。当前，"逆全球化"思潮使得全球贸易环境发生变化，从而导致全球贸易政策不确定性上升，进而在一定程度上阻碍了全球贸易的发展。因此，为减弱或消除"逆全球化"思潮对中国贸易的影响，中国不仅要积极深化与"一带一路"沿线国家的战略合作，继续加强与世界其他国家之间的经济政策协调，还要坚决抵制这种"逆全球化"行为，维护多边体制的权威性和有效性。

（3）在全球贸易政策存在诸多不确定性的情况下，产品区域间贸易的发展将是中国经济增长的重要驱动力。然而，在中国特殊的政治体制和分权的经济体制下，地方政府和官员为了保护本地产业，从而会采取各种经济或非经济的措施阻止外地企业进入本地市场，并提高外地企业的进入门槛。较高的区域间贸易壁垒使得中国区域间贸易呈现明显的区域内倾向。因此，一方面，在宏观经济政策层面，中央政府需要继续减轻企业尤其是中小企业的税费负担，同时也要保持宏观经济调控政策的稳定性，从而减轻经济政策频繁变动对企业成长和预期的干扰及冲击；另一方面，在微观经济政策层面，各级地方政府不仅需要继续加强行政执法和司法的透明度，避免不必要的行政干预，尽可能地减少"寻租"的机会，同时也需要进一步推进经济体制转轨，减轻企业进入的限制。

（4）加强培养企业自主创新能力，切实提高企业生产率水平。除了要进一步消除贸易壁垒之外，提高企业生产率水平也是题中应有之义和更为有效的措施。党的十九大报告明确提出，推动经济发展质量变革、效率变革、动力变革，提高全要素生产率。因此，一方面，企业需要增加科研经费和人员的投入力度，提高产品质量，逐步以非价格竞争方式取代传统价格竞争方式；另一方面，政府需要通过研发经费的支持和优化财税资助政策，建立产学研联盟，从而为企业的研发活动创造更好的宏观经济政策环境。

第二节　展望

本书拓展了一个包含经济政策不确定性的异质性企业贸易模型，运用实物期权理论分析了经济政策不确定性对国内企业市场进入（新企业形成、产品区域间贸易）和国际企业市场进入（企业出口贸易）的作用机制。首先研究了经济政策不确定性对以新企业形成为特征的企业市场进入的影响，其次探究了目的地经济政策不确定性、企业异质性与产品区域间贸易的内在关联，最后考察了目的地经济政策不确定性、企业异质性与中国多产品企业出口之间的因果关系。这些研究不仅有助于丰富产业组织、国际贸易领域的研究文献，而且对中国制定更加有效的宏观经济政策，促进经济持续增长具有重要的现实指导意义。当然，本书的研究仍然存在一些不足和需要完善的地方，如下几个方面值得未来作进一步深入的研究。

（1）本书主要依据实物期权理论对经济政策不确定性与企业市场进入决策之间的关系进行理论分析和实证研究，没有去分析在经济政策不确定性影响企业市场进入决策的传导机制中，哪一种机制更符合实际经济的情况并占据主导地位。鉴于数据的可得性，本书尚未对经济政策不确定性如何影响企业市场进入决策的作用机制做进一步检验。

若能对各个作用机制进行直接的检验也许会得到更为丰富的研究结论，不过这将对样本数据提出更高的要求。

（2）本书在分析经济政策不确定性影响国内企业市场进入（新企业形成和产品区域间贸易）时，主要采用地级市及以上城市主要领导人变更作为经济政策不确定性的代理变量，未能直观地、细致地反映各地区经济政策不确定性对新企业形成和产品区域间贸易的作用，忽略了这一因素可能会给估计结果带来一定的偏差，在未来的研究中如能直接获得各地区的经济政策不确定性指数数据进行实证分析，或许能得到更为准确的研究结论。

（3）考虑到篇幅的限制，本书在考察经济政策不确定性对企业市场进入的影响时，主要选取了"新企业形成""产品区域间贸易"和"多产品企业出口"三个方面，从企业投资和产品贸易角度进行研究，没有考虑企业进入市场的其他方式，若能对经济政策不确定性与企业市场进入之间的关系进行更加全面的检验，有助于深化我们对企业市场进入决策的认识。因此，本书的研究维度还有待于进一步拓宽。

参考文献

一 中文文献

才国伟、吴华强、徐信忠：《政策不确定性对公司投融资行为的影响研究》，《金融研究》2018年第3期。

陈德球、陈运森、董志勇：《政策不确定性、税收征管强度与企业税收规避》，《管理世界》2016年第5期。

陈刚、李树：《官员交流、任期与反腐败》，《世界经济》2012年第2期。

陈国进、王少谦：《经济政策不确定性如何影响企业投资行为》，《财贸经济》2016年第5期。

陈艳艳、罗党论：《地方官员更替与企业投资》，《经济研究》2012年第2期。

戴觅、余淼杰、Madhura M.：《中国出口企业生产率之谜：加工贸易的作用》，《经济学（季刊）》2014年第2期。

董志强、周敏丹、魏下海：《地市级官员交流与地方经济发展——基于广东省（1988—2009）的经验研究》，《南方经济》2012年第10期。

杜兴强、曾泉、吴洁雯：《官员历练、经济增长与政治擢升——基于1978—2008年中国省级官员的经验证据》，《金融研究》2012年第2期。

龚联梅、钱学锋：《贸易政策不确定性理论与经验研究进展》，

《经济学动态》2018年第6期。

国务院发展研究中心课题组：《中国省际贸易联系程度研究——基于"金税工程增值税数据"的分析》，《调查研究报告》2006年。

韩国高：《政策不确定性对企业投资的影响：理论与实证研究》，《经济管理》2014年第12期。

行伟波、李善同：《本地偏好、边界效应与市场一体化——基于中国地区间增值税流动数据的实证研究》，《经济学（季刊）》2009年第4期。

郝威亚、魏玮、温军：《经济政策不确定性如何影响企业创新？——实物期权理论作用机制的视角》，《经济管理》2016年第10期。

洪勇：《中国国内与国际边界效应比较研究》，《经济评论》2013年第4期。

胡延平、范洪颖：《对外贸易、国内贸易与广东省经济增长关系解析》，《国际经贸探索》2008年第9期。

黄晶：《国内贸易、空间溢出与省际经济周期协同：1987—2011》，《财贸研究》2014年第4期。

黄玖立、冼国明：《企业异质性与区域间贸易：中国企业企业市场进入的微观证据》，《世界经济》2012年第4期。

纪洋、王旭、谭语嫣等：《经济政策不确定性、政府隐性担保与企业杠杆率分化》，《经济学（季刊）》2018年第2期。

贾倩、孔祥、孙铮：《政策不确定性与企业投资行为——基于省级地方官员变更的实证检验》，《财经研究》2013年第2期。

靳光辉、刘志远、花贵如：《政策不确定性、投资者情绪与企业投资——基于战略性新兴产业的实证研究》，《中央财经大学学报》2016年第5期。

李春顶：《中国出口企业是否存在"生产率悖论"：基于中国制造业企业数据的检验》，《世界经济》2010年第7期。

李凤羽、史永东：《经济政策不确定性与企业现金持有策略——基于中国经济政策不确定指数的实证研究》，《管理科学学报》2016年第 6 期。

李凤羽、杨墨竹：《经济政策不确定性会抑制企业投资吗——基于中国经济政策不确定指数的实证研究》，《金融研究》2015 年第 4 期。

李坤望、蒋为、宋立刚：《中国出口产品品质变动之谜：基于企业市场进入的微观解释》，《中国社会科学》2014 年第 3 期。

李坤望、蒋为：《企业市场进入与经济增长——以中国制造业为例的实证分析》，《经济研究》2015 年第 5 期。

李文贵、余明桂：《所有权性质、市场化进程与企业风险承担》，《中国工业经济》2012 年第 12 期。

林毅夫：《潮涌现象与发展中国家宏观经济理论的重新构建》，《经济研究》2007 年第 1 期。

林毅夫：《新结构经济学——重构发展经济学的框架》，《经济学（季刊）》2010 年第 10 期。

刘海洋、林令涛、黄顺武：《地方官员变更与企业兴衰——来自地级市层面的证据》，《中国工业经济》2017 年第 1 期。

刘慧、綦建红：《宏观经济不确定性与出口：贸易中介是缓冲器还是推动器?》，《世界经济研究》2018 年第 4 期。

刘建、许统生、涂远芬：《交通基础设施、地方保护与中国国内贸易成本》，《当代财经》2013 年第 9 期。

刘苓玲、任斌、任文晨：《官员交流对社会保障事业发展的影响——来自省长、省委书记交流的经验证据》，《南方经济》2015 年第 10 期。

刘瑞明、金田林：《政绩考核、交流效应与经济发展——兼论地方政府行为短期化》，《当代经济科学》2015 年第 3 期。

刘晓宁、刘磊：《贸易自由化对出口产品质量的影响效应——基于中国微观制造业企业的实证研究》，《国际贸易问题》2015 年第 8 期。

罗党论、佘满国：《地方官员变更与地方债发行》，《经济研究》

2015 年第 6 期。

罗党论、佘国满、陈杰：《经济增长业绩与地方官员晋升的关联性再审视——新理论和基于地级市数据的新证据》，《经济学（季刊）》2015 年第 14 期。

罗党论、廖俊平、王珏：《地方官员变更与企业风险——基于中国上市公司的经验证据》，《经济研究》2016 年第 5 期。

吕朝凤、陈霄：《地方官员会影响 FDI 的区位选择吗——基于倍差法的实证研究》，《国际贸易问题》2015 年第 5 期。

吕相伟：《政策不确定性与企业家活动配置》，《经济管理》2018 年第 3 期。

毛其淋、盛斌：《中国制造业企业的进入退出与生产率动态演化》，《经济研究》2013 年第 4 期。

毛其淋：《贸易自由化、异质性与企业动态：对中国制造业企业的经验研究》，博士学位论文，南开大学，2013 年。

孟庆斌、师倩：《宏观经济政策不确定性对企业研发的影响：理论与经验研究》，《世界经济》2017 年第 9 期。

聂辉华、蒋敏杰：《政企合谋与矿难：来自中国省级面板数据的证据》，《经济研究》2011 年第 6 期。

潘文卿、李跟强：《中国区域间贸易成本：测度与分解》，《数量经济技术经济研究》2017 年第 2 期。

钱先航、曹廷求、李维安：《晋升压力、官员任期与城市商业银行的贷款行为》，《经济研究》2011 年第 12 期。

钱先航、曹廷求：《钱随官走：地方官员与地区间的资金流动》，《经济研究》2017 年第 2 期。

钱学锋、龚联梅：《贸易政策不确定性、区域贸易协定与中国制造业出口》，《中国工业经济》2017 年第 10 期。

饶品贵、岳衡、姜国华：《经济政策不确定性与企业投资行为研究》，《世界经济》2017 年第 2 期。

沈坤荣、李剑：《中国贸易发展与经济增长影响机制的经验研究》,《经济研究》2003年第5期。

盛斌、毛其淋:《贸易开放、国内市场一体化与中国省际经济增长:1985—2008年》,《世界经济》2011年第11期。

史卫、杨海生:《官员交流与FDI区位选择——基于省际区域FDI的空间计量分析》,《社会科学战线》2010年第11期。

宋凌云、王贤彬、徐现祥:《地方官员引领产业结构变动》,《经济学(季刊)》2012年第1期。

苏理梅、彭冬冬、兰宜生:《贸易自由化是如何影响我国出口产品质量的?——基于贸易政策不确定性下降的视角》,《财经研究》2016年第4期。

谭小芬、张文婧:《经济政策不确定性影响企业投资的渠道分析》,《世界经济》2017年第12期。

陶然、苏福兵、陆曦、朱昱铭:《经济增长能够带来晋升吗?——对晋升锦标竞赛理论的逻辑挑战与省级实证重估》,《管理世界》2010年第12期。

佟家栋、李胜旗:《贸易政策不确定性对出口企业产品创新的影响研究》,《国际贸易问题》2015年第6期。

汪建新:《贸易自由化、质量差距与地区出口产品质量升级》,《国际贸易问题》2014年第10期。

汪亚楠、周梦天:《贸易政策不确定性、关税减免与出口产品分布》,《数量经济技术经济研究》2017年第12期。

王红建、李青原、邢斐:《经济政策不确定性、现金持有水平及其市场价值》,《金融研究》2014年第9期。

王贤彬、张莉、徐现祥:《辖区经济增长绩效与省长省委书记晋升》,《经济社会体制比较》2011年第1期。

王贤彬、徐现祥:《地方官员来源、去向、任期与经济增长——来自中国省长省委书记的证据》,《管理世界》2008年第3期。

王贤彬、徐现祥:《地方官员晋升竞争与经济增长》,《经济科学》2010年第6期。

王义中、宋敏:《宏观经济不确定性资金需求与公司投资》,《经济研究》2014年第2期。

魏友岳、刘洪铎:《经济政策不确定性对出口二元边际的影响研究——理论及来自中国与其贸易伙伴的经验证据》,《国际商务(对外经济贸易大学学报)》2017年第1期。

夏立军、陈信元:《市场化进程、国企改革策略与公司治理结构的内生决定》,《经济研究》2007年第7期。

熊波、张惠、卢盛峰:《官员交流与环境保护——来自省长、省委书记交流的经验证据》,《中国地质大学学报》(社会科学版)2016年第6期。

徐现祥、王贤彬、舒元:《地方官员与经济增长——来自中国省长、省委书记交流的证据》,《经济研究》2007年第9期。

徐现祥、王贤彬:《晋升激励与经济增长:来自中国省级官员的证据》,《世界经济》2010年第2期。

徐业坤、钱先航、李维安:《政治不确定性、政治关联与民营企业投资——来自市委书记更替的证据》,《管理世界》2013年第5期。

许家云、佟家栋、毛其淋:《人民币汇率变动、产品排序与多产品企业的出口行为——以中国制造业企业为例》,《管理世界》2015年第2期。

杨海生、罗党论、陈少凌:《资源禀赋、官员交流与经济增长》,《管理世界》2010年第5期。

杨汝岱:《中国制造他企业全要素生产率研究》,《经济研究》2015年第2期。

杨天宇、张蕾:《中国制造业企业进入和退出行为的影响因素分析》,《管理世界》2009年第6期。

余淼杰、王雅琦:《人民币汇率变动与企业出口产品决策》,《金融研究》2015年第4期。

原小能:《省际贸易、国际贸易与经济增长——基于长三角制造业数据的经验分析》,《财贸经济》2013年第3期。

张豪、戴静、张建华：《政策不确定、官员异质性与企业全要素生产率》，《经济学动态》2017年第8期。

张昊：《国内市场如何承接制造业出口调整——产需匹配及国内贸易的意义》，《中国工业经济》2014年第8期。

张慧、江民星、彭璧玉：《经济政策不确定性与企业退出决策：理论与实证研究》，《财经研究》2018年第4期。

张璟、沈坤荣：《地方政府干预、区域金融发展与中国经济增长方式转型——基于财政分权背景的实证研究》，《南开经济研究》2008年第6期。

张军、金煜：《中国的金融深化和生产率关系的再检测：1987—2001》，《经济研究》2005年第11期。

张军、高远：《官员任期、异地交流与经济增长——来自省级经验的证据》，《经济研究》2007年第11期。

张楠、卢洪友：《官员垂直交流与环境治理——来自中国109个城市市委书记（市长）的经验证据》，《公共管理学报》2016年第1期。

张平南、徐阳、徐小聪等：《贸易政策不确定性与企业出口国内附加值：理论与中国经验》，《宏观经济研究》2018年第1期。

张前程、龚刚：《政府干预、金融深化与行业投资配置效率》，《经济学家》2016年第2期。

张少军、李善同：《中国省际贸易的演变趋势、特征与展望：1987—2007》，《财贸经济》2013年第10期。

张少军、李善同：《省际贸易对中国经济增长的贡献研究》，《数量经济技术经济研究》2017年第2期。

张莹、朱小明：《经济政策不确定性对出口质量和价格的影响研究》，《国际贸易问题》2018年第5期。

赵永亮：《国内贸易的壁垒因素与边界效应——自然分割和政策壁垒》，《南方经济》2012年第3期。

赵永亮：《市场获得的区域分布与经济增长》，《南开经济研究》2012年第6期。

周怀峰、林可全:《国内贸易、国内竞争与产业国际竞争力》,《中央财经大学学报》2008年第7期。

周黎安:《中国地方官员的晋升锦标赛模式研究》,《经济研究》2007年第7期。

周黎安、赵鹰妍、李力雄:《资源错配与政治周期》,《金融研究》2013年第3期。

臧传琴、初帅:《地方官员特征、官员交流与环境治理——基于2003—2013年中国25个省级单位的经验证据》,《财经论丛》2016年第11期。

二 外文文献

Abel A. B., "Optimal Investment Under Uncertainty", *The American Economic Review*, Vol. 73, No. 1, 1983.

Alesina A., Perotti R., "Income Distribution, Political Instability, and Investment", *European Economic Review*, Vol. 40, No. 6, 1996.

Alez J. E. L. M., Viaeney J., "Anti - Dumping, Intra - Industry Trade and Quality Reversals", *International Economic Review*, Vol. 56, No. 3, 2015.

Amiti M., Khandelwal A. K., "Import Competition and Quality Upgrading", *Review of Economics and Statistics*, Vol. 95, No. 2, 2013.

Aw B. Y., Roberts M. J., "Measuring Quality Change in Quota - Constrained Import Markets: The Case of U. S. Footwear", *Journal of International Economics*, Vol. 21, No. 1 - 2, 1986.

Baily M. N., Hulten C., Campbell, D. et al., "Productivity Dynamics in Manufacturing Plants", *Brookings Popers: Microeconomics* 1992.

Baker S. R., Bloom N., Davis S. J., "Measuring Economic Policy Uncertainty", *The Quarterly Journal of Economics*, Vol. 131, No. 4, 2016.

Baldwin J. R., Gu W., "Plant Turnover and Productivity Growth in

Canadian Manufacturing", *Industrial and Corporate Change*, Vol. 15, No. 3, 2006.

Bar – Ilan A., Strange W. C., "Investment Lags", *American Economic Review*, Vol. 86, No. 3, 1996.

Bas M., Strauss – Kahn V., "Input – Trade Liberalization, Export Prices and Quality Upgrading", *Journal of International Economics*, Vol. 95, No. 2, 2015.

Basu S., Bundick B., "Uncertainty Shocks in a Model of Effective Demand", Working Papers, *Federal Reserve Bank of Boston*, 2012.

Berman N., Martin P., Mayer T., "How Do Different Exporters React to Exchange Rate Changes?", *Quarterly Journal of Economics*, Vol. 127, No. 1, 2012.

Bernanke B. S., "Irreversibility, Uncertainty, and Cyclical Investment", *Quarterly Journal of Economics*, Vol. 98, No. 1, 1983.

Bernard A. B., Eaton J., Jensen J. B. et al., "Plants and Productivity in International Trade", *American Economic Review*, Vol. 93, No. 4, 2003.

Bernard B., Redding S. J., Schott P. K., "Multi – Product Firms and Trade Liberalization", *Quarterly Journal of Economics*, Vol. 126, No. 3, 2011.

Bloom N., "Uncertainty and Investment Dynamics", *Review of Economic Studies*, Vol. 74, 2007.

Bloom N., "The Impact of Uncertainty Shocks", *Econometrica*, Vol. 77, No. 3, 2009.

Bo Z., "Economic Performance and Political Mobility: Chinese Provincial Leaders", *Journal of Contemporary China*, Vol. 5, No. 12, 1996.

Bo, Z. Y., "Economic Performance and Political Mobility: Chinese Provincial Leaders", *Journal of Contemporary China*, Vol. 5, No. 12,

1996.

Bonciani D., Van Roye B., "Uncertainty Shocks, Banking Frictions and Economic Activity", *Journal of Economic Dynamics & Control*, Vol. 73, 2016.

Born B., Pfeifer J., "Policy Risk and the Business Cycle", *Journal of Monetary Economics*, Vol. 68, 2014.

Brandt L., Van Biesebroeck J., Zhang Y., "Creative Accounting or Creative Destruction? Firm – Level Productivity Growth in Chinese Manufacturing", *Journal of Development Economics*, Vol. 97, No. 2, 2012.

Bulan L. T., "Real Options, Irreversible Investment and Firm Uncertainty: New Evidence from U. S. Firms", *Review of Financial Economics*, Vol. 14, No. 3 – 4, 2005.

Caballero R. J., Pindyck R. S., "Uncertainty, Investment, and Industry Evolution", *International Economic Review*, Vol. 37, No. 3, 1996.

Caballero R. J., "On the Sign of the Investment – Uncertainty Relationship", *The American Economic Review*, Vol. 81, No. 1, 1991.

Carballo J., Handley K., Limão N., "Economic and Policy Uncertainty: Export Dynamics and the Value of Agreements", *NBER Working Paper* 24368, 2018.

Carrière – Swallow Y., Céspedes L. F., "The Impact of Uncertainty Shocks in Emerging Economies", *Journal of International Economics*, Vol. 90, No. 2, 2013.

Chatterjee A., Dix – Carneiro R., Vichyanond J., "Multi – Product Firms and Exchange Rate Fluctuations", *American Economic Journal: Economic Policy*, Vol. 5, No. 2, 2013.

Christensen I., Dib A., "The Financial Accelerator in an Estimated New Keynesian Model", *Review of Economic Dynamics*, Vol. 11, No. 1, 2008.

Corsetti G., Dedola L., "A Macroeconomic Model of International Price Discrimination", *Journal of International Economics*, Vol. 67, No. 1, 2005.

Coval, J. D. and T. J. Moskowitz, "Home Bias at Home: Local Equity Preference in Domestic Portfolios", *Journal of Finance*, Vol. 54, No. 6, 1999.

Desai M., Gompers P., Lerner J. Institutions, "Capital Constraints and Entrepreneurial Firm Dynamics: Evidence from Europe", *NBER Working Paper* 10165, 2003.

Disney R., Haskel J., Heden Y., "Restructuring and Productivity Growth in UK Manufacturing", *The Economic Journal*, Vol. 113, No. 489, 2003.

Dixit A. K., Pindyck R. S., "Investment Under Uncertainty", *Princeton University Press*, 1994.

Dixit A., "Entry and Exit Decisions Under Uncertainty", *Journal of Political Economy*, Vol. 97, No. 3, 1989.

Durnev A., "The Real Effects of Political Uncertainty: Elections and Investment Sensitivity to Stock Prices", SSRN Electron: C. Jouman 2012.

Eaton J., Eslava M., Kugler M. et al., "Export Dynamics in Colombia: Firm-Level Evidence", *NBER Working Paper*, 2007.

Fan H., Li Y. A., Yeaple S. R., "Trade Liberalization, Quality, and Export Prices", *Review of Economics and Statistics*, Vol. 97, No. 5, 2015.

Feenstra R. C., "Quality Change Under Trade Restraints in Japanese Autos", *The Quarterly Journal of Economics*, Vol. 103, No. 1, 1988.

Feng L., Li Z., Swenson D. L., "Trade Policy Uncertainty and Exports: Evidence from China's WTO Accession", *Journal of International Economics*, Vol. 106, 2017.

Ferderer P., "The Impact of Uncertainty on Aggregate Investment

Spending: An Empirical Analysis", *Journal of Money, Credit and Banking*, Vol. 25, No. 1, 1993.

Fernández – Villaverde J., Guerrón – Quintana P., Rubio – Ramírez J. F. et al., "Risk Matters: The Real Effects of Volatility Shocks", *The American Economic Review*, Vol. 101, No. 6, 2011.

Foster L., Haltiwanger J., Krizan C. J., "Aggregate Productivity Growth: Lessons from Microeconomic Evidence", *NBER Working Paper* 6803, 1998.

Frankel J. A., Romer D., "Does Trade Cause Growth?", *American Economic Review*, Vol. 89, No. 3, 1999.

Ghemawat P., Llano C., Requena F., "Competitiveness and Interregional as Well as International Trade: The Case of Catalonia", *International Journal of Industrial Organization*, Vol. 28, No. 4, 2010.

Gilchrist S., Sim J. W., Zakrajšek E., "Uncertainty, Financial Frictions, and Investment Dynamics", *NBER Working Paper* 20038, 2014.

Gil – Pareja S., Llorca – Viveroa R., Martínez – Serranoa J. A. et al., "The Border Effect in Spain", *Word Economy*, Vol. 28, No. 11, 2010.

Giroud, X., "Proximity and Investment: Evidence from Plant – Level Data", *Quarterly Journal of Economics*, Vol. 128, No. 2, 2013.

Greenaway D., Kneller R., Zhang X., "The Effect of Exchange Rates on Firm Exports: The Role of Imported Intermediate Inputs", *World Economy*, Vol. 33, No. 8, 2010.

Greenland A., Iony M., Loprestiz J., "Exports, Investment and Policy Uncertainty", SSRN Eleceron: C. Jouman, 2006.

Grier K. B., Smallwood A. D., "Uncertainty and Export Performance: Evidence from 18 Countries", *Journal of Money, Credit and Banking*, Vol. 39, No. 4, 2007.

Griliches Z., Regev H., "Firm Productivity in Israeli Industry 1979 – 1988", *Journal of Econometrics*, Vol. 65, No. 1, 1995.

Groppo V., Piermartini R., "Trade Policy Uncertainty and the WTO", *WTO Staff Working Paper* 1437, 2014.

Guiso L., Parigi G., "Investment and Demand Uncertainty", *Quarterly Journal of Economics*, Vol. 114, No. 1, 1999.

Gulen H., Ion P., "Policy Uncertainty and Corporate Investment", *The Review of Financial Studies*, Vol. 29, No. 3, 2016.

Handley K., Limão N., Ludema R., "Policy Credibility and Firm Performance: Theory and Evidence From Chinese Trade Reforms", *Working Paper*, 2014.

Handley K., Limão N., "Policy Uncertainty, Trade and Welfare: Theory and Evidence for China and the U.S.", *American Economic Review*, Vol. 107, No. 9, 2017.

Handley K., Limão N., "Trade and Investment under Policy Uncertainty: Theory and Firm Evidence", *American Economic Journal: Economic Policy*, Vol. 7, No. 4, 2015.

Handley K., Limão N., Trade Under T.R.U.M.P. Policies [M] //Economics and Policy in the Age of Trump Chad P. Bown, 2017.

Handley K., "Exporting Under Trade Policy Uncertainty: Theory and Evidence", *Journal of International Economics*, Vol. 94, No. 1, 2014.

Hartman R., "The Effects of Price and Cost Uncertainty on Investment", *Journal of Economic Theory*, Vol. 5, 1972.

Hassett K. A., Metcalf G. E., "Investment with Uncertain Tax Policy: Does Random Tax Policy Discourage Investment", *Economic Journal*, Vol. 109, No. 457, 1999.

Helble M., "Border Effect Estimates for France and Germany Combining International Trade and Intranational Transport Flows", *Review of World Economics*, Vol. 143, No. 3, 2007.

Helpman E., Melitz M., Rubinstein Y., "Estimating Trade Flows: Trading Partners and Trading Volumes", *Quarterly Journal of Economics*, Vol. 123, No. 2, 2008.

Herguera I., Kujal P., Petrakis E., "Tariffs, Quality Reversals and Exit in Vertically Differentiated Industries", *Journal of International Economics*, Vol. 58, No. 2, 2002.

Hitomi K., Okuyama Y., Hewings G. J. D. et al., "The Role of Interregional Trade in Generating Change in the Regional Economies of Japan, 1980 – 1990", *Economic Systems Research*, Vol. 12, No. 4, 2000.

Hopenhayn H. A., "Entry, Exit, and firm Dynamics in Long Run Equilibrium", *Econometrica*, Vol. 60, No. 5, 1992.

Huang, Z. K., L. X. Li, G. R. Ma and L. X. Xu, "Hayek, Local Information, and Commanding Heights: Decentralizing Stata – Owned Enterprises in China", *American Economic Review*, Forthcoming, 2017.

Huizinga J., "Inflation Uncertainty, Relative Price Uncertainty, and Investment in U. S. Manufacturing", *Journal of Money, Credit and Banking*, Vol. 25, No. 3, 1993.

J. ia R., Nie H., "Decentralization, Collusion, and Coal Mine Deaths", *Review of Economics and Statistics*, Vol. 99, No. 1, 2017.

Jones B. F., Olken B. A., "Do Leaders Matter? National Leadership and Growth Since World War II", *Quarterly Journal of Economics*, Vol. 120. No. 3, 2005.

Jovanovic B., "Selection and the Evolution of Industry", *Econometrica*, Vol. 50, No. 3, 1982.

Julio B., Yook Y., "Political Uncertainty and Corporate Investment Cycles", *The Journal of Finance*, Vol. 67, No. 1, 2012.

Kang W., Lee K., Ratti R. A., "Economic Policy Uncertainty and Firm – Level Investment", *Journal of Macroeconomics*, Vol. 39, 2014.

Keynes J. M., "The General Theory of Employment, Interest, and

Money", *Mariner Books*, 1936.

Khandelwal A. K., Schott P. K., Wei S., "Trade Liberalization and Embedded Institutional Reform: Evidence from Chinese Exporters", *American Economic Review*, Vol. 103, No. 6, 2013.

Klapper L., Laeven L., Rajan R., "Entry Regulation as a Barrier to Entrepreneurship", *Journal of Financial Economics*, Vol. 82, No. 3, 2006.

Kong D., Liu S., Xiang J., "Political Promotion, Human Capital Misallocation, and Labor Investment Efficiency", 2017 *China Economic Review*, Vol. 50, 2018. (*Working Paper*).

Krugman P. R., "Increasing Returns, Monopolistic Competition, and International Trade", *Journal of International Economics*, Vol. 9, 1979.

Krugman P., "Scale Economies, Product Differentiation, and the Pattern of Trade", *The American Economic Review*, Vol. 70, No. 5, 1980.

Leahy J. V., Whited T. M., "The Effect of Uncertainty on Investment: Some Stylized Facts", *Journal of Money, Credit and Banking*, Vol. 28, No. 1, 1996.

Levinsohn J., Petrin A., "Estimating Production Functions Using Inputs to Control for Unobservable", *Review of Economic Studies*, Vol. 70, No. 2, 2003.

Li H., Zhou L., "Political Turnover and Economic Performance: The Incentive Role of Personnel Control in China", *Journal of Public Economics*, Vol. 89, No. 9-10, 2005.

Li J., Born J. A., "Presidential Election Uncertainty and Common Stock Returns in the United States", *Journal of Financial Research*, Vol. 29, No. 4, 2006.

Li, H. B. and L. A. Zhou, "Political Turnover and Economic Performance: The Incentive Role of Personel Control in China", *Journal of*

Public Economics, Vol. 89, No. 9 – 10, 2017.

Limão N. , Maggi G. , "Uncertainty and Trade Agreements", *American Economic Journal: Microeconomics*, Vol. 7, No. 4, 2015.

Mayer T. , Melitz M. J. , Ottaviano G. I. P. , "Market Size, Competition, and the Product Mix of Exporters", *NBER Working Paper* 16959, 2011.

McCallum J. , "National Borders Matter: Canada – U. S. Regional Trade Patterns", *The American Economic Review*, Vol. 85, No. 3, 1995.

McDonald R. , Siegel D. , "The Value of Waiting to Invest", *The Quarterly Journal of Economics*, Vol. 101, No. 4, 1986.

Melitz M. J. , "The Impact of Trade on Intra – Industry Reallocations and Aggregate Industry Productivity", *Econometrica*, Vol. 71, No. 6, 2003.

Moraga – González J. L. , Viaene J. , "Trade Policy and Quality Leadership in Transition Economies", *European Economic Review*, Vol. 49, No. 2, 2005.

Mumtaz H. , Zanetti F. , "The Impact of the Volatility of Monetary Policy Shocks", *Journal of Money Credie and Banking*, Vol. 45, No. 4, 2013.

Naughton B. , "How Much Can Regional Integration Do to Unify China's Markets?", *Working Paper* 58, 2000.

Nie H. , Zhao H. , "Financial Leverage and Employee Death: Evidence from China's Coalmining Industry", *Working Paper*, 2015.

Oates, W. , "An Essay on Fiscal Federalism", *Journal of Economic Literature*, Vol. 37, No. 3, 1999.

Olley G. S. , Pakes A. , "The Dynamics of Productivity in the Telecommunications Equipment Industry", *Econometrica*, Vol. 64, No. 6, 1996.

Opper, S. and S. Brehm, "Networks Versus Performance: Political

Leadership Promotion in China", *Department of Economics*, Lund University, 2007.

Panousi V., Papanikolaou D., "Investment, Idiosyncratic Risk, and Ownership", *Journal of Finance*, Vol. 67, No. 3, 2012.

Pindyck R. S., Solimano A., "Economic Instability and Aggregate Investment", *NBER Macroeconomics Annual*, Vol. 8, 1993.

Pindyck R. S., "Adjustment Costs, Uncertainty, and the Behavior of the Firm", *American Economic Review*, Vol. 72, No. 3, 1982.

Pindyck R. S., "Irreversibility, Uncertainty, and Investment", *Journal of Economic Literature*, Vol. 29, No. 3, 1991.

Pindyck R. S., "Irreversible Investment, Capacity Choice, and the Value of the Firm", *American Economic Review*, Vol. 78, No. 5, 1988.

Poncet S., "Measuring Chinese Domestic and International Integration", *China Economic Review*, Vol. 14, No. 1, 2003.

Rodrik D., "Policy Uncertainty and Private Investment in Developing Countries", *Journal of Development Economics*, Vol. 36, 1991.

Storesletten K., Zilibotti F., "China's Great Convergence and Beyond", *Annual Review of Economics*, Vol. 6, No. 1, 2014.

Tybout M. J. R. A., "The Decision to Export in Colombia: An Empirical Model of Entry with Sunk Costs", *American Economic Review*, Vol. 87, No. 4, 1997.

Vandenbussche H., Wauthy X., "Inflicting Injury Through Product Quality: How European Antidumping Policy Disadvantages European Producers", *European Journal of Political Economy*, Vol. 17, No. 1, 2001.

Wang Y., Chen C. R., Huang Y. S., "Economic Policy Uncertainty and Corporate Investment: Evidence from China", *Pacific - Basin Finance Journal*, Vol. 26, 2014.

Wei S., "Intra - National Versus International Trade How Stubborn Are Nations in Global Integration", *NBER Working Paper* 5531, 1996.

Yao Y., Zhang M., "Subnational Leaders and Economic Growth: Evidence from Chinese Cities", *Journal of Economic Growth*, Vol. 20, No. 4, 2015.

Young A., "The Razor's Edge: Distortions and Incremental Reform in the People's Republic of China", *The Quarterly Journal of Economics*, Vol. 115, No. 4, 2000.

Zhou D., Spencerb B. J., Vertinsky I., "Strategic Trade Policy with Endogenous Choice of Quality and Asymmetric Costs", *Journal of International Economics*, Vol. 56, No. 1, 2002.

附 录

Political Uncertainty and Firm Entry: Evidence from Chinese Manufacturing Industries

Shaojian Chen, Hui Mao and Zongxian Feng[①]

Abstract: Firm entry promotes the overall vitality and potential of an economy. We examine how political uncertainty, proxied by local government official turnover, affects firm entry in China. We find that political turnover significantly reduces firm entry, particularly when the newly appointed leader is from a different city and when the turnover is not around the National Party Congress. Moreover, our evidences suggest that the effect of political turnover on firm entry is stronger for non – state – owned entrepreneurs and high – technology industries. Our results are robust to assessing selection on unobservable, instrumental variable estimation, HLM analysis, sub – sample without firms in 15 vice – province – level cities and sub – sample without predictable turnovers. Our findings provide solid evidences that political turnovers influence firm entry, and shed light upon how the government official exchange system and tenure system in China could be improved to achieve stable economic growth.

Keywords: Political Turnover; Uncertainty; Firm Entry; China

---

① 原文在 *Journal of Business Research* 发表。

JEL classification: D72; G15; G18; O17

1. Introduction

Firm entry characterized by the formation of new enterprises is a typical characteristic (Aw, Chen & Roberts, 2001; Bartelsman, Haltiwanger & Scarpetta, 2013). Compared with incumbent firms, new entrepreneurs are usually smaller but play a crucial role in innovation and productivity growth. For example, as indicated by Schumpeter (1934), new entrepreneurs devote to innovating new technologies, products and industry portfolio diversifications. Additionally, new entrepreneurs eliminate old products and technologies through "creative destruction" and transform the original, inefficient markets' equilibrium into a new, efficient market equilibrium. Moreover, entrants can intensify market competition, which prompts new enterprises and incumbents to continuously increase their productivity (Aghion et al., 2001, 2009). Finally, the reallocation of factors across firms can increase aggregate productivity (Foster, Haltiwanger & Syverson, 2008). In summary, firm entry promotes the overall vitality and potential of an economy.

To explore the determinants of firm entry or entrepreneurship, prior studies have investigated the micro perspective by focusing on individual characteristics of entrepreneurs such as their age (Evans & Leighton, 1989; Rees & Shah, 1986), gender (Rosenthal & Strange, 2012), education (Rees & Shah, 1986; Unger et al., 2011) and wealth (Buera, 2009; Holtz – Eakin, Joulfaian & Rosen, 1994). Recent studies have taken a step forward by examining the effects of macro factors such as business cycle (Lee & Mukoyama, 2015), government regulation (Branstetter et al., 2014; Bruhn, 2011; Kaplan, Piedra & Seira, 2011; Klapper, Laeven & Rajan, 2006) and institutional environment (Clark & Ramachandran, 2019; Dai & Si, 2018; Sahasranamam & Nandakumar, 2020). However, the literature has still overlooked the role of political uncertainty associated with political turnover.

Previous studies suggest that in the presence of uncertainty, firms hold back their investment (Akron et al., 2020; An et al., 2016; Jens, 2017) and households put off some large spending (Aaberge, Liu & Zhu, 2017) until the uncertainty is removed. Given the profound impact of the uncertainty on the economy, many related studies have examined the impact of policy or political uncertainty on stock market volatility (He, Wang & Yin, 2020), IPO activities (Çolak, Durnev & Qian, 2017), corporate cash holdings (Duong et al., 2020; Phan et al., 2019), financial risk management (Hammoudeh & McAleer, 2015), investor information and management disclosures (Nagar, Schoenfeld & Wellman, 2019), earnings management (Yung & Root, 2019) and multinational firms strategy (Lee, 2018).

Notably, political uncertainty can affect firm entry. Generally, in the determined environment, an entrant decides whether to enter the market according to its operating profit. However, under an uncertain environment, when making an entry decision, managers would consider the expected future profit. Previous studies have shown that firms become cautious and discourage investment in the face of uncertainty (Bloom, Bond & Van Reenen, 2007). In China, local governments are entitled to economic governance and have the power to flexibly execute economic policies. When a political leader is replaced, the institutional environment and a firm's political ties would become uncertain (Xu et al., 2016). Therefore, given that the change of the government official may lead to unfavorable results, the value of options waiting to enter will increase, and the enterprise may rationally delay entering the market until the policy uncertainty is resolved. This study attempts to answer the following several questions. Does uncertainty associated with political turnover impede firm entry? If an effect is observed, does the effect depend on other factors, namely, forms of political turnover, firm ownership structure and industrial research intensity?

Compared with other emerging market countries, China is ruled by one political party, which has no term limits and is not subject to "checked and balanced" by other legal or political institutions, so politics and politicians have a much stronger influence on businesses than other emerging market countries (Chen et al., 2018). Secondly, China's fiscal decentralization and government official promotion system facilitate local government officials to formulate different economic policies in their jurisdiction (Li & Zhou, 2005; Xu, 2011). The opaque system makes political turnover difficult to predict for most market participants, resulting in much policy uncertainty (An et al. 2016), and investors may pay more attention to the impact of government official turnover. Thirdly, China can provide rich data for such analysis. China has many cities, and the turnover of city leaders is very frequent. In general, a city – leader should serve a term of five years. However, many leaders are appointed to other positions before they complete their five – year term. As such, the frequent turnover of city leaders provides a large sample for our analysis.

In this paper, we collect the political turnover data in 268 cities during 1998 – 2009. The data are matched with the annual firm entry data in 30 manufacturing industries. We find that mayor turnover has no significant effect on firm entry, but the party secretary turnover significantly deters firm entry. When the party secretary is replaced, the probability of at least one entrant into a given industry is reduced by 1.1 percentage points, and the number of entrants is reduced by approximately 0.10. Further analysis reveals that the negative effect is stronger if the newly appointed leader is outsider, and when the political turnover is abnormal, which are typically associated with more policy uncertainty. In addition, the effect of political turnover on firm entry is stronger for non – state – owned entrepreneurs (non – SOEs) and high – technology industries.

The findings in this paper make three contributions to the literature. Firstly, we provide evidence that political uncertainty affects entrepreneurs' entry decisions. Notably, political uncertainty has been demonstrated to have significant effects on the behaviors of incumbent firms, such as investment, cash holdings and innovation; however, the impact on entrants has been overlooked. By focusing on firm entry, we show that political uncertainty affects firms at the extensive margin and the intensive margin. Secondly, we document the stylized fact that fewer firms enter the market during a year with political turnover, which is consistent with the observed reduced investment under political uncertainty. Finally, we show that the negative effect of political turnover on firm entry is not homogeneous, varying from the forms of political turnover and firms' characteristics, which may help us to understand the mechanism of the influencing of political uncertainty on firm entry. Because the effect is particularly strong among non – SOEs and high – tech industries, our study suggests a lower turnover frequency in cities with a large share of such firms and industries.

2. Literature review and hypotheses development

2.1 Literature review

2.2 Hypothesis development

An incumbent firm may adjust its behaviors in the presence of political uncertainty. Because entrants make decisions based on their future cash flows, they would also consider political uncertainty. In this section, we seek to establish the relationship between uncertainty induced by political turnover and firm entry. The entry decision is also illustrated with a simple model (Appendix A).

Institutional theory focuses on the relationship between organizations and their environments, which emphasizes how the organization behavior is shaped by the institutional environment, and how the organization adapts to institutional rules to obtain legitimacy (DiMaggio & Powell, 1983; Scott,

1987). An enterprise is an economic organization, and must be embedded in the institutional environment. Therefore, in order to obtain legitimacy, an enterprise must comply with the institutional environment, adapt its behaviors continuously, and align its codes of behaviors, norms and conventions with the institutional environment (DiMaggio & Powell, 1983; Suchman, 1995). By doing this, an enterprise also gains important economic resources and competitive advantages (Dacin, Oliver & Roy, 2007).

The institutional environment is divided into internal institutional environment (e. g. , structure, standards and established practices in the past) (Meyer & Rowan, 1977) and external institutional environment (e. g. , suppliers, customers, competitors and regulators) (Granovetter, 1985). Generally, institutional theory mainly emphasizes the important influence of external institutional environment on organization modes and organization behaviors. It is policy makers and implementers that mainly determine the external institutional environment, which means that the government plays a leading and pivotal role in the external institutional environment.

In China's transitional economy, local governments control critical resources such as land and bank loans, and have the power to make and implement local economic policies (An et al. , 2016; Dickson, 2003; Peng, 1997; Schmidt & Cummings, 1976). Although specific policies are implemented through various levels of governments, the effectiveness of implementation and operation is largely dependent on local government officials. China's fiscal decentralization and the party's cadre evaluation system promote local government officials to formulate different economic policies to boost economic growth in their jurisdiction (Li & Zhou, 2005; Xu, 2011). Government officials differ from each other in experience, knowledge, ability and preference; thus, the policies they enact may differ. Therefore, when leadership turnover takes place, firms in the affected jurisdictions face great uncertainties (Chen et al. , 2018). Political uncertainty can affect firm entry in the following ways.

Firstly, because of a lot of leeway in the laws and policies enforcement in their jurisdiction (An et al., 2016), local government leaders can shape the institutional environment. For instance, local government leaders can influence property rights protection system and contract enforcement system. Existing research shows that different regions have different institutional frameworks, and the institutional environment is significantly different, so enterprises will have significant differences in their entry and development strategies (Aparicio, Urbano & Audretsch, 2016; Fuentelsaz et al., 2015; Khanna & Palepu, 2010; Meyer & Peng, 2005). Thus, when there is local government leader turnover, enterprises will face uncertainties in earnings, and become cautious and hold back on entering the market.

Secondly, a change in political ties due to political turnover creates political uncertainty (Xu et al., 2016). In transition economies, building political ties is one of the ways for entrepreneurs to reduce risk (Johnson, McMillan & Woodruff, 2002), and enterprises will seek to establish stable ties with local governments (Piotroski & Zhang, 2014). Government – enterprise relations have become an insurmountable "iron cage" for Chinese enterprises (Sharma, Cheng & Leung, 2020). Government officials can provide government resources to enterprises that are closely related to them. Therefore, when the local government leader is changed, a firm's political ties become uncertain (Xu et al., 2016), and a lot of information asymmetries for successor leaders will affect the construction and maintenance of enterprise – government relations. New entrants require the establishment of relationships with the new government leaders through various channels, which takes a long time to restructure. Therefore, political turnover will have a negative impact on firm entry.

Thirdly, political turnover is inextricably linked to policy uncertainty, which contains the uncertainty over the government's future policy choice and the uncertainty over the enforcement of the current policies (Zhou, 2017). In China, fiscal decentralization offers local governments more right in economic jurisdiction, and local governments can introduce specific policies on subsidies, tax rates and land use (Xu, 2011). Because the government's various behaviors are strongly personal (Lei, Wang & Liu, 2015), and different officials have different policy preferences. Therefore, the individual difference in government leaders implies that when a leader is replaced, local policies may change. If unfavorable policies to the new firm are likely to be implemented, it is rational for an entrant to postpone its entry decision until the uncertainty is partially or fully removed. In other words, the entrant should consider the possibility of losses in addition to the expected profit. Based on this analysis, the following hypothesis is proposed.

H1 Political uncertainty arising from the political turnover can impede firm entry.

Given the negative effect of political uncertainty on firm entry, we further explore whether the effect depends on the form of political turnover, firms' ownership structure and industrial characteristics.

The degree of political uncertainty varies with the form of turnover and can therefore affect new firm formation differently. We first consider the origin of the government officials. A government official can be either promoted internally from the same city or appointed externally from another city or a higher government (An et al., 2016; Deng, Wu & Xu, 2019; Luo, Chen & Wu, 2017; Xu et al., 2016). An externally appointed official is associated with a higher degree of political uncertainty (An et al., 2016). In general, internal promotion officials are more familiar with local economic and political developments, so they are more predictable in policy formulation and are expected to reduce uncertainty following leadership positions (Luo, Chen & Wu, 2017). Also, an internally promoted official was part of the previous leadership, she or he tends to resume the previous policies. By contrast, an externally appointed official possesses less information on the previous policies and has different administration experience; thus, she or he is more likely to introduce different policies. Because new policies are difficult to predict, more uncertainty is associated with an externally appointed successor. Therefore, we hypothesize:

H2.1 The effect of political uncertainty on firm entry is stronger for externally appointed leaders.

In addition, political turnover can be normal or abnormal (Deng, Wu & Xu, 2019; Li & Zhou, 2005). For normal turnover, enterprises can forecast officials' promotion more accurately and make corresponding response in advance. Entrepreneurs can anticipate normal turnovers and collect information to form their expectations of possible successors and corresponding policies in advance. Therefore, less uncertainty is associated with normal turnovers. On the contrary, abnormal turnover could lead to a highly politically sensitive situation (Deng, Wu & Xu, 2019), which provides a larger shock to entrepreneurs. Because entrepreneurs are able to collect information on possible policies in advance, they are confronted with more uncertainty. Based on this analysis, the following hypothesis is proposed.

H2.2 The effect of political uncertainty on firm entry is stronger for abnormal political turnovers.

The effects may also depend on ownership structure. For simplicity, we divide firms into two categories of ownership: state – owned enterprises (SOEs) and non – state – owned enterprises (non – SOEs), as these two types of ultimate owners are subject to different regulations and have different operating objectives (Grosman, Okhmatovskiy & Wright, 2016). Ultimate ownership affects the response of enterprises to political turnover in the following ways.

Firstly, the ultimate of SOEs is the government (Jefferson et al., 2003), which is constrained by bureaucracy, and assists the government to carry out the state policies and regulations (Chen et al., 2011; Liu & Siu, 2011; Ramaswamy, 2001; Zhou, Gao & Zhao, 2016). The aim of SOEs managers is to fulfill administrative tasks (Freund, 2001; Ramamurti, 2000). Consequently, SOEs in an uncertain state do not have to weigh the additional benefits of early investment against the benefits of more information to be obtained than non – SOEs. In contrast, non – SOEs are mainly focusing on firms' profitability and more sensitive to political risk. As such, we argue that political turnover has a significantly larger effect on firm entry of non – SOEs.

Secondly, the firm entry is usually long – term investments with uncertain returns. Political connections exert different effects on government – supported resources with different ownership structure types (Wang et al., 2019; Wang et al., 2017). Because of being highly connected with the government, SOEs have advantages over non – SOEs in access to capital, resources, skilled labor and policy supports (Musacchio & Lazzarini, 2014; Wang et al., 2017). Generally, SOEs have advantages over non – SOEs in obtaining capital, skilled labor, resources and policy supports (Boeing, Mueller & Sandner, 2016; Wang et al., 2015). Due to the voids of capital markets, one major challenge for non – SOEs in emerging economies is the difficulty of obtaining financial resources (Zhou et al., 2014), Non – SOEs are discriminated in formal financing channels (Allen et al., 2005), and need to establish/maintain contact with the government for better operating environments and financial benefits (Kusnadi et al., 2015; Yen & Abosag, 2016). Therefore, comparing with non – SOEs, SOEs enter market more quickly and easily even in the uncertainty environment.

Thirdly, SOEs have better access to policy information than non – SOEs (Musacchio & Lazzarini, 2014), these advantages presumably could foster market entry activities. As a consequence, political turnover may have different effects on firm entry with different ownership structure. The natural relationship between SOEs and the government gives the two parties an advantage in information transfer, and SOEs can more easily obtain political connections. Therefore, SOEs can betterly predict the local policy changes and the possible impact and extent of the changes on corporate decision – making behaviors. However, non – SOEs have obvious information disadvantages and it is difficult to do this well. So, the link between political uncertainty and firm entry should be weaker in SOEs. We propose the following hypothesis:

H3.1 The effect of political uncertainty on firm entry is more pronounced in non – SOEs than SOEs.

Finally, the effect can be dependent on individual research intensity. High – tech industry is an extensive R&D activity, which is a long – term and high – risk investment, and it is full of uncertainty and unpredictablity. At the same time, the company's R&D activities need a large amount of long – term investment. When sufficient funding is not available, R&D activities may be interrupted or discontinued. As a result, enterprises with more R&D investment have significantly higher systemic risks than those with lower R&D investment. For companies with high R&D intensity, the main risks they face are the risks of business operations and the uncertainty of future returns (Ho et al., 2004). This up – front investment cannot be recovered once unfavorable events occur. Therefore, entrants into high – tech industries are more cautious about entry. We propose the following hypothesis:

H3.2 The effect of political uncertainty on firm entry is stronger for high – tech industries.

Our hypotheses are summarized in Figure 1.

[Figure 1 about here]

3. Empirical strategy and data

3.1 Data and sample

Our data are mainly from two datasets namely a dataset of the National

Bureau of Statistics of China and a dataset we compiled.

Industry – related variables are from the Chinese Industrial Enterprises Database, which is a longitudinal micro – level database composed of annual surveys of manufacturing, mining, and construction firms that at least with five million *yuan* of annual sales. As the most comprehensive and detailed source of information on industrial firms, this database has been used by some leading academic researches (Hsieh & Klenow, 2009; Song et al. , 2011) [1]. In this study, we take the manufacturing sector as our object of study, and construct a panel dataset for 30 industries in 268 cities during 1998 – 2009[2].

The city – related control variables are mainly from the *Statistical Bulletin* for each city, *China City Statistical Yearbook* and *Statistical Yearbook* for each province. These sources are the most comprehensive statistics on the social and economic development of Chinese prefectural cities. The statistics include, for example, GDP, government expenditure, population, employment and education.

The politician profile data are compiled from www. people. cn, Xinhua-

---

[1] The drawback of the database is that small enterprises are not included because of the size requirement. However, this problem is not of much concern. Firstly, the size requirement is not very demanding. Secondly, it is innocuous to focus on large enterprises because they play a vital role in local economic development. For instance, the value added by enterprises above the size threshold constitutes more than 53% of total value added of the second industry in 2009.

[2] Manufacturing is still an important part of the economies of the world's major powers and manufacturing enterprises have greater sunk costs and more susceptible to government policy. Therefore, similar to general literature (Brandt et al. , 2012; Ellison & Glaeser, 1997, 1999; Ellison et al. , 2010; Lu & Tao, 2009; Rosenthal & Strange, 2001; Yu, 2015), we focus only on manufacturing firms. The existence and widespread application of the Chinese Industrial Enterprises Database make the address information of manufacturing enterprises relatively easy to obtain, relatively complete and reliable. This database has been used by some leading academic papers (e. g. , Hsieh & Klenow, 2009; Song et al. , 2011) .

Net and Baidu Encyclopedia①. The data contain the names of the municipal party committee secretary and the mayor of 268 cities during 1998 – 2009. The data also contain the previous position of each secretary and mayor. The data are cross – checked with other sources to ensure quality.

3.2 Dependent variable: firm entry

We take the firm entry (*Entry* and *Entrants*) as the dependent variable. Disney et al. (2003) document that, if between Censuses a new establishment reference number appears, they count this as entry. If one disappears they count this as exit. If the number survives, this is survival. Therefore, we first construct a dummy variable (*Entry*) indicating whether there is at least one firm entering a given industry and a given city. In order to measure new firm formation more quantitatively, the number of entrants (*Entrants*) is further employed.

3.3 Independent variable: political uncertainty

The main explanatory variable is political uncertainty, following the literature (e.g., An et al., 2016; Chen et al., 2018), political uncertainty is measured by the turnover of city government officials. Typically, a Chinese city has two leaders, the municipal party committee secretary and the mayor. The municipal party committee secretary is the highest – ranking official and responsible for general policy and managing the party bureaucracy. The mayor is the second – highest – ranking official and responsible for managing the city administration. When the municipal party committee secretary or the mayor is replaced, the policies that the new leader will introduce cannot be instantly observed; thus, there is uncertainty in the short run. Therefore, we construct a dummy to indicate whether a government official is replaced. If the date the new government official takes over is January

---

① www. people. cn is a Chinese news website owned by People's Daily. XinhuaNet is the official website of Xinhua Agency. Baidu Encyclopedia is the most comprehensive online encyclopedia in China. Thus, the data are very reliable.

1 through June 30 in a given year, the dummy takes the value one in this year and zero otherwise, and if the new leader takes over on July 1 through December 31, it takes the value one in the next year.

3.4 Control variables

Toisolate the effect of political uncertainty, other city – specific factors variables suggested to affect firm formation are controlled. Because our interest is the uncertainty induced by political turnover, we must control for the average policy of the government. Thus, we include government expenditure (*Gov_ Exp*) and corruption (*Corruption*) in the regression. *Gov_ Exp* is measured by the ratio of government expenditure to gross domestic product (GDP). The government expenditure roughly indicates the degree of government intervention in economic development, and which often shows an obstacle to the economy. Following prior studies (Anokhin & Schulze, 2009; Mohamadi, Peltonen & Wincent, 2017), we also control for the corruption situation (*Corruption*) in our model. Because of the limitation of data sources, we measure corruption at the province level by the number of corruption cases per one million public officials (Wang, Zhao & Chen, 2020). Also, considering that openness may affect new firm formation (Bjørnskov & Foss, 2008; Nyström, 2008), we also control for foreign direct investment (*FDI*) at the city level, which is measured by the ratio of foreign direct investment to gross domestic product (GDP) and is positively correlated with firm entry. Besides, financial development (*Fin_ Dev*) is a critical factor that impedes new firm formation (Black & Strahan, 2002). Although the ratio of private sector credit to GDP is an accurate indicator of the extent of financial deepening, this indicator cannot be obtained from public statistics. Therefore, we use the ratio of total credit to GDP to measure the degree of city's financial development. Finally, industrial structure (*Share_ 2nd* and *Share_ 3rd*) and GDP per capita (*GDP_ PC*) are also controlled for in the analysis. The shares of second industry (*Share_ 2nd*) is measured by the ratio of output value of secondary industry to GDP, which reflects the level of industrialization of the city. The shares of third industry (*Share_ 3rd*) is defined as the proportion of tertiary industry in GDP. The level of economic development (*GDP_ PC*) may also affect the likelihood of potential new companies entering. As a result, in regions with higher economic growth rates, the benefits of new business entry may be correspondingly higher. This article takes the per capita GDP growth rate to measure the economic development level of each city. All variables are further explained in Appendix B.

3.5 Empirical model

To uncover the effects of political uncertainty on firm entry, we build the following econometric model[①]:

$$Y_{ijt} = \alpha + \beta_1 Turnover_{jt} + \beta_2 Gov\_ Exp_{jt} + \beta_3 Corruption_{jt} + \beta_4 FDI_{jt} + \beta_5 Fin\_ Dev_{jt} + \beta_6 Share\_ 2nd_{jt} + \beta_7 Share\_ 3nd_{jt} + \beta_8 GDP\_ PC_{jt} + \gamma_i + \gamma_j + \gamma_t + \varepsilon_{ijt} \tag{1}$$

Where i indicates an industry, j reprensents a city and t denotes a year. The dependent variable is firm entry (Y_{ijt}), for which we use two measures. Firstly, we construct a dummy variable (*Entry*) indicating whether at least one firm is entering a given industry and a given city. To measure new firm formation more quantitatively, the number of entrants (*Entrants*) is further employed. The main explanatory variable of interest is political uncertainty, which is measured by city government official turnover. We have four measures of political uncertainty. We also control the city – level variables. Additionally, we control for the fixed effects at the industry, city and year level.

3.6 Descriptive statistics (N/A)

[①] An alternative is to run nonlinear models (probit model for dummy outcome variable, negative binomial model or poisson model for count outcome variable). Notably, the obtained average marginal effects are very close to those in the linear models.

4. Empirical analysis and results
4.1 Univariate analysis (N/A)
4.2 Multivariate analysis

We present the results of Eq. (1) in Table A5 for hypothesis H1. In Panel A, the dependent variable is the dummy variable (*Entry*). Column (1) shows that the city's communist party secretary turnover (*Turnover_ Secretary*) has a significantly negative effect on firm entry at the 1% level, suggesting that when the communist party secretary is replaced, the probability of at least one entrant into a given industry is decreased by 1.1 percentage points. To provide additional insights into the relation between different types of official turnover and firm entry decisions, we report the results of mayor turnover (*Turnover_ Mayor*) in Column (2), and the coefficient of *Turnover_ Mayor* is not significant and much smaller. The reason for the distinction could be that the communist party secretary is the supreme leader at the city level and plays a decisive role in making the regional policies; however, both the secretary and the mayor are critical. The estimated coefficient of *Turnover_ Both* is −0.009 and is significant at the 10% level in Column (3), and the estimated coefficient of *Turnover_ Either* is −0.008 and is significant at the 5% level in Column (4). This finding indicates that the effect of turnover is the greatest when the city's communist party secretary changes.

In Panel B, the dependent variable is the number of entrants (*Entrants*). The estimated coefficients of the city's communist party secretary turnover (*Turnover_ Secretary*) is still significantly negative, which suggests that changes in local government officials impede firm entry. However, the estimated coefficient of *Turnover_ Mayor* is still not significant.

The results of the control variables are in line with our expectations: corruption and government size severely impede firm entry, whereas FDI, financial development, GDP per capita and a large share of non − agriculture sectors promote firm entry.

[Table A5 about here]

4.3 Addressing endogeneity

There are mainly two potential problems of endogeneity in our study. One is that the correlation between firm entry and political uncertainty may due to some unobserved firm heterogeneity; The other lies in the reverse causality between firm entry and political uncertainty. To identify the causal effect of political uncertainty on firm entry. Firstly, we use the method proposed by Oster (2019) to investigate the possible missing variables and their impact on regression. Secondly, we adopt IV estimation approach using local government officials' tenure and age to instrument the potentially endogenous *Turnover_ Secretary* or *Turnover_ Mayor* variable.

4.3.1 Assessing selection on unobservables

Oster (2019) proved that when a model may have unobservable missing variables, the estimator $\beta^* = \beta^* (R_{max}, \delta)$ can be used to obtain a consistent estimate of the true coefficients, δ is the selection proportionality; R_{max} means that if the unobservable missing variable can be observed, the maximum goodness of fit of the regression equation. Following Oster (2019), R_{max} is 1.3 times the current regression goodness of fit. As this method is based on OLS, the coefficients of proportionality (δ) range from 1.446 to 45.354 for regressions in which political turnover has a negative effect on firm entry. As we have included a comprehensive set of control variables in all regressions, it is a very low probability that our baseline findings are spuriously driven by unobservable omitted variables.

4.3.2 Instrument Variable (IV) estimates

To explore the causal effects of political turnover, we use an IV approach, which needs an instrument correlated with political turnover while uncorrelated with other factors, which may affect firm entry once we include various controls.① Our analysis is unlikely to suffer from reverse causality because entrants are typically too small to influence the turnover of political leaders. However, some unobserved factors may affect both firm entry and political turnover, resulting in a significant relationship among them. To ensure the reliability of our results, we borrow a method from An et al. (2016), who adopt an instrumental variable approach and use the tenure, age and education level of the government leader prior to the turnover year as the instruments for political turnover. In this study, we focus on the tenure and age of the appointed officials because they have been suggested to be the most powerful predictor of turnover.

Moreover, at least three reasons justify the orthogonality between our IV and the error term in equation (1). Firstly, the reverse causality bias is alleviated because individual firm entry behavior barely affects the city – sector level of political turnover. Secondly, after controlling series of variables, including entrepreneurial and characteristics and various fixed effects, the influence of unobserved firm heterogeneity on the city – sector level of political turnover is almost impossible. Thirdly, the projected tenure of officials is based solely on past information and is not influenced by current economic factors; thus, the projected tenure of officials is unlikely to affect foreign

---

① As for the relevance of instrumental variables, China's leading party and government cadres have adopted the term tenure system, that is, any official has a clear and limited term in the same position. Based on the regulations on the moving of the leading party and government cadres, promulgated by the central committee in 2006, members of local party committees and government leaders at or above the county level who have held the same position for 10 years must communicate. Additionally, the central government introduced the interim provisions on the term of office of officals, which stipulated that the term of office of officials at the same level could not exceed 15 years. Thus, after 10 years in the same job, officials must transfer to other regions (or departments). But if the officer is not promoted after five years in the same position, she or he is transferred elsewhere, she or he must step down. Therefore, the term of office of local government officials in the same position can affect political turnover. Xu et al. (2016) point out that although the normal replacement time of local government officials is five years, the actual replacement time of mayor and party secretary is on average less than three years.

companies' access to local markets for investment.

Table A6 reports the 2SLS regression results. Columns (1) and (2) show the first-stage results. Both *Tenure_ Secretary* and *Age_ Secretary* are significantly related to political turnover. Columns (3) – (6) show the second stage results. The city's communist party secretary turnover (*Turnover_ Secretary*) has a significantly negative effect on the probability of at least one entrant (*Entry*) and the number of entrants (*Entrants*). In addition, the economic size of the effect is moderately larger than that in the OLS regression. Overall, we observe a causal effect of political turnover on firm entry.

[Table A6 about here]

4.4 Additional analysis

4.4.3 Firm's ownership structure: SOEs versus non-SOEs

Different ownership structure is characterized by different objectives and constraints faced by firms. SOEs, whose ultimate owner is the government, so probably they are not responsive to increasing political uncertainty. However, non-SOEs, including foreign-owned firms and private domestic firms, are expected to be most sensitive to the uncertainty associated with political turnover, because they are profit-maximizing.

To test the different effects of ownership, the outcome variables (firm entry dummy and number of entrants) are redefined for the two types of firms, and previous analysis is repeated for them respectively. The results are reported in Table A9. The city's communist party secretary turnover is statistically and negatively associated with firm entry for non-SOEs in Columns (2) and (4). The results indicate that the effects of political turnover on firm entry are distinguishable between SOEs and non-SOEs. Our findings support H3.1, that is, the effect of political uncertainty on firm entry is the least strong for SOEs and the strongest for non-SOE.

[Table A9 about here]

4.4.4 Research intensity: high-tech industries versus low-tech industries

We further test how the effect depends on research intensity. Using research intensity as the indicator, the OECD divides industries into four categories. Taking the classification standard of OECD as a starting point, we divide China's manufacturing industries into high-tech and low-tech categories. To test the heterogeneous effect along the research intensity dimension, we run regressions for high-tech and low-tech industries, respectively, and check the difference.

The results in Table A10 show that firm entry in the high-tech industries is more sensitive to political uncertainty. The results show that an obvious difference can be observed if new firm formation is measured by the entry dummy, which is consistent with the assumption of H3.2. However, when firm entry is measured by the number of entrants, there is no big difference in the two types of firms. The Wald test suggests no statistical difference between low-tech and high-tech firms.

[Table A10 about here]

4.5 Robustness checks

4.5.1 Hierarchical linear model analysis

In order to use HLM to address the nested data, we redefine the multilevel model and attempt to use the three-level nested data to carry out empirical research therewith. Figure 1 takes the three-level linear model as an example to show the three-level linear models in our research.

Based on Figure 2, we develop a three-level model:

[Figure 2 about here]

Level – 1 Model:

$$Y_{ijk} = \pi_{0jk} + \pi_{1jk}Turnover_{ijk} + \pi_{2jk}Gov\_Exp_{ijk} + \pi_{3jk}FDI_{ijk} + \pi_{4jk}Fin\_Dev_{ijk} + \pi_{5jk}Share\_2nd_{ijk} + \pi_{6jk}Share\_3nd_{ijk} + \pi_{7jk}GDP\_PC_{ijk} + e_{ijk} \quad (2)$$

Level – 2 Model:

$$\pi_{0jk} = \beta_{00k} + \beta_{01k}Corruption_{jk} + r_{0jk} \quad (3)$$

$$\pi_{qjk} = \beta_{q0k}, \text{for } q = 1,2,3,4,5,6,7 \quad (4)$$

Level – 3 Model:

$$\beta_{00k} = \gamma_{000} + u_{00k} \quad (5)$$

$$\beta_{q1k} = \gamma_{q10}, \text{for } q = 1,2,3,4,5,6,7 \quad (6)$$

Mixed Effect Model:

$$Y_{ijk} = \gamma_{000} + \gamma_{010}Corruption_{jk} + \gamma_{100}Turnover_{ijk} + \gamma_{200}Gov\_Exp_{ijk} + \gamma_{300}FDI_{ijk} + \gamma_{400}Fin\_Dev_{ijk} + \gamma_{500}Share\_2nd_{ijk} + \gamma_{600}Share\_3nd_{ijk} + \gamma_{700}GDP\_PC_{ijk} + r_{0jk} + u_{00k} + e_{ijk} \quad (7)$$

Where k denotes a province, j denotes a year and I denotes a city. Table 11 presents our estimation results by using hierarchical linear model. In Panel A of Table 11, the variance between the level – 2 and level – 3 are significant at the 1% level, and the values of inter – class correlation (ICC) are 8.71% and 4.56%. In Panel B of Table 11, the variance between the level – 2 and level – 3 are statistically significant, and the values of ICC are 6.23% and 2.79%, respectively. Therefore, we can reject the original hypothesis and adopt HLM for our analysis. In Panel C of Table 11, the HLM estimation results are consistent with the baseline regression, but considering that in HLM, the ICC is small (< 10%) in the zero – model test, which belongs to the weak group correlation.

[Table A11 about here]

4.5.2　Drop higher – level cities

The results could be driven by some sub – samples. China has three types of cities. The majority are inferior to the provinces and are under the control of the province where the cities are located. In addition, four centrally administrated cities are at the same level as a province. Vice – province – level cities are those ranked between the province and the ordinary cities. Although the turnover of city leaders depends largely on economic factors, in the special cities, political factors may also be a consideration. Thus, political uncertainty can have different effects. In our study, the main interest is the effect on the majority of the cities. Notably, although the province – level cities have been excluded from the sample, the previous results could still be driven by the vice – province – level cities. To address this concern, we further drop the vice – province – level cities and repeat the baseline analysis for turnovers of the party secretaries.

Table A12 verifies that the results are robust to the sample restriction. Firstly, the effects are still significant statistically for the probability of at least one entrant or for the number of entrants. Secondly, the economic size of the effects is very close to that in the baseline results.

4.5.3　Drop predictable turnovers

Following Julio and Yook (2012), a common correlation (e.g., political cycle) may lead to a negative correlation between political uncertainty and firm entry. To reduce the endogenous impact, the political uncertainty variables of this part of the robustness analysis firstly return to the time dummy variable and the annual GDP growth rate of each city and then use the obtained residuals for quantitative analysis, which can reduce the normal officials expected by the enterprise. The impact of political uncertainty is caused by resignation. The results in Columns (3) – (4) of Table A12 show that the impact of unanticipated official changes on corporate market entry is still significantly negative, excluding the impact of expected official changes.

[Table A12 about here]

5. Conclusion

This study aims to examine the effect of political turnover on firm entry in China. After controlling for factors that may affect firm investment suggested by prior studies, firm entry is significantly negatively correlated with the city's communist party secretary turnover, which is measured by the formulation of new enterprises. Furthermore, we find that the city's communist party secretary turnover exerts a strong influence on firm entry when the new appointed leader comes from a different city, and when the official turnover does not take place around the National Party Congress. Moreover, the results of subsample analysis further demonstrate that the effect of political uncertainty on firm entry is stronger for non-SOEs and high-technology industries.

This study contributes to the literature on entrepreneurial decision-making by accounting for the possible effect of political uncertainty. Recent empirical studies have found that political uncertainty is associated with incumbent firm activities in China, such as corporate investment (An et al., 2016), corporate cash holdings (Xu et al., 2016), firms' information environment (Chen et al., 2018) and firm pollution discharges (Deng et al., 2019). However, compared with the evidence about the incumbent firm impact of political uncertainty, less well understood is how political uncertainty affects new firms in the market. This study expands the research on the economic behavior of heterogeneous enterprises in uncertain environments. Under uncertain circumstances, new entrepreneurs' decision often depends on the expected future profits. Events due to uncertainty can create an investment cycle by temporarily increasing the return of waiting information. So even if the firm's expected profit is positive, they do not enter the market immediately, but delay the decision to enter. Therefore, our results are consistent with the real option theory that investor uncertainty trade off the extra returns from early investments and may withhold irreversible investment until much of the uncertainty is eliminated (e. g. , Bernanke, 1983; Jens, 2017; Julio & Yook, 2012; Pindyck & Solimano, 1993; Rodrik, 1991).

Our findings provide some insight into the roles of local officials in emerging markets. Institutional theory emphasized that institutions are the more fundamental cause for economic growth (e. g. , North & Thomas, 1973; Acemoglu et al. , 2005). However, empirical studies in the literature have found that government leaders play an important role in economic growth (e. g. , Glaeser et al. , 2004; Jones & Olken, 2005; Yao & Zhang, 2015). In China, subnational leaders have significantly different levels of abilities to promote local economic growth (Yao & Zhang, 2015). Our results show that local government officials are an important determinant of corporate performance. The local government is entitled to economic governance and has the power to make and implement local economic policies. Because of a lot of leeway in the laws and policies enforcement in their jurisdiction (An et al. , 2016), the local government leaders can shape the institutional environment (e. g. , property rights protection system, contract enforcement system). As such, when a political leader is replaced, the institutional environment, a firm's political ties and economic policy would become uncertain (Xu et al. , 2016).

Our findings have important and relevant practical implications. Firstly, it may be important for policymakers to find mechanisms to reduce unnecessary political uncertainty. To properly guide local resource allocation, new officials should understand the local economic development in advance. After taking office, they should maintain the continuity and stability of economic policies and avoid changing regional development policies frequently. Secondly, it is important for entrants to understand that different industries and firms are exposed to different levels of political uncertainty. As a result, they can prepare for the possible impact and act accordingly. Entrepreneurs need to collect more relevant information (such as the official's age, education and sources) before and after the government leader changes, so as to form more accurate expectations for future government policies and minimize uncertainties for enterprises influences.

On the one hand, previous studies suggest that in the presence of uncertainty, regarding the quality of policy formulation and implementation, and the credibility of the government's commitment to such policies as well as political instability and tensions, firms hold back their investment (Akron et al., 2020; An et al., 2016; Gulen & Ion, 2016; Julio & Yook, 2012; Jens, 2017) and households put off some large spending (Aaberge, Liu & Zhu, 2017) until the uncertainty is removed. So, political uncertainty has a negative effect on firm behavior in all countries, and our findings can generalize to the other similar emerging market countries. On the other hand, Chinese municipalities are large jurisdictions that govern millions, often tens of millions, in population. The Chinese political governance system leaves local municipalities as semi-autonomous economic regions, and the highest-ranking municipal officials wield such vast power in their jurisdictions (Chen et al., 2018). As such, since our research setting is the highly politicized and less transparent Chinese market, our results may extend to markets such as Vietnam and Russia.

However, our study still has a few limitations. Firstly, in view of the availability of firm data, this paper does not empirical analysis the transmission mechanism of the impact of political uncertainty on firm entry. Secondly, the Chinese Industrial Enterprises Database has updated to 2013, but 2010 - 2013 period data are seriously missing and the statistical caliber has changed, such as industrial added value and labor cost related variables are seriously missing. Therefore, future research can use data from 2010 – 2013 to update and furtherly validate our findings.

References

Aaberge, R., Liu, K. & Zhu, Y., "Political uncertainty and household savings", *Journal of Comparative Economics*, Vol. 45, No. 1, 2017.

Acemoglu, D., Johnson, S. & Robinson, J. A., "Institutions as the Fundamental Cause of Long – Run Growth. In P. Aghion & S. N. Durlauf (Eds.), Handbook of Economic Growth", Amsterdam: North Holland.

Aghion, P., Blundell, R., Griffith, R., Howitt, P. & Prantl, S., "The Effects of Entry on Incumbent Innovation and Productivity", *Review of Economics and Statistics*, Vol. 91, No. 1, 2009.

Aghion, P., Burgess, R., Redding, S. J. & Zilibotti, F., "The Unequal Effects of Liberalization: Evidence from Dismantling the License Raj in India", *American Economic Review*, Vol. 98, No. 4, 2008.

Aghion, P., Harris, C., Howitt, P, & Vickers, J., "Competition, Imitation and Growth with Step – By – Step Innovation", *Review of Economic Studies*, Vol. 68, No. 3, 2001.

Akron, S., Demir, E., Díez – Esteban, J. M, & García – Gómez, C. D., "Economic Policy Uncertainty and Corporate Investment: Evidence from the U. S. Hospitality Industry", *Tourism Management*, Vol. 77, 2020.

Alder, S., Shao, L. & Zilibotti, F., "Economic Reforms and Industrial Policy in a Panel of Chinese Cities", *Journal of Economic Growth*, Vol. 21, No. 4, 2016.

Allen, F., Qian, J. & Qian, M., "Law, Finance and Economic Growth in China", *Journal Financial Economics*, Vol. 77, 2005.

An, H., Chen, Y. Y., Luo, D. L. & Zhang, T., "Political Uncertainty and Corporate Investment: Evidence from China", *Journal of Corporate Finance*, Vol. 36, 2016.

Anokhin, S. & Schulze, W., "Entrepreneurship, Innovation and Corruption", *Journal of Business Venturing*, Vol. 24, No. 5, 2009.

Aparicio, S., Urbano, D. & Audretsch, D., "Institutional Factors, Opportunity Entrepreneurship and Economic Growth: Panel Data Evidence", *Technological Forecasting & Social Change*, Vol. 102, 2016.

Audretsch, D. B., Dohse, D. & Dos Santos, J. P., "Do Toll – Free Highways Foster Firm Formation and Employment Growth? Results from a Quasi – natural Experiment", *Kiel Working Paper* 2080.

Aw, B. Y., Chen, X. & Roberts, M. J., "Firm – Level Evidence on Productivity Differentials and Turnover in Taiwanese Manufacturing", *Journal of Development Economics*, Vol. 66, No. 1, 2001.

Bartelsman, E., Haltiwanger, J. & Scarpetta, S., "Cross – Country Differences in Productivity: The Role of Allocation and Selection", *American Economic Review*, Vol. 103, No. 1, 2013.

Bernanke, B. S., "Irreversibility, Uncertainty and Cyclical Investment", *Quarterly Journal of Economics*, Vol. 98, No. 1, 1983, pp. 85 – 106.

Białkowski, J., Gottschalk, K. & Wisniewski, T. P., "Stock Market Volatility Around National Elections", *Journal of Banking & Finance*, Vol. 32, No. 9, 2008.

Bjørnskov, C. & Foss, N. J., "Economic Freedom and Entrepreneurial Activity: Some Cross – Country Evidence", *Public Choice*, Vol. 134, No. 3 – 4, 2008.

Black, S. E. & Strahan, P. E., "Entrepreneurship and Bank Credit Availability", *Journal of Finance*, Vol. 57, No. 6, 2002.

Bloom, N. & Van Reenen, J., "Measuring and Explaining Management Practices Across Firms and Countries", *The Quarterly Journal of Economics*, Vol. 122, No. 4, 2009.

Boeing, P., Mueller, E. & Sandner, P., "China's R&D Explosion—Analyzing Productivity Effects Across Ownership Types and over Time", *Research Policy*, Vol. 45, No. 1, 2016.

Boisot, M. & Child, J., "From Fiefs to Clans and Network Capitalism: Explaining China's Emerging Economic Order", *Administrative Science Quarterly*, Vol. 41, 1996.

Brandt, L., Van Biesebroeck, J. & Zhang, Y. F., "Creative Accounting or Creative Destruction? Firm – Level Productivity Growth in Chinese Manufacturing", *Journal of Development Economics*, Vol. 97, No. 2, 2012.

Branstetter, L., Lima, F., Taylor, L. J. & Venâncio, A., "Do Entry Regulations Deter Entrepreneurship and Job Creation? Evidence from Recent Reforms in Portugal", *Economic Journal*, Vol. 124, No. 577, 2013.

Bruhn, M., "License to Sell: The Effect of Business Registration Reform on Entrepreneurial Activity in Mexico", *Review of Economics and Statistics*, Vol. 93, No. 1, 2011.

Buera, F. J., "A Dynamic Model of Entrepreneurship with Borrowing Constraints: Theory and Evidence", *Annals of Finance*, Vol. 5, No. 3 – 4, 2009.

Chen, S., Sun, Z., Tang, S., Wu, D., "Government Intervention and Investment Efficiency: Evidence from China", *Journal of Corporate Finance*, Vol. 17, No. 2, 2011.

Chen, Y. S., Chen, D. Q., Wang, W. M. & Zheng, D. J., "Political Uncertainty and Firms' Information Environment: Evidence from China", *Journal of Accounting and Public Policy*, Vol. 37, 2018.

Clark, K. & Ramachandran, I., "Subsidiary Entrepreneurship and

Entrepreneurial Opportunity: An Institutional Perspective", *Journal of International Management*, Vol. 25, 2019.

Çolak, G., Durnev, A. & Qian, Y., "Political Uncertainty and IPO Activity: Evidence from U. S. Gubernatorial Elections", *Journal of Financial and Quantitative Analysis*, Vol. 52, No. 6, 2017.

Da Rin, M., Di Giacomo, M. & Sembenelli, A., "Entrepreneurship, Firm Entry, and the Taxation of Corporate Income: Evidence from Europe", *Journal of Public Economics*, Vol. 95, No. 9 – 10, 2011.

Dacin, M. T., Oliver, C. & Roy J., "The Legitimacy of Strategic Alliances: An Institutional Perspective", *Strategic Management Journal*, Vol. 28, No. 2, 2007.

Dai, W. & Si, S, "Government Policies and Firms' Entrepreneurial Orientation: Strategic Choice and Institutional Perspectives", *Journal of Business Research*, Vol. 93, 2018.

Deng, Y. P., Wu, Y. R. & Xu, H. L., "Political Turnover and Firm Pollution Discharges: An Empirical Study", *China Economic Review*, Vol. 58, 2019.

Desai, M., Gompers, P. & Lerner, J., "Institutions, Capital Constraints and Entrepreneurial Firm Dynamics: Evidence from Europe", *NBER Working Paper* 10165, 2003.

Devereux, M. P. & Griffith, R., "Taxes and the Location of Production: Evidence from a Panel of US Multinationals", *Journal of Public Economics*, Vol. 68, No. 3, 1998.

Dickson, B. J., "Red Capitalists in China: The Party, Private Entrepreneurs and Prospects for Political Change", *Cambridge University Press*, 2003.

DiMaggio, P. J. & Powell, W. W., "The Iron Cage Revisited: Institutional Isomorphism and Collective Rationality in Organizational Fields", *American Sociological Review*, Vol. 48, 1983.

Djankov, S., La Porta, R., Lopez – de – Silanes, F. & Shleifer, A., "The Regulation of Entry", *Quarterly Journal of Economics*, Vol. 117, No. 1, 2002.

Duong, H. N., Nguyen, J. H., Nguyen, M. & Rhee, S. G., "Navigating Through Economic Policy Uncertainty: The Role of Corporate Cash Holdings", *Journal of Corporate Finance*, Vol. 62, 2020.

Ellison, G. & Glaeser, E., "Geographic Concentration in U. S. Manufacturing Industries: A Dartboard Approach", *Journal of Political Economy*, Vol. 105, No. 5, 1997.

Ellison, G. & Glaeser, E., "The Geographic Concentration of Industry: Does Natural Advantage Explain Agglomeration?", *American Economic Review*, Vol. 89, No. 2, 1999.

Ellison, G., Glaeser, E. & Kerr, W. R., "What Causes Industry Agglomeration? Evidence from Coagglomeration Patterns", *American Economic Review*, Vol. 100, No. 3, 2010.

Evans, D. S. & Leighton, L. S., "Some Empirical Aspects of entrepreneurship", *American Economic Review*, Vol. 79, No. 3, 1989.

Foster, L., Haltiwanger, J. & Syverson, C., "Reallocation, Firm Turnover and Efficiency: Selection on Productivity or Profitability?", *American Economic Review*, Vol. 98, No. 1, 2008.

Freund, E. M., "Fizz, Froth, Flat: The Challenge of Converting China's SOEs into Shareholding Corporations", *Policy Studies Review*, Vol. 18, 2001.

Fuentelsaz, L., González, C., Maícas, J. P. & Montero, J., "How Different Formal Institutions Affect Opportunity and Necessity Entrepreneurship", *BRQ Business Research Quarterly*, Vol. 18, No. 4, 2015.

Gemmill, G., "Political Risk and Market Efficiency: Tests Based in British Stock and Options Markets in the 1987 Election", *Journal of Banking & Finance*, Vol. 16, No. 1, 1992.

Gholipour, H. F., "The Effects of Economic Policy and Political Uncertainties on Economic Activities", *Research in International Business and Finance*, Vol. 48, 2019.

Glaeser, E. L., La Porta, R., Lopez – de – Silanes, F. & Shleifer, A. (2004), "Do Institutions Cause Growth?", *Journal of Economic Growth*, Vol. 9, 2004.

Goodell, J. W. & Vähämaa, S., "US Presidential Elections and Implied Volatility: The Role of Political Uncertainty", *Journal of Banking & Finance*, Vol. 37, No. 3, 2013.

Goodell, J. W., McGee, R. J. & McGroarty, F., "Election Uncertainty, Economic Policy Uncertainty and Financial Market Uncertainty: A Prediction Market Analysis", *Journal of Banking and Finance*, Vol. 110, 2020.

Gulen, H. & Ion, M., "Policy Uncertainty and Corporate Investment", *The Review of Financial Studies*, Vol. 29, No. 3, 2016.

Hammoudeh, S. & McAleer, M., "Advances in Financial Risk Management and Economic Policy Uncertainty: An Overview", *International Review of Economics and Finance*, Vol. 40, 2015.

He, F., Wang, Z. W. & Yin, L. B., "Asymmetric Volatility Spillovers Between International Economic Policy Uncertainty and the US Stock Market", *The North American Journal of Economics and Finance*, Vol. 51, 2020.

Ho, Y. K., Xu, Z. & Yap, C. M., "R&D Investment and Systematic Risk", *Accounting and Finance*, Vol. 44, 2004.

Holl, A., "Transport Infrastructure, Agglomeration Economies and Firm Birth: Empirical Evidence from Portugal", *Journal of Regional Science*, Vol. 44, No. 4, 2004.

Holtz – Eakin, D. & Rosen, H. S., "Entrepreneurial Decisions and Liquidity Constraints", *Rand Journal of Economics*, Vol. 25, No. 2,

1994.

Hsieh, C. T. & Klenow, P. J., "Misallocation and Manufacturing TFP in China and India", *The Quarterly Journal of Economics*, Vol. 124, No. 4, 2009.

Jefferson, G., Hu, A., Guan, X. & Yu X., "Ownership, Performance and Innovation in China's Large – And Medium – Size Industrial Enterprise Sector", *China Economic Review*, Vol. 14, 2003.

Jens, C. E, "Political Uncertainty and Investment: Causal Evidence from US Gubernatorial Elections", *Journal of Financial Economics*, Vol. 124, No. 3, 2017.

Johnson, S., McMillan, J. & Woodruff, C., "Property Rights and Finance", *The American Economic Review*, Vol. 92, 2002.

Jones, B. F. & Olken, B. A., "Do Leaders Matter? National Leadership and Growth Since World War II", *Quarterly Journal of Economics*, Vol. 120, 2005.

Julio, B. & Yook, Y., "Political Uncertainty and Corporate Investment Cycles", *Journal of Finance*, Vol. 67, No. 1, 2012.

Kaplan, D. S., Piedra, E. & Seira, E., "Entry Regulation and Business Start – Ups: Evidence from Mexico", *Journal of Public Economics*, Vol. 95, No. 11 – 12, 2011.

Khanna, T. & Palepu, K., "Why Focused Strategies May Be Wrong for Emerging Market", *Harvard Business Review*, Vol. 74, No. 4, 1997.

Khanna, T. & Palepu, K. G., "Winning in Emerging Markets: A Road Map for Strategy and Execution", Boston, MA: Harvard Business Press, 2016.

Kim, B. H. & Hong, S., "Political Change and Turnovers: How Do Political Principals Consider Organizational, Individual and Performance Information?", *Public Choice*, Vol. 181, 2019.

Klapper, L. , Laeven, L. & Rajan, R. , "Entry Regulation as a Barrier to Entrepreneurship", *Journal of Financial Economics*, Vol. 82, No. 3, 2006.

Kusnadi, Y. , Yang, Z. & Zhou, Y. , "Institutional Development, State Ownership and Corporate Cash Holdings: Evidence from China", *Journal of Business Research*, Vol. 68, No. 2, 2019.

Lee, K. H. , "Cross – Border Mergers and Acquisitions Amid Political Uncertainty: A Bargaining Perspective", *Strategic Management Journal*, Vol. 39, No. 11, 2018.

Lee, Y. & Mukoyama, T. , "Entry and Exit of Manufacturing Plants over the Business Cycle", *European Economic Review*, Vol. 77, 2015.

Lei, G. , Wang, W. & Liu, M. , "Political Uncertainty, Dividend Policy Adjustments and Market Effects", *China Journal of Accounting Studies*, Vol. 3, No. 1, 2015.

Li, H. & Zhou, L. A. , "Political Turnover and Economic Performance: The Incentive Role of Personnel Control in China", *Journal of Public Economics*, Vol. 89, No. 9 – 10, 2005.

Li, J. & Born, J. A. , "Presidential Election Uncertainty and Common Stock Returns in the United States", *Journal of Financial Research*, Vol. 29, No. 4, 2006.

Liu, L. X. L. , Shu, H. B. & Wei, K. C. J. , "The Impacts of Political Uncertainty on Asset Prices: Evidence from the Bo Scandal in China", *Journal of Financial Economics*, Vol. 125, 2017.

Liu, Q. & Siu, A. , "Institutions and Corporate Investment: Evidence from Investment – Implied Return on Capital in China", *The Journal of Financial and Quantitative Analysis*, Vol. 46, No. 6, 2011.

Lu, J. Y. & Tao, Z. G. , "Trends and Determinants of China's Industrial Agglomeration", *Journal of Urban Economics*, Vol. 65, No. 2, 2007.

Luo, D. L., Chen, K. C. & Wu, L. F., "Political Turnover and Firm Risk in China", *Review of Development Finance*, Vol. 7, 2007.

Meyer, K. E. & Peng, M. W., "Probing Theoretically into Central and Eastern Europe: Transactions, Resources and Institutions", *Journal of International Business Studies*, Vol. 36, 2005.

Mohamadi, A., Peltonen, J., Wincent, J., "Government Efficiency and Corruption: A Country – Level Study with Implications for Entrepreneurship", *Journal of Business Venturing Insights*, Vol. 8, 2017.

Musacchio, A. & Lazzarini, S. G., "Reinventing State Capitalism: Leviathan in Business", Brazil and Beyond, Harvard University Press, 2014.

Nagar, V., Schoenfeld, J. & Wellman, L., "The Effect of Economic Policy Uncertainty on Investor Information Asymmetry and Management Disclosures", *Journal of Accounting and Economics*, Vol. 67, No. 1, 2019.

North, D. & Thomas, R. P., "The Rise of the Western World: A New Economic History", Cambridge: Cambridge University Press, 1973.

Nyström, K., "The Institutions of Economic Freedom and Entrepreneurship: Evidence from Panel Data", *Public Choice*, Vol. 136, No. 3 – 4, 2008.

Oster, E., "Unobservable Selection and Coefficient Stability: Theory and Evidence", *Journal of Business & Economic Statistics*, Vol. 37, No. 2, 2009.

Ovaska, T. & Sobel, R. S., "Entrepreneurship in Post – Socialist Economies", *Journal of Private Enterprise*, Vol. 21, No. 1, 2005.

Pan, X. & Tian, G. G., "Political Connections and Corporate Investments: Evidence from the Recent Anti – Corruption Campaign in China", *Journal of Banking & Finance*, 2017.

Peng, M. W., "Firm Growth in Transitional Economies: Three Longitudinal Cases from China, 1989 – 1996", *Organization Studies*, Vol. 8,

No. 3, 1997.

Pertuze, J. A., Reyes, T., Vassolo, R. S. & Olivares, N., "Political Uncertainty and Innovation: The Relative Effects of National Leaders' Education Levels and Regime Systems on Firm - Level Patent Applications", *Research Policy*, Vol. 48, 2019.

Phan, H. V., Nguyen, N. H., Nguyen, H. T. & Hegde, S., "Policy Uncertainty and Firm Cash Holdings", *Journal of Business Research*, Vol. 95, 2019.

Pindyck, R. S. & Solimano, A., "Economic Instability and Aggregate Investment", *NBER Macroeconomics Annual*, Vol. 8, 1993.

Piotroski, J. D. & Zhang, T., "Politicians and the IPO Decision: The Impact of Impending Political Promotions on IPO Activity in China", *Journal of Financial Economics*, Vol. 111, No. 1, 2014.

Ramamurti, R., "A Multilevel Model of Privatization in Emerging Economies", *Academy of Management Review*, Vol. 25, 2000.

Ramaswamy, K., "Organizational Ownership, Competitive Intensity and Firm Performance: An Empirical Study of the Indian Manufacturing Sector", *Strategic Management Journal*, Vol. 22, No. 10, 2001.

Rees, H. & Shah, A., "An Empirical Analysis of Self - Employment in the U. K.", *Journal of Applied Econometrics*, Vol. 1, No. 1, 1986.

Rodrik, D., "Policy Uncertainty and Private Investment in Developing countries", *Journal of Development Economics*, Vol. 36, No. 2, 1991.

Rosenthal, S. & Strange, W., "The Determinants of Agglomeration", *Journal of Urban Economics*, Vol. 50, No. 2, 2011.

Rosenthal, S. S. & Strange, W. C., "Female Entrepreneurship, Agglomeration and a New Spatial Mismatch", *Review of Economics and Statistics*, Vol. 94, No. 3, 2012.

Sahasranamam, S. & Nandakumar, M. K. , "Individual Capital and Social Entrepreneurship: Role of Formal Institutions", *Journal of Business Research*, Vol. 107, 2020.

Schmidt, S. M. & Cummings, L. L. , "Organizational Environment, Differentiation and Perceived Environment Uncertainty", *Decision Sciences*, Vol. 7, No. 3, 1976.

Schumpeter, J. A. , "The Theory of Economic Development", Cambridge: Harvard University Press, 1934.

Scott, W. R. , "The Adolescence of Institutional Theory", *Administrative Science Quarterly*, Vol. 32, No. 4, 1987.

Sharma, P. , Cheng, L. T. W. & Leung, T. Y. , "Impact of Political Connections on Chinese Export Firms' Performance – Lessons for Other Emerging Markets", *Journal of Business Research*, Vol. 106, 2020.

Smales, L. A. , "Political Uncertainty and Financial Market Uncertainty in an Australian Context. Journal of International Financial Markets", *Institutions and Money*, Vol. 32, No. 1, 2014.

Suchman, M. , "Managing Legitimacy: Strategic and Institutional Approaches", *Academy of Management Review*, Vol. 20, 1995.

Unger, J. M. , Rauch, A. , Frese, M. & Rosenbusch, N. , "Human Capital and Entrepreneurial Success: A Meta – Analytical Review", *Journal of Business Venturing*, Vol. 26, No. 3, 2011.

Wang, C. , Yi, J. , Kafouros, M. & Yan, Y. , "Under What Institutional Conditions Do Business Groups Enhance Innovation Performance?", *Journal of Business Research*, Vol. 68, No. 3, 2015.

Wang, F. J. , Sun, J. Q. & Liu, Y. S. , "Institutional Pressure, Ultimate Ownership and Corporate Carbon Reduction Engagement: Evidence from China", *Journal of Business Research*, Vol. 104, 2019.

Wang, R. Q. , Wang, F. J. , Xu, L. Y. & Yuan, C. H. , "R&D

Expenditures, Ultimate Ownership and Future Performance: Evidence from China", *Journal of Business Research*, Vol. 71, 2017.

Xu, C., "The Fundamental Institutions of China's Reforms and Development", *Journal of Economic Literature*, Vol. 49, No. 4, 2011.

Xu, N. H., Chen, Q. Y., Xu, Y. & Chan, K. C., "Political Uncertainty and Cash Holdings: Evidence from China", *Journal of Corporate Finance*, Vol. 40, 2016.

Yao, Y. & Zhang, M. Y., "Subnational Leaders and Economic Growth: Evidence from Chinese Cities", *Journal of Economic Growth*, Vol. 20, 2015.

Yen, D. A. & Abosag, I., "Localization in China: How Guanxi Moderates Sino – US Business Relationships", *Journal of Business Research*, Vol. 69, No. 12, 2016.

Yu, M. J., "Processing Trade, Tariff Reductions and Firm Productivity: Evidence from Chinese Firms", *The Economic Journal*, Vol. 125, No. 585, 2015.

Yung, K. & Root, A., "Policy Uncertainty and Earning Management: International Evidence", *Journal of Business Research*, Vol. 100, 2019.

Zhou, K. Z., Gao, G. Y. & Zhao, H., "State Ownership and Firm Innovation in China an Integrated View of Institutional and Efficiency Logics", *Administrative Science Quarterly*, Vol. 62, No. 2, 2016.

Zhou, K. Z., Li, J. J., Sheng, S. & Shao, A. T., "The Evolving Role of Managerial Ties and Firm Capabilities in an Emerging Economy: Evidence from China", *Journal of the Academy of Marketing Science*, Vol. 42, 2014.

Zhou, Z., "Government Ownership and Exposure to Political Uncertainty: Evidence from China", *Journal of Banking & Finance*, Vol. 84, 2017.

附录　Political Uncertainty and Firm Entry:Evidence from Chinese Manufacturing Industries ／ 231

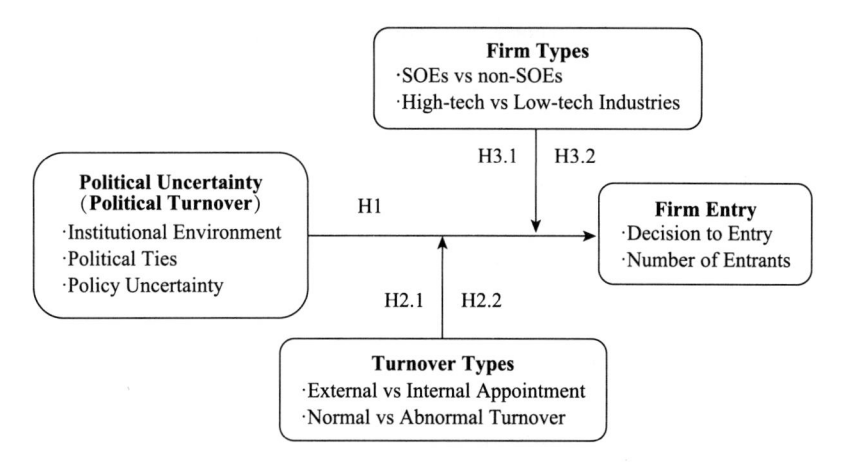

Fig. A1　Conceptual framework

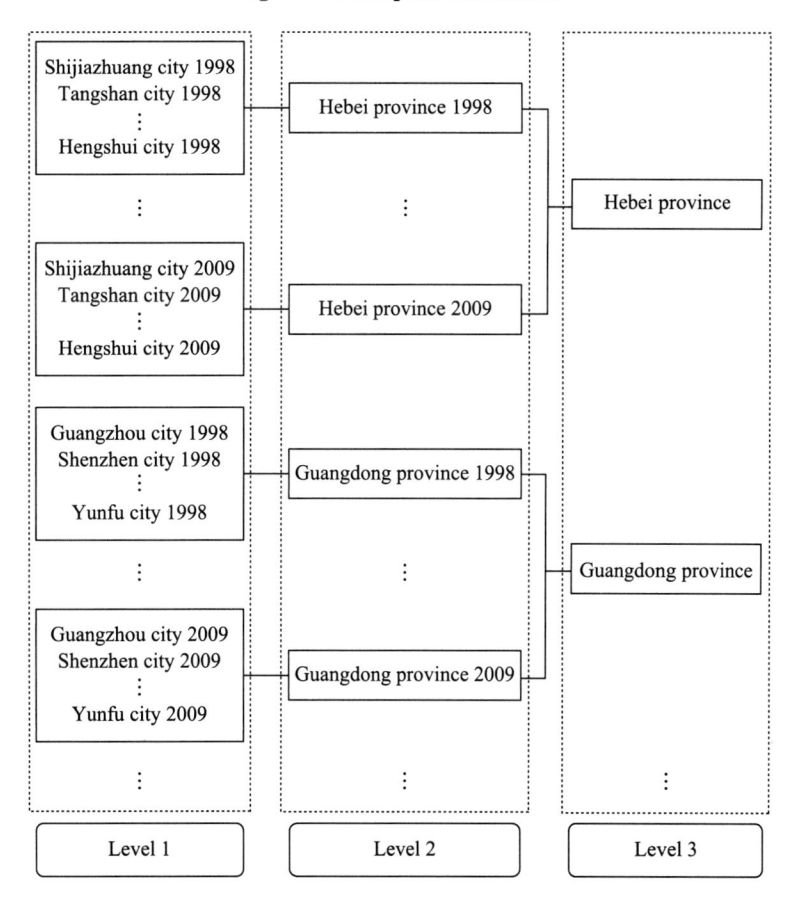

Fig. A2　Defining Variables in a Multilevel Growth Model

Table A1	Sample distribution (N/A)
Table A2	Summary statistics (N/A)
Table A3	Correlation analysis (N/A)
Table A4	Univariate analysis (N/A)
Table A5	Political uncertainty and firm entry

	Panel A：firm entry dummy			
Variable	Entry			
	(1)	(2)	(3)	(4)
Turnover_Secretary	-0.011***			
	(0.004)			
Turnover_Mayor		-0.004		
		(0.004)		
Turnover_Both			-0.009*	
			(0.005)	
Turnover_Either				-0.008**
				(0.004)
Gov_Exp	-0.005***	-0.005***	-0.005***	-0.005***
	(0.001)	(0.001)	(0.001)	(0.001)
Corruption	-0.035***	-0.035***	-0.035***	-0.035***
	(0.007)	(0.007)	(0.007)	(0.007)
FDI	0.004***	0.004***	0.004***	0.004***
	(0.001)	(0.001)	(0.001)	(0.001)
Fin_Dev	0.055***	0.055***	0.054***	0.055***
	(0.014)	(0.014)	(0.014)	(0.014)
Share_2nd	0.005***	0.005***	0.005***	0.005***
	(0.001)	(0.001)	(0.001)	(0.001)
Share_3rd	0.008***	0.008***	0.008***	0.008***
	(0.001)	(0.001)	(0.001)	(0.001)

Continuation Table

Panel A: firm entry dummy

Variable	Entry			
	(1)	(2)	(3)	(4)
GDP_PC	0.001	0.001	0.001	0.001
	(0.000)	(0.000)	(0.000)	(0.000)
Constant	-0.029	-0.016	-0.019	-0.008
	(0.073)	(0.074)	(0.074)	(0.074)
Year dummies	Yes	Yes	Yes	Yes
Industry dummies	Yes	Yes	Yes	Yes
City dummies	Yes	Yes	Yes	Yes
Observations	52898	52750	52745	52798
R-squared	0.086	0.085	0.085	0.085
δ	-1.985	-1.952	-2.021	-2.112

Panel B: firm entry quantity

Variable	Entrants			
	(1)	(2)	(3)	(4)
Turnover_Secretary	-0.100***			
	(0.025)			
Turnover_Mayor		-0.007		
		(0.025)		
Turnover_Both			-0.085***	
			(0.032)	
Turnover_Either				-0.041*
				(0.024)
Gov_Exp	-0.031***	-0.031***	-0.031***	-0.031***
	(0.009)	(0.009)	(0.009)	(0.009)

Continuation Table

	Panel B: firm entry quantity			
Variable	Entrants			
	(1)	(2)	(3)	(4)
Corruption	-0.308*** (0.050)	-0.316*** (0.050)	-0.311*** (0.050)	-0.314*** (0.050)
FDI	0.036*** (0.009)	0.035*** (0.009)	0.035*** (0.009)	0.035*** (0.009)
Fin_Dev	0.481*** (0.102)	0.482*** (0.102)	0.479*** (0.102)	0.485*** (0.102)
Share_2nd	0.034*** (0.006)	0.034*** (0.006)	0.034*** (0.006)	0.034*** (0.006)
Share_3rd	0.025*** (0.007)	0.024*** (0.007)	0.024*** (0.007)	0.024*** (0.007)
GDP_PC	0.016*** (0.003)	0.016*** (0.003)	0.016*** (0.003)	0.016*** (0.003)
Constant	-1.093** (0.462)	-1.137** (0.464)	-1.119** (0.465)	-1.075** (0.465)
Year dummies	Yes	Yes	Yes	Yes
Industry dummies	Yes	Yes	Yes	Yes
City dummies	Yes	Yes	Yes	Yes
Observations	52898	52750	52745	52798
R-squared	0.079	0.078	0.078	0.078
δ	45.354	1.446	-9.964	2.637

Note: Standard errors clustered at the city-industry level are reported in parentheses. ***, ** and * indicate statistical significance at the 1%, 5% and 10% levels, respectively. The bottom row shows the coefficients of proportionality (δ) following Oster (2019).

Table A6 Addressing endogeneity: instrumental variable estimation

	First stage			Second stage		
			Entry		Entrants	
Variable	Turnover_Secretary	Turnover_Mayor				
	(1)	(2)	(3)	(4)	(5)	(6)
Turnover_Secretary			-0.031***		-0.362***	
			(0.010)		(0.065)	
Turnover_Mayor				-0.011		-0.023
				(0.007)		(0.045)
Tenure_Secretary	-0.092***					
	(0.001)					
Age_Secretary	-0.635***					
	(0.031)					
Tenure_Mayor		-0.208***				
		(0.001)				
Age_Mayor		-0.111***				
		(0.025)				
Gov_Exp	-0.002	-0.000	-0.004***	-0.004***	-0.026***	-0.026***
	(0.001)	(0.001)	(0.001)	(0.001)	(0.009)	(0.009)
Corruption	0.083***	0.041***	-0.030***	-0.033***	-0.312***	-0.308***
	(0.006)	(0.006)	(0.007)	(0.007)	(0.046)	(0.046)

Continuation Table

Variable	First stage		Second stage			
	Turnover_Secretary	Turnover_Mayor	Entry		Entrants	
	(1)	(2)	(3)	(4)	(5)	(6)
FDI	0.007***	0.003***	0.004***	0.004***	0.036***	0.033***
	(0.001)	(0.001)	(0.001)	(0.001)	(0.007)	(0.007)
Fin_Dev	-0.002	-0.017*	0.050***	0.051***	0.487***	0.460***
	(0.011)	(0.010)	(0.012)	(0.013)	(0.082)	(0.084)
Share_2nd	-0.001	-0.003***	0.005***	0.005***	0.036***	0.036***
	(0.001)	(0.007)	(0.001)	(0.001)	(0.006)	(0.005)
Share_3rd	0.001	-0.001	0.008***	0.008***	0.026***	0.026***
	(0.001)	(0.001)	(0.001)	(0.001)	(0.007)	(0.007)
GDP_PC	-0.001***	0.001	0.001*	0.001	0.016***	0.016***
	(0.000)	(0.000)	(0.000)	(0.000)	(0.002)	(0.002)
Constant	3.114***	1.487***	0.020	-1.166	(0.009)	-1.330***
	(0.136)	(0.112)	(0.073)	(0.488)	(0.009)	(0.470)
Fixed effects	Yes	Yes	Yes	Yes	Yes	Yes
First-stage F-statistic	6740.59	6081.91	—	—	—	—
Observations	50872	50799	50872	50799	50872	50799
R-squared	0.277	0.465	0.076	0.085	0.076	0.077

Notes: ***, ** and * indicate statistical significance at the 1%, 5% and 10% levels, respectively.

Table A7　Turnover types: external appointment vs. local promotion (N/A)

Table A8　Turnover types: normal turnover vs. abnormal turnover (N/A)

Table A9　Political uncertainty, ownership structure and firm entry

Variable	Entry		Entrants	
	SOEs	NSOEs	SOEs	NSOEs
	(1)	(2)	(3)	(4)
Turnover_ Secretary	-0.001	-0.008*	-0.001	-0.077***
	(0.001)	(0.004)	(0.002)	(0.022)
Gov_ Exp	-0.000	-0.003*	-0.001	-0.026***
	(0.000)	(0.001)	(0.000)	(0.008)
Corruption	0.003	-0.035***	0.006**	-0.253***
	(0.002)	(0.007)	(0.003)	(0.042)
FDI	0.000	0.006***	0.000	0.037***
	(0.000)	(0.001)	(0.000)	(0.008)
Fin_ Dev	0.016***	0.040***	0.015***	0.476***
	(0.005)	(0.013)	(0.005)	(0.092)
Share_ 2nd	-0.000	0.004***	-0.001	0.026***
	(0.000)	(0.001)	(0.000)	(0.005)
Share_ 3rd	-0.000	0.008***	-0.001**	0.022***
	(0.000)	(0.001)	(0.000)	(0.006)
GDP_ PC	0.000	0.001**	0.000	0.016***
	(0.000)	(0.000)	(0.000)	(0.003)
Constant	0.101***	-0.190***	0.147***	-1.385***
	(0.025)	(0.067)	(0.032)	(0.411)
Fixed effects	Yes	Yes	Yes	Yes
Observations	52898	52898	52898	52898
R - squared	0.031	0.107	0.032	0.078

Notes: Standard errors clustered at the city - industry level are in parentheses. ***, ** and * indicate statistical significance at the 1%, 5% and 10% levels, respectively.

Table A10 Political uncertainty, research intensity and firm entry

Variable	Entry Low-tech (1)	Entry High-tech (2)	Entrants Low-tech (3)	Entrants High-tech (4)
Turnover_Secretary	-0.002 (0.006)	-0.019*** (0.006)	-0.083** (0.038)	-0.115*** (0.032)
Gov_Exp	-0.005** (0.002)	-0.005** (0.002)	-0.030*** (0.011)	-0.032** (0.013)
Corruption	-0.011 (0.010)	-0.055*** (0.010)	-0.247*** (0.070)	-0.360*** (0.070)
FDI	0.005*** (0.002)	0.002 (0.002)	0.038*** (0.011)	0.031** (0.013)
Fin_Dev	0.027 (0.020)	0.080*** (0.019)	0.481*** (0.129)	0.493*** (0.153)
Share_2nd	0.004*** (0.001)	0.007*** (0.001)	0.028*** (0.008)	0.039*** (0.009)
Share_3rd	0.008*** (0.002)	0.009*** (0.001)	0.024*** (0.008)	0.027*** (0.010)
GDP_PC	0.001 (0.001)	0.001 (0.001)	0.006 (0.004)	0.026*** (0.006)
Constant	0.001 (0.106)	-0.080 (0.101)	-0.947* (0.571)	-1.371* (0.720)
Fixed effects	Yes	Yes	Yes	Yes
Observations	24559	28339	24559	28339
R-squared	0.075	0.097	0.062	0.096

Notes: Standard errors clustered at the city-industry level are in parentheses. ***, ** and * indicate statistical significance at the 1%, 5% and 10% levels, respectively.

Table A11　　　　Robustness check: HLM analysis

Panel A: Zero model test (Dependent variable: Entry)

Random Effect	Standard Deviation	Variance Component	d.f.	χ^2	p – value
e	0.457	0.209			
r_0	0.145	0.021	284	6197.160	0.000
u_{00}	0.103	0.011	25	154.953	0.000

Panel B: Zero model test (Dependent variable: Entrants)

Random Effect	Standard Deviation	Variance Component	d.f.	χ^2	p – value
r_0	0.840	0.706	284	5389.769	0.000
e	3.212	10.314			
u_{00}	0.563	0.316	25	142.304	0.000

Panel C: Fixed effects (with standard errors) and random effects (variance components)

Fixed Effect	Entry (1)	Entrants (2)
Turnover_ Secretary	-0.013*** (0.005)	-0.126*** (0.035)
Gov_ Exp	-0.003*** (0.001)	-0.018*** (0.005)
Corruption	-0.119*** (0.018)	-0.686*** (0.108)
FDI	0.003*** (0.001)	0.054*** (0.006)
Fin_ Dev	-0.010 (0.008)	-0.061 (0.055)
Share_ 2nd	-0.000 (0.000)	0.003 (0.002)
Share_ 3rd	0.000 (0.000)	0.010*** (0.003)
GDP_ PC	-0.000 (0.000)	0.002** (0.001)

Continuation Table

Constant	0.686***	2.147***
	(0.061)	(0.378)
Random Effect		
e	0.457	3.205
	(0.209)	(10.273)
r_0	0.134***	0.774***
	(0.018)	(0.599)
u_{00}	0.115***	0.670***
	(0.013)	(0.448)

Notes: ***, ** and * indicate statistical significance at the 1%, 5% and 10% levels, respectively.

Table A12   Robustness check

Variable	Removing higher-level cities		Drop predictable turnovers	
	Entry	Entrants	Entry	Entrants
	(1)	(2)	(3)	(4)
Turnover_Secretary	-0.008*	-0.077***	-0.011***	-0.101***
	(0.005)	(0.023)	(0.004)	(0.025)
Gov_Exp	-0.006***	-0.032***	-0.005***	-0.031***
	(0.002)	(0.009)	(0.001)	(0.009)
Corruption	-0.037***	-0.215***	-0.035***	-0.307***
	(0.007)	(0.045)	(0.007)	(0.050)
FDI	0.004***	0.012	0.004***	0.036***
	(0.001)	(0.008)	(0.001)	(0.009)
Fin_Dev	0.067***	0.508***	0.055***	0.480***
	(0.016)	(0.095)	(0.014)	(0.102)
Share_2nd	0.005***	0.036***	0.005***	0.034***
	(0.001)	(0.006)	(0.001)	(0.006)
Share_3rd	0.008***	0.027***	0.008***	0.025***
	(0.001)	(0.006)	(0.001)	(0.007)
GDP_PC	0.000	0.017***	0.001	0.016***
	(0.001)	(0.005)	(0.000)	(0.003)

Continuation Table

Variable	Removing higher – level cities		Drop predictable turnovers	
	Entry	Entrants	Entry	Entrants
	(1)	(2)	(3)	(4)
Constant	0.017	-1.458***	-0.037	-1.200***
	(0.074)	(0.388)	(0.074)	(0.464)
Fixed effects	Yes	Yes	Yes	Yes
Observations	48321	48321	52795	52795
R – squared	0.086	0.083	0.086	0.079

Notes: Standard errors clustered at the city – industry level are in parentheses. ***, ** and * indicate statistical significance at the 1%, 5% and 10% levels, respectively.

Appendix A.

The following simple model illustrates why an entrepreneur may postpone starting a firm in the presence of political uncertainty. For simplicity, we assume that an entrepreneur lives for 3 periods. In Period 1, there can be a political turnover or not. If there is a turnover, the policy will be changed, but the new policy can only be observed at the end of the period. An entrepreneur can start a firm in Period 1 or postpone the entry decision to Period 2. The firm lives for 2 periods.

Case 1. No political uncertainty.

We abstract from R&D activity in the model. Assume an entrepreneur has a business idea and can start a firm. By paying an entry cost c in one period, he can gain a certain amount $\bar{g}$ in the next period. The entrepreneur has an outside option to earn a fixed wage w in each period. The project is profitable in the sense that the profit exceeds the wage, i.e., $-c + \frac{1}{R}\bar{g} > w + \frac{1}{R}w$, where R is the gross interest rate.

Proposition 1. Without uncertainty, the entrepreneur starts a firm in Period 1 rather than Period 2.

Proof.

The present value of starting the firm in Period 1 is $\Pi_1 = -c + \frac{1}{R}\bar{g} + \frac{1}{R^2}w$, while the present value of starting the firm in Period 2 is $\Pi_2 = w + \frac{1}{R}(-c) + \frac{1}{R^2}\bar{g}$.

The difference in income is

$$\Pi_2 - \Pi_1 = [w + \frac{1}{R}(-c) + \frac{1}{R^2}\bar{g}] - [-c + \frac{1}{R}\bar{g} + \frac{1}{R^2}w]$$

$$= (1 - \frac{1}{R})[(w + \frac{1}{R}w) - (-c + \frac{1}{R}\bar{g})] < 0.$$

QED.

The result is very intuitive. Since one dollar today is more than one dollar tomorrow, it is not rational to postpone a profitable project.

Case 2. With political uncertainty.

Now suppose there is a political turnover in the first period. The new leader may make a new policy based on the current policy, which will affect the profit in Period 2. However, the policy can only be observed at the end of Period 1. If the entrepreneur starts the project in Period 1, the profit in Period 2 follows a distribution $F(g)$. Since the new policy can be either more or less favorable relative to the current policy, we assume $E(g) = \bar{g}$ [①].

Proposition 2. With political uncertainty, the entrepreneur will postpone the entry decision to Period 2 if

$$(1 - \frac{1}{R})[(-c + \frac{1}{R}\bar{g}) - (w + \frac{1}{R}w)] <$$

$$\frac{1}{R}\int_{-\infty}^{g^*}[(w + \frac{1}{R}w) - (-c + \frac{1}{R}g)]\mathrm{d}F(g),$$

---

① Modifying this assumption does not change the basic conclusions. However, this assumption makes the model simple.

where $g*$ is the threshold of cash flow in Period 2 above which the project is profitable, i.e., $-c + \frac{1}{R}g* = w + \frac{1}{R}w$. Otherwise, the entrepreneur starts the project in Period 1.

Proof.

If the entrepreneur starts the firm in Period 1, the expected income is

$$\Pi_1 = -c + \frac{1}{R}\bar{g} + \frac{1}{R^2}w.$$

If the entrepreneur postpone the entry decision to Period 2, she earns income w in Period 1. At the end of Period 1, she observes the new policy and the cash flow g in Period 3 if she starts the firm in Period 2. The entrepreneur will start the firm in Period 2 if $g > g*$. Otherwise, she will never start a firm. Therefore, the expected income of postponing the entry decision is

$$\Pi_2 = w + \frac{1}{R}\max\{w + \frac{1}{R}w, -c + \frac{1}{R}g\}$$

$$= w - \frac{1}{R}c + \frac{1}{R^2}\bar{g} + \frac{1}{R}\int_{-\infty}^{g*}[(w + \frac{1}{R}w) - (-c + \frac{1}{R}g)]dF(g).$$

The difference in income is

$$\Pi_2 - \Pi_1 = \frac{1}{R}\int_{-\infty}^{g*}[(w + \frac{1}{R}w) - (-c + \frac{1}{R}g)]dF(g) -$$

$$(1 - \frac{1}{R})[(-c + \frac{1}{R}\bar{g}) - (w + \frac{1}{R}w)].$$

The first term is the benefit of postponing the entry decision. If the decision is made in Period 2, the entrepreneur can avoid losses by not starting a firm in case of an unfavorable policy. The second term is the ex ante cost of postponing the project since the project is profitable by expectation. An entrepreneur postpones the entry decision if the benefit exceeds the cost.

QED.

Remark. Proposition 1 and 2 imply that fewer firms will be established in the presence of political uncertainty.

Now consider how the effect depends on the degree of political uncertainty. In order to get conclusive prediction, we need to impose more restriction on the distribution. Now assume $F(g)$ is a uniform distribution $[\bar{g}-a, \bar{g}+a]$. Then the degree of political uncertainty can be measured by a.

Proposition 3. With the uniform distribution, $\Pi_2 - \Pi_1$ is larger with a larger variance.

Proof.

Denote $C \equiv -(1-\frac{1}{R})[-c+\frac{1}{R}\bar{g}-(w+\frac{1}{R}w)]$, then

$$\Pi_2 - \Pi_1 = \frac{1}{R}\int_{\bar{g}-a}^{g*}[(w+\frac{1}{R}w)-(-c+\frac{1}{R}g)]dF(g) + C$$

$$= \frac{1}{R}(w+\frac{1}{R}w+c)(-\frac{\bar{g}-g*}{2a}+\frac{1}{2}) - \frac{1}{R^2}\frac{g*^2-(\bar{g}-a)^2}{4a}.$$

Therefore,

$$\frac{\partial(\Pi_2-\Pi_1)}{\partial a} = \frac{1}{R}(w+\frac{1}{R}w+c)\frac{\bar{g}-g*}{2a^2} - \frac{1}{4R^2}\frac{\bar{g}^2-g*^2}{a^2} > 0.$$

QED.

Remark. More political uncertainty is associated with irregular turnover and externally appointed leader, so firm entry is more sensitive to such turnovers.

Proposition 4. $\Pi_2 - \Pi_1$ is larger with a larger c.

Proof.

$$\frac{\partial(\Pi_2-\Pi_1)}{\partial c} = \frac{1}{R}F(g*) + \frac{1}{R}c\frac{\partial F(g*)}{\partial c} + (1-\frac{1}{R}) > 0,$$

as $\dfrac{\partial F(g*)}{\partial c} = \dfrac{\partial F(g*)}{\partial g*}\dfrac{\partial g*}{\partial c} > 0$.

QED.

Remark. Since up-front investment is usually high in high-tech industries, it is expected that the firm entry is more sensitive to political uncertainty.

Appendix B. Variable definitions

Variables	Definitions
Dependent variable	
Entry	Equal to one if there is at least one firm entering a given industry and a given city.
Entrants	Number of entrants.
Independent variable	
Turnover_ Secretary	A dummy variable that equals one if there is a change of communist party secretary in the period from July in year t – 1 to June in year t for a city and zero otherwise.
Turnover_ Mayor	A dummy variable that equals one if there is a change of mayor in the period from July in year t – 1 to June in year t for a city fand zero otherwise.
Turnover_ Both	A dummy variable that equals one if there is a change of communist party secretary and mayor in the period from July in year t – 1 to June in year t for a city and zero otherwise.
Turnover_ Either	A dummy variable that equals one if there is a change of communist party secretary or mayor in the period from July in year t – 1 to June in year t for a city and zero otherwise.
External_ Secretary	Another measure of the degree of political turnover (coded one for an external appointment and zero for a local promotion). For an external appointment, an official is appointed from another city by a higher level of government. Local promotion is the promotion of an official by the government of the same city.
Abnormal_ Turnover	A dummy takes zero for leaders taking over around the National People's Congress (NPC) of the People's Republic of China, because turnovers are very likely to happen around the provincial party congress, which is largely predictable by market participates.
Control variable	
Gov_ Exp	The ratio of government expenditure to gross domestic product
Corruption	The number of corruption cases per one million public officials
FDI	The ratio of foreign direct investment to gross domestic product
Fin_ Dev	The ratio of total credit to gross domestic product

Continuation Table

Variables	Definitions
Share_ 2nd	The ratio of output value of secondary industry to gross domestic product
Share_ 3rd	The proportion of tertiary industry in gross domestic product
GDP_ PC	The per capita gross domestic product growth rate